梅西 传奇之路

MESSI MORE THAN A SUPERSTAR

〔意〕卢卡·卡伊奥里 LUCA CAIOLI / 著
汪天艾 刘冰 / 译

人民文学出版社
PEOPLE'S LITERATURE PUBLISHING HOUSE

著作权合同登记　图字 01-2020-2261 号

图书在版编目(CIP)数据

梅西:传奇之路/(意)卢卡·卡伊奥里著;汪天艾,刘冰译.—北京:人民文学出版社,2017(2023.3 重印)
ISBN 978-7-02-013470-0

Ⅰ.①梅…　Ⅱ.①卢… ②汪… ③刘…　Ⅲ.①梅西-传记　Ⅳ.①K837.835.47

中国版本图书馆 CIP 数据核字(2017)第 255185 号

责任编辑　李　娜　王雪纯
装帧设计　高静芳

出版发行　人民文学出版社
社　　址　北京市朝内大街 166 号
邮政编码　100705

印　　制　上海盛通时代印刷有限公司
经　　销　全国新华书店等

字　　数　240 千字
开　　本　700 毫米×1000 毫米　1/16
印　　张　18.5
版　　次　2018 年 2 月北京第 1 版
印　　次　2023 年 3 月第 7 次印刷

书　　号　978-7-02-013470-0
定　　价　69.00 元

如有印装质量问题,请与本社图书销售中心调换。电话:010-65233595

梅西（前排左起第二人）和他参加的第一支足球队格兰多里队的队友们。穿绿色衣服的男人是他的父亲豪尔赫·梅西（鸣谢梅西家族提供图片）

当地时间2005年7月2日，在荷兰举行的世界青年锦标赛决赛中，梅西在比赛第40分钟点球射门。最终阿根廷队以2比1战胜尼日利亚队获得冠军

当地时间2005年12月20日，巴萨三大球星罗纳尔迪尼奥、梅西和萨穆埃尔·埃托奥在巴萨与塞尔塔维戈的比赛中展示奖杯：罗纳尔迪尼奥当选该年度世界足球先生，梅西荣获欧洲金童奖，埃托奥在世界足球先生评选中名列第三

当地时间2006年6月21日，在德国法兰克福进行的世界杯小组赛中，阿根廷对阵荷兰。梅西与荷兰队后卫克乌·亚林斯对抗

当地时间2008年8月19日，在北京工人体育场进行的北京奥运会阿根廷对阵巴西的半决赛中，梅西在巴西队后场进攻

当地时间2009年5月27日，在罗马举行的欧洲冠军杯决赛，巴萨2比0战胜曼联。梅西在下半场头球破门瞬间

当地时间2009年12月19日，巴塞罗那队在阿布扎比2比1战胜拉普拉塔大学生队，夺得国际足联世界俱乐部杯赛冠军

当地时间2013年1月16日，在巴塞罗那诺坎普球场举行的西班牙国王杯四分之一决赛首回合，巴萨对阵马拉加队。梅西在比赛开始前展示他创纪录的、连续四年获得的金球奖奖杯

当地时间2014年6月15日，在巴西里约热内卢马拉卡纳大球场进行的2014年巴西世界杯小组赛F组比赛中，阿根廷2比1战胜波黑。梅西庆祝进球

当地时间2014年11月22日，在西班牙巴塞罗那进行的2014至2015赛季西甲第12轮，巴塞罗那5比1战胜塞维利亚。梅西在第72分钟时进了第2粒球。从这一刻开始，西甲历史射手王的宝座属于梅西。尽管比赛还没结束，但属于梅西的狂欢已经开始。随后的比赛中，梅西再次进球上演了帽子戏法

当地时间2014年12月7日，在西班牙巴塞罗那进行的2014至2015赛季西甲第14轮，巴塞罗那5比1战胜西班牙人，梅西再次上演帽子戏法。梅西与内马尔庆祝第2粒进球

当地时间2015年1月11日，在西班牙巴塞罗那进行的2014至2015赛季西甲第18轮，巴塞罗那3比1战胜马德里竞技。苏亚雷斯、内马尔、梅西互相搂着肩膀朝着人群奔跑，来庆祝最后1粒进球

当地时间2015年2月15日，在西班牙巴塞罗那进行的2014至2015赛季西甲第23轮，巴塞罗那5比0战胜莱万特。他进第1粒球之前的射门动作

当地时间2016年1月17日，在西班牙巴塞罗那进行的2015至2016赛季西甲第20轮，巴塞罗那对阵毕尔巴鄂竞技，梅西赛前展示个人第五座金球奖

当地时间2016年2月14日，在西班牙巴塞罗那进行的2015至2016赛季西甲第24轮，巴塞罗那6比1战胜维戈塞尔塔，梅西点球助攻苏亚雷斯

当地时间2017年10月10日，在厄瓜多尔基多进行的南美区世界杯预选赛最后一轮比赛中，阿根廷队在开场39秒就丢球的不利局势下，凭借梅西的帽子戏法，最终以3比1逆转厄瓜多尔队，从赛前的排名第六一跃至第三，直接晋级2018俄罗斯世界杯。梅西庆祝第3粒进球

目录

（本书第 1—31 章为汪天艾翻译，第 32—37 章为刘冰翻译）

1. 罗萨里奥

“买一段肘子或者一块方形牛肉——我在巴塞罗那也看到过这种切好的肉，不过不知道叫什么——在每片牛肉上撒点盐，从打好的鸡蛋里过一下再挂上面包屑油炸。炸到牛肉呈金黄色以后盛起来放进烤盘。把洋葱切成细丝煎透，等洋葱软下来再加入剁碎的番茄、少量水、盐、牛至[①]和一小撮白糖。就这样在火上熬20多分钟，然后立刻将做好的酱汁浇在牛肉上，仔细把每片都覆盖到。从冰箱里拿一块奶油乳酪或者长条乳酪，在每片牛肉上放一小勺或一薄片，送进烤箱里一直烤到上面的乳酪融化。再炸些薯条配在旁边，这道那不勒斯风味的‘米兰内莎’烤肉[②]就做好了。”

塞莉娅像经验十足的厨师一样充满激情地描述着，这是她的儿子里奥内尔·安德烈斯·梅西最喜欢的菜。

“我去巴塞罗那时每周要给他做两三次烤肉，那种中等大小的牛肉排他一次起码可以吃三片。我经常笑他说‘是我的烤肉和马黛茶让你进那么多球’。真的是这样，他对皇家马德里上演帽子戏法的时候，我正在家里准备他最喜欢的晚餐，煮着晚上要喝的马黛茶呢。”在饮食方面，里奥内尔的口味很简单：“米兰内莎”烤肉（不加甜火腿或者两个煎鸡蛋），还有鸡肉浇上用甜椒、洋葱、番茄和牛至熬成的酱汁。他不太喜欢哥哥罗德里格做的那些复杂菜肴，当然，众所周知罗德里格是个厨

① 牛至，一种香料，常与番茄、乳酪搭配作烹调用。

② 米兰内莎，一种阿根廷传统烤（炸）肉排，有多种风味，那不勒斯风味是指辅以番茄和乳酪。

师，一直梦想有一天可以开自己的饭店，所以经常试验新菜谱是很自然的事情，尽管弟弟并不总是喜欢。酷爱甜食？“是的，莱奥[①]特别喜欢巧克力和‘阿尔法霍’糖果夹心饼干[②]，每次我们去西班牙都得整盒整盒地带去以确保他始终存货充裕。”说到这里，塞莉娅讲了一个梅西小时候的故事，当时有位教练许诺他每进一球就给一块“阿尔法霍”，结果仅仅一场比赛之后，他就狼吞虎咽地吃掉了8块夹心饼干，最后吃撑了！

在阿根廷罗萨里奥市圣马丁大道上的“商店”酒吧，面前摆着一杯牛奶咖啡，巴萨10号的母亲很乐意说起这个已被全世界熟识的儿子。塞莉娅·玛利亚·库西蒂尼·奥利维埃拉·梅西声音很柔软，发色乌黑，微笑温和，某些面部特征会让人想起莱奥（尽管她笑着说莱奥长得完全像他的父亲）。塞莉娅说着话不时会看向坐在她对面的妹妹玛尔塞拉。这位库西蒂尼家族最小的女儿也是足球运动员的母亲：大儿子马克西米利亚诺为巴西胜利队踢球，二儿子埃马努埃尔效力于巴拉圭的奥林匹亚队，小儿子布鲁诺正在雷纳托·塞萨里尼足球学校训练，那里曾经走出过像费尔南多·雷东多和圣地亚哥·索拉里这样伟大的球员。玛尔塞拉·库西蒂尼·比安库奇是莱奥的教母，也是他最喜欢的小姨。现在每次他回罗萨里奥，都会躲在玛尔塞拉家里。“我们得过去找他或者打电话才能知道他怎么样，不过当然了，我的妹妹非常宠他，”塞莉娅说，“而且埃马努埃尔也在那儿，他俩简直形影不离。”从小他们就一直踢球。“一共有5个男孩，我的3个儿子马蒂亚斯、罗德里格和莱奥，还有我妹妹的两个儿子马克西米利亚诺和埃马努埃尔。一到周日，我们两家都去母亲家，他们就在饭前跑到街上一起踢球。”塞莉娅回忆道。那

① 莱奥（Leo），里奥内尔（Lionel）的昵称。

② 阿尔法霍，一种起源于摩尔人西班牙时期的甜食小吃，后传入拉丁美洲，在阿根廷极为流行，一般是在两片饼干之间夹牛奶糖、水果糖、巧克力或者慕斯做成。

时候他们踢足球或者网式足球，比赛总是很激烈，莱奥经常最后因为输了球或是被哥哥们捉弄而哭着跑回来。

“刚好之前有天马克西[①]跟我提起那时候的比赛，”玛尔塞拉补充道，“他说等大家重聚在罗萨里奥，他很想再踢一次梅西家对阵比安库奇家的比赛来重温旧时光。”

就这样我们说到了梅西的外祖母塞莉娅：她做的美味佳肴，各式各样的意大利面，大家庭的周日聚餐，还有她对足球的热爱。“是她送孩子们去训练，是她坚持要他们让我的里奥内尔加入一起踢球，尽管他年龄不够，是最矮小瘦弱的。”塞莉娅说，“他一直非常瘦小，大家不敢和他拼抢担心会伤到他，但是我母亲不这样，她总是喊‘传给里奥内尔，传给那个小孩，他能进球’。是她说服我们给莱奥买了第一双足球鞋。很可惜如今她看不到他了。她在莱奥 10 岁的时候去世了，不过谁知道呢，也许她在天上或是什么其他地方幸福地看着自己最心爱的外孙现在的样子。”

那么，莱奥是怎么开始踢球的？跟谁学的？他的灵动是骨子里与生俱来的吗？“我也不知道，也许是跟着他的父亲、哥哥们和表兄们。我们全家都热爱足球，我也是球迷。你问我的偶像？马拉多纳。我一直追随着他的整个职业生涯和所有进球，他在球场上完成的一切无与伦比。我认识他以后曾经对他说：‘希望有一天我的儿子能成为优秀的足球运动员，而你能执教他所在的球队。’”看看后来，马拉多纳真的成了莱奥在国家队的主教练。

这时讲述稍作暂停，因为桌上的手机响了。塞莉娅抱歉地示意了一下，走开去接电话。与此同时，玛尔塞拉继续和我们说起小莱奥：“他那时候简直不可思议，还不到 5 岁触球就已经无人能及。他很喜欢足

① 马克西（Maxi）是马克西米利亚诺（Maximiliano）的昵称。

球，一刻不停地冲着家里的大门射门，很多时候邻居们都不得不让他动静小点。”

塞莉娅合上手机坐回来，听到妹妹的话赞同地点头。“对莱奥而言，最严厉的惩罚莫过于告诉他：今天不许去训练。‘不，妈妈，求求你，我会把所有事情都做得特别好，你别担心，我发誓。放我去踢球吧。’他会坚持这样跟我磨嘴皮直到我同意为止。莱奥从小就不是个任性的孩子，也不是调皮的小坏蛋，他一直是个好孩子，安静而腼腆，现在还是这样。”

真的？“是的，真的是这样。他注意不到自己的名气。每次回罗萨里奥，他都想和表兄埃马努埃尔一起出来在圣马丁大道附近逛逛。我跟他说这是不可能的，因为这儿的人看到他都会激动万分，他迈不了两步就会被团团围住，结果这让他心情很低落。他无法理解，反而会生气。在巴塞罗那，他经常穿着拖鞋和运动服就去逛高尔特·英格列斯百货大厦[①]。罗纳尔迪尼奥为此取笑过他很多次，问他是不是疯了居然那样去散步。他并没有意识到自己是谁，所以，出名、签照片或者与球迷合影不会让他觉得不耐烦。在他时隔许久回家或是我去看他的时候，晚上我躺在他身边和他聊天，揉着他的头发半开玩笑地说：‘很多女孩要是能像我这样在你身边，付出多少也在所不惜吧。’听到这话，他就会流露出很奇怪的表情对我说：‘妈妈，别说傻话了。’”

酒吧的墙上挂着一些阿根廷球员的球衣，其中也有镶在玻璃框里的莱奥的 30 号巴萨球衣。“他们不知道我是他妈妈，尽管我就住在这个街区。”塞莉娅说。这是一个躲避名气的女人，很清楚成为名人随之而来的风险，她对自己和孩子们的生活重心想得很明白。这当然很好，不过做一位天才球员的母亲是什么感觉？“骄傲，特别骄傲。无论是在这里

① 高尔特·英格列斯（El Corte Inglés），本义为“英国裁缝”，是西班牙最大的连锁百货商店，名字取自多年前以英国式剪裁作为高档的象征。

还是在西班牙，每当我打开报纸读到关于他的新闻，看到店里挂着印有他名字的球衣，遇见穿着他球衣的孩子……这些都让我感到无比骄傲。所以听到对他场上表现的批评或者涉及他私生活的假新闻就觉得很伤心。当有人给你打电话说：你看这个了吗？你看到那条新闻了吗？这时候你就会感到一种心痛，直触及灵魂深处。至于莱奥，他很少关注媒体怎么写他，就算看到了也不太在意。但是这并不意味着他没有经历过相当艰难的赛季。他也曾陷入低谷，比如因为受伤要远离球场数月，或者当事情不如想象中那么顺利。这时候，我都会毫不犹豫地收拾行李飞往巴塞罗那，看看发生了什么，去陪在他身边，尽全力照顾他。莱奥一直是个把所有问题都藏在心里的孩子，但是同时他比大多数同龄人都更加成熟。我记得当年我们提出回阿根廷的可能时，他对我说：'妈妈，你别担心，我自己留在这里，你们回家吧，上帝会帮助我们的。'他的意志非常坚强。"

我们继续关于成就的话题，说到大西洋两岸的人们都在为这个"小跳蚤"疯狂。"我最欣慰的事情就是人们都爱他，"塞莉娅说，"我想，人们爱他是因为他心思简单，性格谦逊，是个好人。他总是想着其他人，希望身边的人可以过得很好：父母、哥哥们、侄子们和表兄弟们。他永远想着家里人。当然，我是他的妈妈，一个母亲说起自己心爱的孩子总是会说很多好话，不过真的，莱奥有一颗伟大的心。"

那么作为母亲她怎样看待儿子的未来呢？"足球方面，我希望他像贝利、马拉多纳那样创造历史，希望他能走得很远，非常远。但是最重要的是，身为母亲，我向上帝祈求他能幸福，好好成家，享受生活，因为他还没真正享受过。他过去和现在都全身心地献给足球，不泡吧，不做很多同龄年轻人会做的事。所以我希望他将来能有很美妙的生活。他值得拥有这一切。"

落地窗外天色渐暗，交通又变得繁忙喧闹起来：公共汽车，摇摇晃晃的厢式货车，拖着尾气前行的小轿车，瘦马拉着的堆满废铜烂铁的两轮马车，成群的人拥挤向各大商店和交通枢纽。塞莉娅得回家了，玛利亚·索尔[①]在家等着她。玛尔塞拉要去足球学校接她的小儿子布鲁诺。因为下雨，塞莉娅坚持送我们去市中心。趁她去取车的工夫，玛尔塞拉在酒吧门外谈起身为母亲的担心：伤病和可能冲昏头脑的金钱。“至少现在，我的孩子们，还有莱奥都很实际，我们家和姐姐家依旧住在我们出生的街区，在同一幢房子里，我们没有搬去别的区，因为不想丢下自己的根。孩子们也是如此，还和以前一样。我希望他们永远不会改变，不要像有些足球运动员那样因为名气而迷失自己。”

这时，一辆灰色的大众汽车停在人行道边。塞莉娅开着车飞快地穿过罗萨里奥市南的大街小巷。路过莱奥小时候上学的学校时她说：“他不是个优等生，那时候他有点懒。”

向右转过街角就是瑞士射门俱乐部[②]的外墙，这是一家综合性体育俱乐部，由来自瑞士提契诺州的移民在1889年创办。路边的两个小男孩并没有注意到塞莉娅的车，他们正全神贯注于脚下的皮球，运着球相互练习短传。

“里奥内尔小时候就是这样。”塞莉娅说。

---

① 玛利亚·索尔，梅西的妹妹。

② 瑞士射门俱乐部，位于罗萨里奥市南部，拥有完善的各项体育设施。

2. 加里波第医院
1987年6月24日

加里波第医院是一座奶油白色的建筑，透着19世纪老房子特有的气息，坐落在比萨索罗大街1249号一块长方形的土地上，顾名思义，这是一所献给朱塞佩·加里波第①的医院，在罗萨里奥的意大利广场还有一尊他的雕像。加里波第是一个很出名的人物，被誉为“两个世界②的英雄”，因为在流亡南美洲期间，他沿巴拉那河③进行斗争，沿途的土地都留下过“红衫军”的足迹。比如罗萨里奥和布宜诺斯艾利斯这些医院的名字，它们是由那些流亡政治家、马志尼④和加里波第的拥护者们以及他们的互助会⑤建立的。罗萨里奥的这所综合性医院于1892年10月2日落成，旨在为该地区的意大利人提供帮助，当时从大洋彼岸迁居而来的移民70%都来自意大利。如今，这所医院拥有罗萨里奥最好的妇产科。里奥内尔·梅西的故事，正是在一个冬日的清晨6点从这里开始的。他是梅西-库西蒂尼家族的第三个孩子。

父亲豪尔赫时年29岁，是阿辛达尔钢铁集团的科长，在距离罗萨里奥50公里的孔斯蒂图西翁镇工作。母亲塞莉娅27岁，在一家生产磁性线圈的车间工作。两人儿时相识于城市南部的拉斯埃拉斯区，之前

① 朱塞佩·加里波第，19世纪意大利统一运动中的爱国志士，意大利建国三杰之一，“红衫军”的领袖。

② 指欧洲的旧世界和拉丁美洲的新世界。

③ 巴拉那河，南美洲第二大河，自东北向西南，先后流经巴西、巴拉圭和阿根廷，最后注入拉普拉塔河。

④ 朱塞佩·马志尼，意大利统一运动重要人物，如今意大利共和党的前身青年意大利党的创始人。

⑤ 全称意大利移民互助会。

叫以色列国区，也就是现在的圣马丁区，那里住着谦逊勤劳的人。塞莉娅的父亲安东尼奥是机械师，维修冰箱、风扇等家用电器，她的母亲做过很多年的家政保洁员。豪尔赫的父亲尤西比奥是建筑工人，母亲是女佣。两家之间相隔不过百米，和这里的很多人一样，他们两家的祖先都来自意大利和西班牙。“梅西”这个姓氏源自意大利马切拉塔省雷坎纳第市，那里曾经诞生过诗人莱奥帕尔迪[①]和男高音歌唱家亚塔吉利[②]。19世纪末，安格鲁·梅西从那里出发，和其他数以百万的社会底层移民一样，坐上许多前往美洲的船只中的一条，希望能在新大陆找到更好的生活。库西蒂尼家族的父系一支也有意大利血统。两家人经由潘帕斯草原最终定居在罗萨里奥这座城市。

罗萨里奥市距离首都305公里，居民近百万，是圣塔菲省人口最密集的城市。这座城市依巴拉那河河岸而建，河滨大道直通向罗萨里奥圣母桥，几年前建成的这座桥横跨巴拉那河及河上的小岛，将罗萨里奥和维多利亚市连接起来。一直以来，巴拉那河都是最重要的水上贸易要道：大豆等很多农产品正是由此地运往南方共同市场[③]的其他成员国。近年来，这为罗萨里奥带来了财富，也改变了该地区的城市面貌。新兴的建筑、现代化的摩天大楼和精美的别墅在巴拉那河岸的细沙河滩边拔地而起。不过，罗萨里奥依旧是一座国旗下的城市。小学生们穿着白色的校服在国旗旁的纪念碑[④]脚下合影。这座苏联时代风格的纪念碑建于1957年，为了纪念1812年2月27日曼努埃尔·贝尔格拉诺[⑤]将军在这里第一次下令升起阿根廷国旗。

---

① 莱奥帕尔迪，意大利19世纪著名浪漫主义诗人和散文家。

② 亚塔吉利，被誉为20世纪音色最美得男高音歌唱家之一。

③ 南方共同市场，成员国是阿根廷、巴西、巴拉圭和乌拉圭4国。

④ 指罗萨里奥市的地标性建筑“国旗旁的国家历史纪念碑”。

⑤ 曼努埃尔·贝尔格拉诺，拉丁美洲独立战争杰出军事将领、阿根廷国旗的设计者。

罗萨里奥是一个属于移民后代的城市，有贫民窟，也有别墅区。不过让我们别再赘述移民史或是文化、语言和传统的融合，回到豪尔赫和塞莉娅，两人在年少时已相互倾心，成为恋人。

1978 年 6 月 17 日，豪尔赫和塞莉娅在圣心教堂结婚。整个国家都沉浸在世界杯的气氛中，这对新婚夫妇也不例外。他们第二天就要前往巴里洛切度蜜月，这一天也没有错过在罗萨里奥上演的阿根廷对阵巴西的比赛，最终双方 0 比 0 握手言和。8 天后，在布宜诺斯艾利斯河床队的纪念碑球场[①]，塞萨尔·路易斯·梅诺蒂[②]率领蓝白军团 3 比 1 战胜荷兰捧得世界杯冠军。那是一场集体的狂欢。菲洛尔、奥尔京、加尔万、帕萨雷拉、塔兰蒂尼、阿迪莱斯、加列戈、奥尔蒂斯、贝托尼、卢克和肯佩斯[③]似乎让人们忘记了“全国重组进程”[④]，忘记了死去的反对者（超过 3 万人）和失踪者，忘记了所遭受的折磨和恐惧。1976 年 3 月 24 日时任总统伊莎贝尔·庇隆[⑤]被革职，豪尔赫·拉斐尔·魏地拉[⑥]将军凶残血腥的军事独裁开始。

今天，在布宜诺斯艾利斯街头还能看到涂抹在墙上的足球场绿茵下方写着“肮脏世界杯”的字样，旁边刻着年份“1978”。

两年后，阿根廷仍处在恐怖的阴霾下，但是生活仍要继续。塞莉娅

① 纪念碑球场，河床队的主场，1978 年阿根廷世界杯的决赛场地。

② 塞萨尔·路易斯·梅诺蒂，1978 年阿根廷夺得世界杯冠军时的主教练，出生于罗萨里奥，是阿根廷历史上第一位率队捧起大力神杯的教头。

③ 这 11 人是 1978 年世界杯决赛阿根廷队的首发名单，其中肯佩斯是当届赛事的最佳球员。

④ 全国重组进程，指 1976 年至 1983 年间阿根廷军政府统治期间推行的政策，一切反对声音均遭到封锁和暗杀，成千上万的人死亡或失踪，被称为“阿根廷历史上最血腥的独裁”。

⑤ 伊莎贝尔·庇隆，即庇隆夫人，阿根廷历史上第一位女总统，任期自 1974 年 7 月时任总统、其丈夫胡安·庇隆去世至 1976 年被军事政变推翻。

⑥ 豪尔赫·拉斐尔·魏地拉，1976 年至 1981 年任阿根廷总统，任内他大肆杀害反对军政府的人、左翼游击队员和民主进步人士，约有超过 3 万人遇害或失踪，50 万人被迫流亡国外。

和豪尔赫初为父母：1980 年 2 月 9 日，罗德里格·马丁出生。之后，在阿根廷历史最黑暗的年代，家里的第二个孩子马蒂亚斯·奥拉西奥出生。那是 1982 年 6 月 25 日。在此之前 11 天，马尔维纳斯群岛战争[①]刚刚结束，阿根廷战败，649 人死亡，逾千人受伤，所有国人经历了两个半月刻骨铭心的“映天战火”。从未受过专业训练的年轻人背着寒碜的战斗装备奔赴前线，他们都是志愿军，凭着对廉价爱国主义的信仰自愿入伍，为收复马尔维纳斯群岛的主权而战，这片群岛自遥远的 1833 年起就被英国人占领。而列奥波尔多·加尔铁里[②]将军 1982 年 4 月 2 日下令登陆马岛的计划名字恰是“罗萨里奥作战”。这是军政府的又一次操纵，为了将人民的注意力从 1980 年实施的经济计划引发的灾难性后果上转移开去。此前的政策导致阿根廷的通货膨胀率高达 90%，各大经济领域全面衰退，公司和国家的外债激增，货币贬值，中产阶级持续性陷入贫困（与其他拉美国家相比，这是阿根廷历史的特点之一）。马岛战争本可以让人们暂时忘却国内正在经历的不幸而全情投入爱国主义浪潮中，然而加尔铁里轻视了“铁娘子”玛格丽特·撒切尔和伊丽莎白女王二世殿下的军队。

短短几周，英国的特派部队就耗尽了阿根廷军队，这场溃败在 1 年后促成军政府的垮台和民主制度的建立。然而，对阿根廷而言，收复对马岛的主权依旧是一个公开的要求：在罗萨里奥的国旗公园，树立着一座献给“马尔维纳斯群岛英雄”的纪念碑，1994 年的宪法中也规定恢复对马岛的主权是不能放弃的目标。尽管如此，1983 年赢得大选的劳尔·阿方辛[③]作为少数始终与军人保持距离的政治家，坚持认为当时军

① 马尔维纳斯群岛战争，即“马岛战争”或“福克兰群岛战争”，是 1982 年 4 到 6 月间，英国和阿根廷为争夺南大西洋上马尔维纳斯群岛（英国称“福克兰群岛”）的主权而爆发的一场战争。

② 列奥波尔多·加尔铁里，1981 年 12 月至 1982 年 6 月担任阿根廷军政府独裁总统。

③ 劳尔·阿方辛，1983 至 1989 年任阿根廷总统，当选总统前是一名律师。

政府发动那场战争的唯一目的就是巩固独裁统治。

4 年后，塞莉娅怀上第三个孩子的时候，阿根廷的时局仍然严峻。1987 年圣周期间，阿根廷险些爆发内战。发动“政变”的是由阿尔多·里克上校带头的一些年轻军官：他们要求停止对军政府统治时期侵犯人权案件的调查和惩治。军队首领不愿服从总统的命令。这一次，是人民走上街头维护民主。总工会宣布开始大罢工。4 月 30 日，劳尔·阿方辛对在五月广场聚集的大批民众说：“家中一切秩序井然，大家复活节快乐！”这句话将永远载入史册，因为再没有比这句话更远离事实的言论。这位总统在军人武装面前完全手足无措，不得不与“叛军”协商，保证不再对军人展开调查。这就是《服从命令法案》，法案赦免了所有在军政府独裁时期犯下野蛮罪行的尉官和士官，他们的罪责只被定性为对上级命令的服从。该项法案在 1987 年 6 月 23 日正式生效，同一天，塞莉娅被送进加里波第医院妇产科。她的另外两个儿子，7 岁的罗德里格和 5 岁的马蒂亚斯跟着外婆留在家里，豪尔赫陪在妻子身边。已经有了两个儿子的他本想要个女儿，不过染色体决定了又一个儿子的降生。整个孕期都很顺利，但是在最后几个小时的生产中，事情变得复杂起来。妇产科医生诺尔贝托·奥德托注意到胎儿有剧烈的痛感，为避免给婴儿留下后遗症他决定需要用产钳催产。豪尔赫至今仍记得当医生告诉他要用产钳时自己的害怕和心乱如麻。他求医生尽量避免使用那些钳子，因为他和很多其他父母一样，对坊间流传的婴儿因此而变畸形或受伤害的故事印象深刻。好在最终并没有使用产钳的必要。还差几分钟到早晨六点的时候，里奥内尔·安德烈斯·梅西出生了，6 斤重，47 厘米长。红得像个番茄，一只耳朵因为生产过程中的外力而完全折起来。不过和很多新生儿一样，这点异常几个小时后就消失了。惊吓之后到了享受幸福的时刻，新近降生的是一个带着颜色但是健康的婴儿。

不过，医院大门之外的地方，局势远不是这么平静。一枚炸弹在罗萨里奥爆炸，另一枚在豪尔赫工作的孔斯蒂图西翁镇爆炸。阿根廷全国爆炸的炸弹数目达到15个。没有人员伤亡，只有财产损失，这是对《服从命令法案》的抗议。展现出的是一个分裂的国家，被军事权力奴役着，同时陷入了严重的经济危机。内务部刚刚宣布开始使用新的食品物价：牛奶和鸡蛋价格上涨9%，马黛茶叶上涨21%，此外，电费上涨10%，天然气费上涨8%。激增的物价对于任何一个像梅西、库西蒂尼夫妇这样的工人家庭而言都是难以承受的。好在，依靠着夫妇两人同时工作的工资，他们还是拥有了自己的一套房子。豪尔赫在父亲尤西比奥的帮助下，用周末的时间在自己家一块300平方米的地皮上建起了这幢房子。这座位于拉斯埃拉斯区的砖房两层楼高，房后有一个可供孩子们玩耍的院子。那年6月26日，加里波第医院准许塞莉娅和新出生的孩子出院，里奥内尔来到这个家里。

6个月后，我们可以在家庭相册里看到胖乎乎笑眯眯的里奥内尔躺在父母的床上，穿着蓝色的婴儿裤和白色的小衣服。10个月大时，他开始跟在哥哥们身后跑。正是在这段时间发生了他的第一次意外。没人知道他怎么从家里跑出来了，可能是为了和街上的其他孩子玩，路还没有刷上柏油，很少有车从这经过。来了一辆自行车撞倒了他，他大哭起来，家里人连忙冲到街上。看上去好像没什么，只是受了惊吓。但是到了晚上，小梅西还在不停地哭泣，他的左胳膊肿了起来。家里人带他去医院。尺骨骨折。上了石膏后几周他就恢复了。到了他1岁生日的时候，叔叔们送了他一件球衣，想说服他选择自己未来的球队：纽维尔老男孩①。不过这还为时尚早。小梅西3岁时还是更喜欢玩五颜六色、比足球小得多的球：弹子。他在游戏中从小伙伴手里赢来成堆的弹子，口袋里永远装得满满的。从幼儿园到小学，他总有时间玩一些圆的东西。4岁生日时，

① 纽维尔老男孩队又译纽维尔老伙计队，罗萨里奥城的两支劲旅之一。

父母送了他一个带有红色菱形图案的白色足球。这个足球，也许就是某种命中注定的吸引力开始发挥作用的地方。直到忽然有一天，他震惊了所有人。那天，他的父亲和哥哥们在街上踢球，莱奥第一次决定加入进去。换作平时，他会更愿意继续赢弹子玩，那一天却不然。“看到他踢出来的球我们全都呆若木鸡，”豪尔赫说，“那天之前，他从来没踢过球。”

3. 最小的那一个
1992年夏天的一个下午

格兰多里俱乐部的小球场几乎是光秃秃的，大都是裸露的土地，只有底线附近还有几小块绿色。球门柱都破损了，一如球场旁的围栏、洗浴间和更衣室所在的建筑物。整个街区也没好到哪去：古铁雷斯大街的每个十字路口都有自作主张的汽车擦洗工，街上有出售旧轮胎的人，贴着写有“收购金属”（也就是废旧钢铁）的海报；甚至有一块小纸板上写着给狗理发。尽头是看似被遗弃实则没有的公共建设，低矮的小房子早已失去了往日的吸引力，柏油马路的细缝里长出植物，垃圾露天焚烧着，男人们和老人们无所事事，个头高大的男孩子骑着矮小的自行车。老人们说，这儿的人已经变了，来了很多坏人。晚上在街头逛荡挺让人害怕，他们补充道。

下午3点，街上几乎没人。足球场荒无人烟。临近小学来这家由掌旗官马里亚诺·格兰多里[①]命名的8号体育中心练习运动项目的孩子们已经离开了，踢足球的孩子们则要到下午5点才会来。只有一位老师在那，穿着白色上衣，蓝色的运动裤和球鞋。正是他指给我们通往不足150米外阿帕里西奥先生家的路，阿帕里西奥是里奥内尔·梅西的第一位教练。

阿帕里西奥先生用湿漉漉的双手打开门，他正在为失明的妻子克劳迪娅准备午餐，不过还是请来客进来坐下。四张椅子，一条大白狗，几乎完全被一台古旧的电视机占满的小客厅散发着某种难闻的气味。有

① 掌旗官马里亚诺·格兰多里，1865年参加三国同盟战争的一位出生在罗萨里奥的志愿军战士，次年他牺牲在战场上，作为掌旗官的他死时手中仍举着阿根廷国旗。

4 个孩子、8 个孙辈和 4 个重孙辈的萨尔瓦多·里卡多·阿帕里西奥有一张枯萎的脸，小胡子的阴影投射在脸上，身体像金属电缆一样弯曲着，声音和双手都在颤抖。现在他全天都在铁路上工作。年轻时他曾经身披 4 号球衣为小堡垒俱乐部效力，30 多年前，他教过一群孩子踢球，在格兰多里 7.5 米宽 40 米长的球场上。

阿帕里西奥教过上百个孩子，其中包括罗德里格和马蒂亚斯。梅西家的大儿子当时是个很有速度和力量的中锋，二儿子则是后卫。外祖母塞莉娅每个周二和周四都陪他们去训练。一个下午，莱奥也跟着来了。

“当时 86 年出生的孩子组成的队还差一个没来。其他人做准备活动的时候，我手里拿着多出的那件球衣等那个孩子来，可他一直没到，反倒是有一个小不点儿在对着看台踢球。我的脑子转起来，对自己说，该死，我都不知道他会不会踢球，不过……就这样我去和他外祖母说了，老人家是个铁杆球迷，我跟她说：‘把这孩子借我用用’。她很想看他在场上踢球，和我说过好几次给他做个试训，还和我列举过很多次这个小孩的各种特点。孩子的母亲和小姨并不同意，不想让他上场，因为‘他太小了，其他孩子都那么壮’。为了安抚她们，我保证说‘我就把他放在那，不用动，要是有人踢他我就打断比赛，把他换下来’。”

阿帕里西奥先生是这样讲这个故事的，不过梅西一家人给出了另一个版本。“是外祖母塞莉娅要求阿帕[①]把他放上去的，当时队里缺一个人。教练并不愿意让他上场因为他实在太小了。但是老太太坚持说：‘让他上场，你就会看到这个小不点儿是怎么踢球的。’阿帕回答说：‘那好吧，不过我把他放在边线附近，这样万一他哭起来，您就自己把他带下场。’”

故事的后续再没有什么分歧。老教练继续讲着：“好吧……我给了

① 阿帕（Apa），阿帕里西奥（Aparicio）的简称。

他球衣，让他上场。第一个来球传到他的右侧，他看了看球……什么都没做。”

说到这，被周围人尊为堂·阿帕[①]的老人站起身，模仿了小梅西当年那个令人惊讶的举动，然后他重新坐下来解释说：“他是左脚球员，所以他没去控球。”他接着说：“第二球落在左边，他拿球开始带球过人，一个，又一个，又一个。我冲他喊：‘把球踢出去，踢出去。’我担心会有人伤到他，但是他继续带，继续带。我不记得他有没有进球，不过我从来没有见过这样的事。我对自己说：‘这孩子我再不用换他下来。’我就没换他下来。”

阿帕里西奥先生去另一个房间拿来一个塑料袋，在自己一辈子的记忆里翻找着。最终他找到了想找的那张照片。绿色的球场，一支足球队的孩子穿着红色的球衣，而在那个年轻许多岁的阿帕里西奥身前站着的正是所有人中最小的那个：白色的裤子几乎提到腋下，球衣也太大了，目光很严肃，双腿弯曲着。那是里奥内尔，像一只小鸟，或者一个“小跳蚤”，哥哥罗德里格总是这样叫他。

“他是87年生的，却和86年出生的孩子们一起踢球。无论是身高还是年龄都是最小的，不过他的表现太突出了，尽管被铲得很狠。他是一个与众不同的球员，有超自然的条件，天生就会踢球。每当我们去一个球场踢球，人们都蜂拥来看他。他每次拿球都如乘风破浪一般。那很恐怖，根本无法阻挡他。一场比赛他能进四五个球。对阵黎明俱乐部的比赛中，他打进了一个广告里才会出现的球。我记得很清楚：他过掉了所有人，包括守门员。他踢球什么样？就像现在这样，很随性。我唯一要做的事情就是在球场上让他停下来。他是个什么样的孩子？是个严肃的小孩，总是黏在外祖母身边，话很少。从来不抗议什么。如果有人

① 堂·阿帕，西班牙语中在姓前面加“堂”表示敬称。

铲他踢他，有时候他会哭，但是爬起来就继续跑。所以每当有人说他任性，说他没那么好，或者说他是个没有团队意识的独行侠，我都会为了保护他和别人争吵。”

他的妻子在卧室喊他，阿帕里西奥先生过去，回来时带来更多的回忆。

比如这盘他之前没找到的录像带，里面有这个天赋异禀的孩子当年踢的球，“我把这盘带子放给孩子们看，教他们如何让球黏在脚上”。或者莱奥第一次从西班牙回来时，老人去看他。“他们看到我简直疯了。我是早上去的，到凌晨 1 点才回来。所有的时间我们都在聊西班牙那里的足球是什么样的”。还有那一次街区以里奥内尔的名义举办了一场聚会。他们想在格兰多里球场颁给他一个证书，不过最后莱奥没能去。事后他打电话来说：“谢谢，下一次吧。”

老教练对此并无怨言，与此相反，他非常温柔地说起这个自己多年前教过的小孩子。

“我在电视上看到他穿着巴萨球衣打入第一球时，一下就哭了。我的女儿吉诺维娃在另外一个房间，她问我：‘爸爸怎么了？’‘没什么，’我对她说，‘就是激动。’”

阿帕里西奥从塑料袋里拿出另一件宝物。是又一张照片，金发的小孩，个子小小的，穿着过大的球衣，腿短短的：他手里举着一座奖杯，他的第一座。奖杯几乎比他的个头都大。

当时莱奥还不到 5 岁，不过在格兰多里他已经开始品尝进球和夺冠的滋味。足够幸运的是，第二年“老爸”变成了他的教练。豪尔赫接受了俱乐部经理们的邀请，承担起带领 87 年一代孩子的责任。他们踢了阿根廷儿童足球协会组织的比赛，这是他们参加的很多市级比赛中的一个。他们赢了所有的比赛：“就是所有的，所有的锦标赛、杯赛、友谊赛。”豪尔赫·梅西带着作为父亲甚于作为主教练的骄傲这样回忆道。

足球之外，还要上学。莱奥在位于布宜诺斯艾利斯大街4800号的拉斯埃拉斯大区66号小学上学。送他去学校的是母亲塞莉娅、小姨玛尔塞拉或者邻居家辛西娅的妈妈西尔维娅·阿雷亚诺。他们走着去，穿过一片空地或者沿着121通讯部队兵营训练基地的足球场边缘走，10多分钟就能到达学校门口。

如今，一走进学校，就看见低年级的孩子在专心画画。其中有两个穿着梅西的球衣。在室内的大厅里，一些穿着白色校服的小孩子在踢球，无比全神贯注。有球门，没有的是皮球，他们就用胶带把纸捆成球状。孩子们高速前进，毫不顾忌灰色花砖地面的坚硬。转身，假动作，过人。这些球员中有莱奥的表弟布鲁诺·比安库奇。只见他因为努力而浑身汗湿，脸红扑扑的，黑如炭条的头发黏在白红色交织的前额上，他的队友们当即示意他是最好的。报纸上已经有成堆的报道将他指为下一个莱奥。他的教练们说他带球很棒，和他的表兄一样灵敏，而且，和莱奥一样，他也很腼腆。莱奥唯一让他眼红的是爆发力和进球的能力。布鲁诺也是前锋，他想有一天能穿上巴萨的球衣。

身边很快围上一个圈子。所有人都想就那个几年前在同一所学校读书的孩子说几句。对11岁的巴布罗而言，毫无疑问梅西“具备成为世界最佳的一切。他比马拉多纳更好。我最喜欢的是他的速度，简直无与伦比”。而9岁的奥古斯丁和他的很多同龄人有一样的担心：“马拉多纳是从阿根廷青年人队起步的，而梅西是在巴萨。”的确，巴塞罗那离这儿太远了。连最害羞的小姑娘们都加入到讨论的圈子里，不过女孩子们喜好不一，有的觉得他很好看，另一些则觉得他个子太小了。

课间休息时间到了，暗红色的栏杆下，是一棵百年古树，小学生们一个追着一个走过。莱奥躲开巨大的树干，追着纸或者塑料做成的球跑过。对他而言，那些年里最美的记忆莫过于比赛中无论什么样的情形都能在他的双脚间结束。学习不是他喜欢的事，他毫无问题地承认。

而他从一年级到三年级的老师莫妮卡·多米娜证实了这一点：“不，在学习上莱奥并不出众，不过他的水平可以接受。一开始他阅读有些困难，所以我建议他母亲带他去看言语矫正专家。通过其他的作业，慢慢地，他的情况有所好转。不过也没有特别好的成绩。他是个安静、甜蜜、特别腼腆的孩子，是我当老师以来教过的最腼腆的学生之一。如果你不提问他，他就沉默地待在教室深处的课桌后面。年龄大点的孩子们都抢他去踢罗萨里奥各小学之间的杯赛。当然，他踢得特别好，得了很多奖杯和奖牌。不过我从来没听说他因为控球稳进球多就觉得自己了不起。”

4. 纽维尔红黑岁月
1994年3月21日

劳尔说："我的身边总有很好的阿根廷人，比如给我第一次为皇马出场机会的巴尔达诺，比如雷东多，还有很多其他我曾经分享过更衣室的队友。我和他们的关系都很好。我希望很快能去阿根廷享受那里的足球。我想看一场博卡[①]或者河床的比赛。"

"还有纽维尔的。"里奥内尔·梅西小声补充道。

"小跳蚤"永远不会浪费任何重申自己对纽维尔老男孩队的红黑深情。这次拍摄广告的间隙，他又和前皇家马德里队长、现在卡塔尔阿尔萨德俱乐部的前锋谈起自己心爱的球队。这很正常，纽维尔老男孩是梅西全家的至爱。父亲豪尔赫从13岁开始就在纽维尔训练，直到去服兵役才离开。尽管没有成为职业球员，但他是视野开阔的中场，更加偏重防守。罗德里格7岁就进入纽维尔的足球学校，马蒂亚斯也追随哥哥的脚步。

1994年初，莱奥从格兰多里来到纽维尔老男孩。此前，俱乐部的球探知道他，就让他的两个哥哥带他来试训，看看是不是真的才华出众。试训在下午和晚上进行，持续了将近1个月，梅西家最小的孩子和纽维尔少年队的孩子一起踢了8场比赛，这样密集型的试训不会骗人，纽维尔的教练们认为他的才能是罕见的，提议他进入马尔维纳斯足球学校学习，那里培养年龄最小的孩子。当时莱奥还不满7岁。俱乐部的经理需要和他的父母谈这件事，不过考虑到梅西全家对纽维尔的热情，这

---

① 博卡即博卡青年队，阿根廷布宜诺斯艾利斯与河床队齐名的劲旅。

完全不是问题。

“他父亲来见我，和我说：‘我要带他去纽维尔。’”格兰多里老教练阿帕里西奥回忆说，“我能说什么呢？好吧，带他走吧。”

就这样，1994 年 3 月 21 日，里奥内尔·安德烈斯·梅西正式成为纽维尔老男孩竞技俱乐部的一员，球员证号 992312。

纽维尔老男孩队和罗萨里奥中央队是罗萨里奥的两支同城劲旅。罗萨里奥中央竞技俱乐部诞生于 1889 年 12 月 24 日，当时的名字是阿根廷中央铁路竞技俱乐部，由来自英国的铁路工人建立，第一任主席是科林·博尔德。1903 年阿根廷中央铁路公司和布宜诺斯艾利斯铁路合并，俱乐部的名称改为罗萨里奥中央竞技俱乐部。他们的球衣颜色是蓝色和黄色，有很多伟大的球员曾经身披罗萨里奥中央队的战袍：马里奥·肯佩斯、卢西亚诺·菲格罗亚、何塞·查莫特、克里斯蒂安·冈萨雷斯、罗伯托·阿邦丹谢里、罗伯托·博纳诺、塞萨尔·德尔加多、丹尼尔·迪亚斯、丹尼尔·佩德罗·基勒尔、胡安·安东尼奥·皮齐、塞萨尔·路易斯·梅诺蒂，等等。罗萨里奥中央队还有两位特殊的支持者，一位是切·格瓦拉，他 1928 年 6 月 14 日出生在罗萨里奥，第一个家就安在河间大街 480 号。在这座城市合作广场上的壁画里，阿根廷画家里卡多·卡帕尼用几幅画记录了这一切。另一位是绰号“黑人”的罗伯托·方塔那罗萨，阿根廷最伟大的幽默作家、漫画家和足球作家之一。很遗憾他在 2007 年离我们而去。

纽维尔老男孩诞生于 1903 年 11 月 3 日，发起人是阿根廷英国商贸学校的老师、学生和校友。1884 年，来自英国肯特郡的伊萨克·纽维尔在罗萨里奥建立了这所学校。传说中正是他第一个将足球和足球比赛规则引入拉丁美洲。学校里的学生们投身于足球运动中，创建了一家新的俱乐部，其中有纽维尔先生的儿子克劳迪奥，他也是球队的创始人，“纽维尔老男孩”的名字是为了向他的父亲和学校致敬。纽维尔的球衣颜色是黑色和红色。

纽维尔老男孩队的球迷最能在同城兄弟罗萨里奥中央队面前炫耀的事实之一就是迭戈·阿曼多·马拉多纳曾经穿过纽维尔的球衣，哪怕只是5场正式比赛和两场友谊赛。那是1993年，金童从欧洲归来，此前他的欧陆生涯从巴塞罗那起步，在那不勒斯创造辉煌成为传奇，最后在塞维利亚卡洛斯·比拉尔多麾下结束。除了迭戈，这里还拥有过无数闪光的名字：从加布里埃尔·巴蒂斯图塔到豪尔赫·巴尔达诺，从阿贝尔·巴尔博到马克西·罗德里格斯，从塞尔吉奥·阿尔米隆到毛里西奥·波切蒂诺，从胡安·西蒙到罗伯托·圣西尼，从豪尔赫·格里法到瓦尔特·萨穆埃尔，从阿梅里科·加列戈到别号“塔塔”的马蒂诺。纽维尔死忠球迷的外号是麻风病人。很奇怪，对吗？这个感情强烈的公认标志由一个贬义的绰号演变而来。在这里有必要解释一下。献给俱乐部百年历史的“荣耀纽维尔”（gloriosonewells.com.org）网站给出了这样的答案：“据我们的祖辈们说（和传说里的一样），很久以前，卡拉斯科医院的慈善部想为抗击麻风病举办一场义赛，比赛本该在罗萨里奥城两支豪门之间展开，为此，主办方在双方俱乐部高层面前使尽浑身解数。纽维尔老男孩从刚一开始就接受了义赛的提议，而罗萨里奥中央队却断然拒绝这一请求，这成为蓝金之师[①]历史上经历的第一次波折往事，也使他们被罗萨里奥人视为小人，尤其是纽维尔的球迷总用这件事嘲笑他们的老对手。中央队的球迷只能找到一条反驳的理由，那就是既然纽维尔有如此兴趣参加这场义赛，那一定是因为他们自己就是麻风病人。就这样，纽维尔的死忠球迷就被称为‘麻风病人’，而他们的对手中央队的球迷被叫作‘小人’。尽管这个版本是多年来传播最广的解释，可能也是唯一真实的版本，也有一些罗萨里奥的老人坚持另外一个版本的解

① “蓝金之师”指罗萨里奥中央队，他们的球衣主色调是蓝色和黄色。

释。他们说纽维尔的球迷一直被作做‘麻风病人’，甚至在20世纪初俱乐部还未成形，仅仅是罗萨里奥的一所学校的时候。根据他们的版本，那些年在罗萨里奥的各街区，相邻的房子之间一般没有高墙阻隔，人们踮起脚或者站在小板凳上就可以和邻居说话。而当麻风病席卷全国，罗萨里奥也未能幸免。这种疾病从圣经时代就存在，一旦患病，就会被赶出视线，不能和他人接触。可能正因为此，当人们路过伊萨克·纽维尔的学校，看到难以逾越的围墙，就会说：‘这堵墙后面肯定躲着所有的麻风病人。’老人们说，从此纽维尔学校的学生（后来的纽维尔老男孩）就被称作‘麻风病人’了。”

《首都报》[①] 第一次专访里奥内尔时也将他和“麻风病人”这个绰号联系起来。不过在被当地报纸盛赞之前，梅西已经在少年队度过6年时光，打进将近500粒进球。

墙上褪色的红黑色涂鸦。“麻风病人的力量”，这行字坚定写在围墙上，这是那些大胆球迷的杰作。栏杆上方挂着校牌“纽维尔老男孩俱乐部马尔维纳斯足球学校”。场地状况很差，不过对于在上面踢球的孩子来说这并不重要。俱乐部的教练组是来这里看试训的，孩子们一定要全力以赴地表现好。更衣室旁，一张生锈的钢丝床被扔在角落里。另一边，在维拉穆希卡大街上还有两块足球场，同样是被遗弃的景况。有人评论说，俱乐部从季票、球票中赚得的钱，将球员卖给外国俱乐部得到的转会费，都没有用在这所培养年轻球员的学校。虽然实际上里奥内尔穿上红黑球衣的第一年情况和现在并无太大差别。可能只是当时俱乐部高层热情更加高涨，有更多的人努力工作而不这么看重利益。让我们回到当时，来说说那一年，赛季的开局非常完美，最后却以0比3不

① 《首都报》，创刊于1867年，是阿根廷仍在发行的报纸中最古老的一家，有超过200万读者群，被称为“阿根廷报业的老大”。尽管报社总部位于罗萨里奥而非真正的首都布宜诺斯艾利斯，该报纸的创始人致力于游说政府迁都罗萨里奥，所以给报纸取名《首都报》。

敌瑞士射门队告终。孩子们失去了冠军，不过他们从错误中学到了很多，因为此后的 4 个赛季，他们一共只输过一场球，而且是输给共同训练的纽维尔老男孩 C 队（比少年队高一个年龄组别）。无法阻挡的连胜让这支少年队为俱乐部赢得了一个骄傲的名字，“87 年机器”。对莱奥而言，最大的满足感来自一尊海豚奖杯，这是他在 1996 年在秘鲁利马举行的坎塔劳国际杯赛中捧得的。当时有来自阿根廷、智利、厄瓜多尔和哥伦比亚的 20 多支球队参赛，最终纽维尔力克强敌夺冠。小梅西吸引了所有媒体的注意力，比如他的花式足球。他在训练和赛前自娱自乐的方式就是持续颠球永远不让球落地，这样的技艺让俱乐部的经理们都叹为观止，以至于他们很快就要求他在一队比赛中场休息时去颠球来娱乐球迷。球场扩音器喊出小梅西的名字，他就玩着花活从看台下到球场中央，在那里用足球展示各种魔幻般的技艺。这是很多纽维尔球迷至今难以忘怀的中场休息，也是他们对这个未来有一天受到万众瞩目的莱奥·梅西最初的印象。

“他是个奇迹，”机械修理厂里，梅西纽维尔时期的第二任教练厄内斯托·维克奇奥站在几辆古老的美式轿车中间回忆道，“他懂足球，好胜心强，将皮球控制得服服帖帖；他有团队精神，为队友而战，但是他也有能力一个人带球过掉对方半支队。有一次，在马尔维纳斯学校的 1 号球场，守门员将球传给处在后卫位置上的莱奥，他带球从本方禁区弧突破到对方禁区弧，打入一个绝妙的进球。根本不需要教他。你能教马拉多纳或者贝利什么呢？教练唯一要做的事情就是纠正一些小事情。”

9 岁到 11 岁，维克奇奥教练带莱奥的两年间有太多的回忆。比如在巴尔卡塞杯的比赛中，纽维尔的 87 年一代横扫博卡青年、独立队和圣略伦佐队。当时队里的后卫劳塔罗·佛尔米加坚持说比赛中他们后防线无事可做因为“球从来不到后场来。我还记得洛达斯和梅西联手上演的大屠杀。梅西一拿球，对手就从中场围抢。有时候我们这些在后场的人觉得很无聊”。

“比利”古斯塔沃·阿里埃尔·沃达斯是那支队里的另一颗明星，他是莱奥的出色搭档。只是自然天赋的展现并不能确保到达最高处。比利是一个技术特点极为出众的进攻性中场，1986 年出生在罗萨里奥的一处贫民窟。14 岁时他已经是纽维尔一线队的替补球员，那一年他有了自己的第一个孩子。16 岁那年他完成了顶级联赛首秀，所有人都确信他有光明的未来。然而如今担负着两个孩子生计的他已经籍籍无名。“出身贫民窟的孩子很多都是这样，”维克奇奥解释说，“他们依靠足球走出贫困，但是一旦职业生涯不顺利，他们就不得不回到贫民窟，随即陷入酒精、毒品和绝望中。总而言之，区别在于教育。看看莱奥，他的父母一直跟随他，帮助他成为现在的样子。我认为家庭氛围是一个球员能否成功的重要因素之一。”厄尼斯托·维克奇奥还有时间给我们讲另一件轶事，最有趣的一件：“当时我们在踢对托里托队的比赛，那是我们联赛里的一支队。莱奥生病了，我就不想让他上场。他坐在替补席上，比赛还有几分钟就要结束了，我们 0 比 1 落后，所以我凑近莱奥问他：‘你想踢吗？’他回答想。他做好准备活动，上场前我冲他喊：‘去给我把比赛赢下来！’他做到了：5 分钟两球，比分牌完全改变了。”这是他在各项锦标赛、杯赛和友谊赛中惯常表现。就这样，他每个赛季都能打入超过 100 球。

2000 年，莱奥在纽维尔踢了第 10 个[①]也是最后一季联赛，那年他 13 岁，执教他和其他“87 年机器”成员的是阿德里安·科里亚。他们在贝拉维斯特的球场夺冠，那是一线队的训练基地。正是那天，9 月 3 日，在梅西前往巴塞罗那前两周，《首都报》发表了“里奥内尔·安德烈斯·梅西，一个比看上去更难对付的小麻风病人”，这是关于梅西最

① 阿根廷是春秋季联赛制，一年两季联赛。

早的一篇专访稿，篇幅两页。文中是这样介绍他的："他是第十级别联赛的球员，是全队的宠儿。这个孩子不仅是纽维尔青训营的天才之一，更拥有不可估量的未来，因为，尽管有身高的劣势，他能连续过人，盘带，进球，而且更重要的是，他享受足球。"

紧接着，就是一系列问题，我们来看看其中的一些：

一个偶像：有两个，我的父亲和我的教父克劳迪奥。

一个球员：有两个，我哥哥和我表哥。

一支球队：纽维尔。

一个爱好：听音乐。

一本书：《圣经》。

一部电影：《小鬼当家》。

一门学科：体育教学。

一个目标：上完中学。

一个理想：进入一队。

一件乐事：拿到第十级别联赛冠军。

一个梦想：为纽维尔一线队踢球。

一个记忆：我外祖母第一次带我去踢球。

谦虚：一个人永远不应该丢失的品格。

纽维尔在你生命中意味着什么：一切，最重要的。

5. 他就是加德尔[①]

对话阿德里安·科里亚

电视机开着。屏幕上，顿涅茨克矿工对阵本菲卡的比赛画面。桌上的电脑正在工作。前纽维尔球员、前纽维尔少年队教练阿德里安·科里亚身处假期中，还是把工作带了回家。他现在是绰号“大叔”的赫拉多·马蒂诺的技术助理，后者是巴拉圭国家队的主教练[②]。所以阿德里安的职责是密切关注巴拉圭队球员在俱乐部的表现，比如奥斯卡·卡多索[③]。不过他永远很高兴回忆起自己曾经教过的一位球员。

——我们从您第一次看到莱奥踢球时候的印象开始吧。

——那个时候大家都在说莱安德罗·德比迪斯，一个11岁就去AC米兰的金发小孩。所有人都对他赞不绝口，我则不以为然。我总和朋友说：“莱奥会比德比迪斯好十倍。等莱奥长大了，他会比马拉多纳更伟大。”——要知道我对迭戈是非常崇拜的。

——预言一个12岁的孩子有这样伟大的未来，这种确信不疑从何而来?

——你刚看到他的时候会想：这孩子没法踢球，太矮了，太脆弱了，太小了。但是立刻你就注意到他与生俱来的天赋，注意到他是个现象级的球员，将来会令人印象深刻。为什么？因为他爆发力极强，我从

---

① 加德尔，阿根廷20世纪初享誉世界的传奇探戈舞演唱家，被誉为“探戈之王”，演绎过《一步之遥》《回归》《布宜诺斯艾利斯》等探戈名曲。

② 马蒂诺在2011年夏天率队夺得美洲杯亚军之后辞去巴拉圭国家队主教练一职，回到纽维尔老男孩队担任主教练。

③ 卡多索也出身于纽维尔老男孩队，现效力于葡超本菲卡队。

未在球场上见过像他那样的启动。他是一辆 F1 赛车，一辆法拉利。他抢占先机，过人，一对一的对抗就能把你耗尽。他控球很稳，球永远贴着地面滚，永远黏在他脚上。他将那些还不知道怎么控制自己的运动机能和协调性的大个子们远远甩在后面。1 米 20 的他可以头球，让 1 米 80 的中卫头晕目眩。他很坚毅、有竞争力，喜欢赢球。我从没见过他满足于一个结果。他想赢所有的比赛。

——他踢什么位置？

——在前锋身后。我用 4-3-1-2 阵形，里奥内尔在场上不受拘束，踢前腰。在 11 人制的球场上看他怎么甩开对手是很享受的事。其他人都想限制他，他们知道他很灵活所以试图截断他，对他大量侵犯。莱奥却完全不抱怨，恰恰相反，这些犯规好像点燃了导火线，对手越针对他，他就越多与他们正面对抗。他往往断球后两下子就出现在守门员面前，完全能够凭一己之力赢下比赛，以至于人们都对我说：“只要莱奥在场上，就不是你在指挥球队。”

——特别值得一提的进球或者比赛？

——他进过各式各样的球。比赛？有他在我们赢了所有的比赛。他就是足球场上的加德尔，是个传奇。

——他听从教练的建议吗？

——是的，他很有礼貌，很在意教练的话。他从来不会说“我来踢”或者“我是最好的”。队友们都喜爱并崇拜他。训练场上他唯一不喜欢的事就是无球练习，因为他太喜欢球。就因为这个有一天我曾经罚他不让他训练。我不是个妖魔，也不粗暴，但是我总是喜欢保持严肃。当时我们在跑圈，而他一直在旁边拨弄着皮球玩。我喊了他一次，两次，他置若罔闻。最后我对他说："把球给我，你换衣服回家。"10 分钟之后，我看到他背着包贴在铁丝网上盯着球场看。看到他这样我觉得很心疼，就对他喊："你还没给我一个吻[①]就走了。"他走回来，和我打招呼，我让他去更衣室换好衣服回来继续训练。他是个腼腆的孩子，性格很硬，但是那是唯一一次我不得不这样说他的。

——他去西班牙的时候您是怎么想的？

——我觉得纽维尔不支持他，没有付出经济上的努力，他们不想在一个 13 岁的孩子身上破费。我想他们没有意识到自己拥有的是无价之宝。

——现在你怎么看呢？

——我觉得在欧洲，他在足球方面突飞猛进，但是还没有达到顶峰。未来几年，如果一切顺利，他会展示这一点。

——名气、声望、金钱，这些会让他从足球上分心吗？

——我想名气让他长大了，因为他知道怎样运用头脑。他没有改变，还是那个谦虚的小孩子。美洲杯的时候，有一次我们刚刚结束训练，紧接着是他们用场地。他看见我，就放下热身训练来和我打招呼，送给我一件他的球衣。我的球员们都简直不敢相信自己的眼睛，问我他们能不能认识莱奥，有没有可能再要几件球衣。

这只是个例子。我有一段时间没见到他了。不过我觉得他还是那个在贝拉维斯塔跟着我训练的小孩子。

---

① 贴面吻是拉美国家人见面和告别的礼仪。

6. 小个子
1997年1月31日

迭戈·施瓦茨斯坦医生很清楚地记得梅西第一次来就诊的日期：1月31日。在自己生日这天，医生认识了9岁半的里奥内尔，他的父母为他的生长缓慢感到担心，就带他来这家位于罗萨里奥市中心科尔多瓦大街1764号的内分泌科诊所。

“他们来问诊身材矮小症，每天都有很多这样的病人。”医生回忆说。莱奥还不是球星，不是众所周知的足球运动员，甚至都不是职业球员，他只是在纽维尔儿童队踢球。“而我一直都是‘麻风病人’的一员（他的写字台玻璃板下压着儿子的画，画的是纽维尔攻破博卡队的球门），这一点有助于我和病人之间建立良好的关系。我们聊足球，这是唯一可以让这个小孩子放下腼腆的话题。”

随之而来的就是多次就诊和超过一年的研究，莱奥经历了复杂的检查、生化分析和诊疗追踪。“因为只有这些检查可以证明他究竟是荷尔蒙分泌不足问题，还是简单的‘晚熟’，也就是说有和同龄人不同的节奏，晚一些开始生长”。

为了更易于理解，医生展示了诊所记录上的日期和节点，指出正常的时间表，这些数据让他们最终得出诊断结果：生长激素缺乏。

具体的解释是这样的：“他的内分泌腺不分泌生长激素。”施瓦茨斯坦医生说，“我们可以做一个类比：就好比糖尿病人的胰腺不分泌胰岛素，现在我们面对的是缺少生长所必需的激素。区别是糖尿病人占世界人口的7%，而梅西的病例并不常见：数据显示，每两万新生儿中才有一例。值得注意的是，这种病并非遗传性疾病。只要看看莱奥的哥哥们，或者他的妹妹玛利亚·索尔就知道了，他们都很高。”作为一个9岁的小孩，莱奥怎么面对这个消息？“我还记得，”医生说，“他很平静地对待自己的病，检查中一直很配合，包括最艰难的那些，后来的治疗中也是如此。这一点上他的家人帮了很多，他的家庭是一流的。”

确诊之后，这位罗萨里奥内分泌学专家开始对莱奥进行生长激素治疗。这种治疗方法是在3至6年内每天进行皮下注射，直到患者完成生长过程。

如何判断患者生长的情况？怎么知道他的生长潜力？通过X光射线，医生展示了9岁、10岁、11岁直到18岁不同生长阶段的变化，指着骨骼间的白色空间说如果这些白色区域消失就意味着患者已经完成生长过程，不能继续长高了。接着他补充说：“没有什么能让我们改变基因，但是如果出现困难我们可以帮助修复基因。需要说明的是，一个真正生长激素缺乏的人，一辈子都缺乏这种激素，所以必须人为干预。”

总而言之，梅西的病例并不是一次实验，不是像有些人写的那样成为实验室的小白鼠。被问及这种传言时医生失去了耐心，斩钉截铁地说：“那绝不是一次实验。在这种情况下采用注射生长激素的疗法已经有超过30年的历史。最早这种激素是从尸体中提取，但是这样有感染脑病的风险。从80年代中期开始，得益于基因工程的进步，生长激素可以直接生产。长期的副作用并未得到证实，不过迄今为止之前的病例没有发生过问题。像在梅西的这种情况下，补充他缺乏的物质是必不可少的。”

那么，为什么生长激素成为禁忌话题？为什么它是兴奋剂问题中最常用的禁药之一？

“如果给不缺乏生长激素、内分泌水平正常的成年人注射这种激素，就会形成一种促进合成代谢的物质，这种物质可以加强肌肉群，减少脂肪组织，以此来提高竞技成绩，”医生解释说，“但是这样做对身体健康带来极大的风险：可能会造成体液积聚、甲亢、高血脂、高血压，甚至有诱发肿瘤的风险。”

抛开这些猜疑和恐惧，还有另一个在阿根廷和西班牙都被无缘无故反复提及的话题：一年60万比索的治疗费用，相当于一万两千多欧元。这个金额被认为是促使梅西全家移民西班牙的原因，因为巴塞罗那是唯一愿意承担这笔费用的俱乐部。

“我总是注意到媒体上说起因为这里不给支付治疗费用，父亲带着孩子去了西班牙的故事。其实并不是说在这里就付不起治疗费。这笔费用本就是由孩子父亲的社会福利保险和阿辛达尔钢铁集团基金会承担，因此治疗费不是他们离开阿根廷的原因。在这里如果父母有社会福利保险或预支医疗，这项治疗就是属于国家义务医疗计划范围内的；如果没有社会福利保险，他们也可以享受由阿根廷生长激素缺乏儿童专项顾问委员会开始于1991年的免费治疗。”

医生说的故事和梅西家的版本完全相反。据父亲豪尔赫说，医疗保险和阿辛达尔集团提供的社会保险在治疗开始两年后就停止提供经费了。刚开始，纽维尔的负责人看到孩子很有前途，允诺承担部分治疗费用（两种注射药物中一种的费用）。但是随着时间的推移，俱乐部的支付开始延迟。“我们去催过很多次，最后我妻子对我说：‘我再不去要钱了。’我们就再没去过。”豪尔赫开始尝试其他途径解决这个难题。

“河床队在罗萨里奥开设了一家青训营。这可能对孩子是个机会，至少可以借此向纽维尔施压。于是我们去布宜诺斯艾利斯参加试训，地点在贝尔格拉诺训练场。第一场比赛莱奥一登场，球队的人就注意到他的价值，知道他非比寻常。他们对我说：‘我们想要这个孩子。但前提是你们能让纽维尔同意放人，然后带文件来给我们。’”豪尔赫·梅西回忆说，“也就是说，他们不想陷入和纽维尔争夺球员的麻烦中，所以什么都没做。纽维尔听说了这件事，请求我不要带孩子走并做了另外的许诺。后来就有了来自巴塞罗那的消息……”

这样或多或少说清了事情的原委，有一件事梅西一家和施瓦茨斯坦医生的说法是一致的：“生长激素缺乏和治疗只是插曲，真正重要的事情是孩子在足球上的成就。”说到这，医生从椅子上起身，在写字台边来回走动，说着自己作为球迷的一系列想法。他极富激情地说着，“没人知道莱奥的顶点在哪里，布宜诺斯艾利斯人都嫉妒这个从来没涉足过首都球场的球员，因为他们觉得一个球员要想成名成才，必须在布宜诺斯艾利斯的某支豪门球队效力过。看巴蒂斯图塔，他出身纽维尔老男孩，但是直到去了博卡才在阿根廷出名。”

让我们暂且放下足球，说回治疗。尽管生长激素疗法只是一个插曲，但是看看《首都报》的这篇题为“家长为孩子求问梅西曾使用过的灵药”的报道，事情竟演变成这样。报道中说：“自从公众知道罗萨里奥球员接受的治疗，生长激素就成为很多人心中让矮个孩子长高的‘魔药’。孩子身材矮小是很多父母的心头大患，尤其是当孩子上学前班之后开始与同龄人相互比较的时候。这种比较是不健康的，因为正常的生长曲线区间很宽泛。大部分情况下，身材矮小是由遗传基因、生命最初几年的营养不良或生长进程延迟（对此没有特别的疗法）造成的，但是很多父母都要求儿科医生使用莱奥·梅西用过的疗法。”

“这就是媒体宣传一位知名球员接受的治疗产生的负面影响，父母和整个社会都对这个疗法做了错误的解读，”医生驳斥道，“如果一切只保持在医生、患者、父母三方之间，这些就不会发生。我的职责就是告诉大家这种医疗资源对不缺乏生长激素的孩子是无效的，尤其是考虑到治疗的费用和收益。但是它的确是任何缺乏生长激素的患者不可或缺的，比如里奥内尔当时面临的问题。1998 年治疗刚开始的时候他只有 1 米 27，后来在巴塞罗那也继续这种疗法，现在他身高 1 米 69。如果不是采用这种治疗，从基因推算他不可能长到这么高。”

7. 大洋彼岸
2000 年 9 月 17 日

人们说西班牙和阿根廷说的是同一种语言，确实，两个国家都用卡斯蒂利亚语，但是最终却导致诸多不同，不仅是个别词语或多少有点奇怪的土话有差别，也意味着不同的生活方式，有时甚至是对生命不同的理解。几乎所有的阿根廷家庭都有西班牙或意大利祖先，而今，距离当年曾祖父离开伊比利亚半岛或亚平宁半岛已过去一个多世纪，他们变成了西班牙裔或意大利裔美洲人，一切已然不同。历史张开一道鸿沟，创造了存在深刻差异的文化。所以如今，如果截断已经走远的路回到祖先的国度，适应环境并不容易。这对任何人都是艰难的挑战，何况必须面对这些的是一个年仅 13 岁的孩子。需要多努力才能下决心能将童年、自己的城市、学校、朋友、挚爱的球队、马尔维纳斯和贝拉维斯塔的训练场、自己的一部分家人全都留在身后。尤其是，在对未来没有任何保证的情况下。

2000 年 9 月 16 日，莱奥 · 梅西和父亲豪尔赫离开罗萨里奥，飞往巴塞罗那。

我们不妨让时光倒转一格，来看看父子二人为什么会登上这架阿根廷航空公司的越洋航班，他们是怎么决定去那片加泰罗尼亚土地上试试运气，旅程的终点又有什么在等待他们。

13 岁的梅西已经是少年足球的代表人物了。报纸大篇幅报道他，所有的少年队都在讨论他，甚至在布宜诺斯艾利斯，河床队对他的表现给予极高的评价。两年之前，前纽维尔和河床后卫法比安 · 巴苏阿尔多代理过几个月梅西的事务，为他的职业生涯做尽可能好的安排，直到梅西家发现孩子还太年轻，不需要专门有人在身边打理事务。不过2000年晴好的一天，他们在以色列区525号认识了马丁·蒙特罗和法比安·索尔蒂尼，他们来自马尔卡公司，是一家总部设在罗萨里奥的从事球员交易的经纪公司。里奥内尔的父亲豪尔赫不想谈起他们，因为在后来的故事中，他们非但没有帮助他的儿子，反而起到反作用。至今双方还在几家法庭存有针对彼此的控告和诉讼。不过我们且将法律纠纷放在一边，继续讲故事。

蒙特罗和索尔蒂尼想代理里奥内尔，坚信这个阿根廷少年在任何一支意大利或西班牙的强队都会有闪亮的未来，无论是国际米兰、AC米兰还是皇家马德里、巴塞罗那。他们保证说自己有重量级的关系网，而梅西家没有轻易相信这些好听的话，除非孩子能去欧洲参加试训，否则没人会考虑让他们做代理的事。

试训并非不可能，有莱安德罗·德比迪斯的先例，这孩子已经抵达欧洲成为米兰青训营的一员。现在梅西一家需要确认蒙特罗和索尔蒂尼自称的人情交际关系网不是凭空捏造的。的确不是。2000年8月，蒙特罗和索尔蒂尼打电话给公司在巴塞罗那的会员奥拉西奥·加乔里。加乔里是罗萨里奥人，从70年代起定居“伯爵之城”巴塞罗那，与足球经纪人何塞普·玛利亚·明格亚共事。后者是巴萨俱乐部第2292号会员，时任俱乐部主席加斯帕特的引援顾问，后来他还作为候选人参加了俱乐部主席竞选，但是输给了拉波尔塔。

“我看了那孩子的录像带，奥拉西奥、马丁和法比安极力向我保证他值得关注，于是我就和巴萨联系，打电话给我的朋友查理[①]。”如今，明格亚这样回忆道。

“他跟我说有个很棒的孩子——有点像马拉多纳。我以为他说的

① 查理（Charly），巴萨俱乐部名宿卡洛斯·雷克萨奇（Carlos Rexach）的别称。

是个十八九岁的球员，当他告诉我这孩子的年龄我吓了一跳，”卡洛斯·雷克萨奇补充道，当时他是巴萨的技术总监，“那他得足够现象级才行，因为俱乐部的政策并不倾向签加泰罗尼亚地区以外的孩子，这会占用非欧盟球员指标。他们向我保证这孩子是不世出的天才。我经常去南美，但我们还是决定让他来巴塞罗那试训几周，这样我们足球基地的教练们就可以不紧不慢地好好观察他。他和家人一起来巴塞罗那是最好的选择。我们当然可以安排去一次阿根廷，但是可能出现任何意外，比如孩子生病了一整周都不能踢球——那样我们的造访就成无用功了。”

就这样，2000 年 9 月 17 日，周日，里奥内尔在父亲和法比安·索尔蒂尼的陪同下抵达加泰罗尼亚首府。在安普拉特机场，来接机的奥拉西奥·加乔里将他们带到广场酒店。酒店位于蒙锥克山脚下的西班牙广场，多年以后，莱奥正是在这座山上的奥林匹克球场上演了西甲联赛首秀。透过酒店的窗户整座城市尽收眼底：如果一切顺利，如果巴萨可以为他提供一席之地，这里就会成为他的新家，他会有房子，有钱，父亲会有一份工作，甚至，他的大哥罗德里格也能在这里找到一支球队。

全家人都将命运交托给一个 13 岁的孩子，听起来似乎有些奇怪。塞莉娅和豪尔赫在结婚前就考虑过移民去澳大利亚，他们想在新世界开始全新的生活。境况不差，但是大家都知道也不会有多少发展，在阿根廷，生活无法得到很大改善。他们想为孩子寻找新的机会，而在巴塞罗那莱奥可以接受治疗，又能在这家伟大的俱乐部提高自己的球技，他的天赋配得上这一切。然而做出这样的决定绝非易事，梅西一家怀疑过很多次这个决定是否正确，问遍家里的每个人是不是想这样做。他们想好只要有一个人说不去，那全家人就都留在罗萨里奥。

试训定于 9 月 18 日周一下午开始。里奥内尔目瞪口呆地看着俱乐部里的运动设施，他像如今每天来诺坎普参观的如织游人一样请人帮自己在迷你球场[①]的一扇门里拍了张照了，然后进更衣室换衣服，去和正在 2 号、3 号球场训练的青训梯队会合。一整周他都在那里训练，其间和同龄的孩子踢了一场比赛。豪尔赫就像在罗萨里奥时一样在球场边的看台上静静地看着。莱奥没有辜负父亲的目光，一场比赛就打入 5 球，外加被吹掉 1 球。爸爸之前许诺如果打入 6 球就给他买一套运动服。最后轮到父亲兑现自己的诺言了。

所有看过他训练的教练都说这个阿根廷孩子很厉害。但是他的去留得由雷克萨奇决定。不过此时查理在世界另一端澳大利亚的悉尼，那里正在举办奥运会。查理作为观察员去跟奥运会的足球赛事（最终西班牙在决赛点球大战中惜败喀麦隆）。所以，莱奥要在巴塞罗那等到雷克萨奇 10 月 2 日回来。一切悬而未决，得尽快解决。所以 10 月 3 日周三下午 5 点，在迷你球场安排了一场少年队对阵青年队一年级生的比赛。查理想看看他面对比自己年长的对手表现如何。

“我吃过午饭过来，迟到了 5 分钟。两支球队已经开始比赛了。”雷克萨奇讲述道，“我必须得绕一个‘U’形才能走到教练组所在的替补席。我花了七八分钟走完这段路，坐下来的时候已经做好了决定。我对奎麦·里费[②]和米盖利[③]说：‘我们得签下他。就这么定了。’我看到了什么？一个很小但是与众不同的孩子，惊人的冷静从容，灵巧，速度快，技术极佳，能带球全速前进，有能力过掉面前的任何人。他太引人注目了，现在所有人熟知的那些天赋和技术特点在 13 岁的他身上已经展露无遗。有些球员需要一支球队相助才能闪光，他不需要。人们认为

① 迷你球场，巴萨青训系统各年龄段球队的比赛场地。

② 奎麦·里费，时任巴萨拉玛西亚青训营主管。

③ 米盖利，巴萨历史上最优秀的中后卫之一，俱乐部出场纪录保持者，职业生涯代表巴萨出场次数达到 664 场。

我是梅西的伯乐，要我说，就算当时路过球场的是个火星人，也会注意到这个孩子有多特别。”

拍板钉钉，“头儿”同意了。两天后，莱奥和父亲坐上直飞布宜诺斯艾利斯的飞机满意地回家了。查理·雷克萨奇通过第三方（至今豪尔赫也没有认识雷克萨奇本人，尽管他很赞同莱奥如今能在巴萨踢球全靠这位教练当初的固执和坚持）向父子二人保证他们很快就会接到电话通知来巴塞罗那签订合同。

此番越洋之旅十分顺利，但是随后事情变得麻烦起来。直至今日，雷克萨奇这位巴萨的标志性人物仍清楚地记得当时需要克服的重重困难。在距诺坎普仅两步之遥的索菲亚公主酒店的酒吧里，面对着一杯咖啡，查理回忆道：

“第一，他是外国人，法律不允许外国孩子为任何国家级别的梯队踢球。这是个障碍。第二，他年龄太小，可能最终会因为心理原因、因为伤病、因为不够成熟而无法成为巴萨球员。怎么办？他有可能会因为在巴塞罗那孤零零一个人而哭泣。第三，他的父母怎么办？如果他们举家来到西班牙，我们得为他们找工作。第四，孩子有生长方面的问题，他需要接受治疗。”雷克萨奇解释说他反复权衡利弊，确信无论如何，冒任何风险也要签下他，因为他太优秀了。但是，俱乐部里并不是所有人都同意，做最终决定之前浮现出很多质疑。有人觉得他太小太瘦弱，说他只能玩桌上足球。听闻此言，雷克萨奇立刻反击说：“那你把那些玩桌上足球的球员都带来，我要他们进我的球队。”甚至俱乐部主席加斯帕特也要求雷克萨奇解释具体情况，问他巴萨为一个年仅 13 岁的孩子负担他全家是否值得。雷克萨奇回答说值得，为莱奥冒险是值得的。与此同时，日子一天天过去，10 月、11 月——梅西一家翘首企盼的决定还没有来。12 月 14 日，明格亚打电话给雷克萨奇，约在位于蒙锥克山的庞贝皇家网球俱乐部的饭店见面。一同进餐的还有梅西家的代表奥拉西奥·加乔里，正是他坚持说："查理，我们都走到这一步了。要不你赌一把，要不这孩子就要去别的队了——"加乔里回忆说，"这不是吹牛。我们当时已经开始和皇家马德里接洽了。"

雷克萨奇说："他们不敢完全信任我或者巴萨，要我做一个书面承诺，不然这场谈判就算了。我很清楚这是一个我们不能错失的孩子，所以抓起一张餐巾纸，写下一段话说巴萨许诺只要议定条件满足就签下莱奥·梅西，签名后交给他们。"

明格亚和加乔里至今还精心保存着那张餐巾纸，不过仅有君子之言并不足够，在收拾行装举家迁往巴塞罗那之前，梅西一家希望得到更切实的保证，比如提供旅费、协助安家以及为豪尔赫和其他家人找工作，因为他必须辞去在阿辛达尔的工作。雷克萨奇尽力解决了这些问题，一切并不容易："他只是来为青训营踢球，我们本不该谈合同的，但是这的确是按照引援操作的，必须签合同，于是就这样做了。"

2001 年 1 月 8 日，双方终于在巴塞罗那的比亚贝内托酒店达成最后的协议。俱乐部方面派出时任足球基地总监助理、前西班牙人雇员拉古埃瓦和极具远见的青训营主管里费，后者一直坚定支持俱乐部努力签下梅西。里费找雷克萨奇写点感想，雷克萨奇激动地写下简单一句：梅西很恐怖。就这样，他们与豪尔赫·梅西签订了两份合约，一份是竞技合同，内含梅西全家在巴塞罗那与查理商定的与体育相关的条款，另一份是由拉古埃瓦提供的经济合同。这份经济合同包括租房、学校的细节，以及球员父亲每年将得到 700 万比塞塔作为在足球基地工作的工资。这是为未成年球员支付工资的惯常方式，否则就只能通过奖学金的形式。

这些文件足以说服梅西一家收拾行装。2001 年 2 月 15 日，阿根廷的盛夏，巴塞罗那的严冬，全家人降落在巴塞罗那机场。

8 临时证件
2001年3月6日

在梅西的第一张巴萨球员证上可以看到他分开的刘海下胖嘟嘟的脸，照片上的他微笑着，但是这样的微笑没过多久就消失了，因为莱奥在加泰罗尼亚最初的几个月并不十分顺利。3月6日，他到达巴塞罗那刚刚几周，加泰罗尼亚足协就为他提供了临时证件，第二天莱奥即在安博斯塔[①]球场第一次身披红蓝战袍出场并打入一球。但是他是外国人，按规定不能踢任何国内级别的比赛，这意味着本该进入儿童A队踢国内联赛的他只能跟随在儿童B队参加加泰罗尼亚足协的地区性联赛。而且当时已是3月，球队的组队已然完成，磨合日臻完善，尽管莱奥很优秀，从队里这些从赛季开始一直踢到现在的孩子中牺牲一个为他腾出位置很困难，也不甚公平。

还有一件事：纽维尔老男孩尚未准备好转会许可，而巴萨需要这些文件才能去西班牙足协为莱奥注册。

雪上加霜的是，4月21日，托尔托萨一名后卫的凶狠铲球造成莱奥左腓骨非移位骨折。这是他职业生涯第一次受伤，打夹板、上石膏，最后是康复，直到6月6日才能重新踢球。

好景不长，复出后一周，他再次受伤。这次是在下楼梯时：左脚踝韧带肿胀。好在这次伤势较轻，但也3周不能踢球。

医院方面唯一的好消息来自内分泌专家和俱乐部队医对莱奥进行的各项检查的分析结果。在仔细研究了他的病例和生长问题之后，医生们

① 安博斯塔，西班牙加泰罗尼亚自治区塔拉戈纳省首府。

决定逐步减少生长激素的直接注射，而采用个性化的体能计划和由医生控制的饮食计划帮助他正常生长。尽管最终，他在此后的数年还是要忍受每天的注射。

其他方面，梅西在巴萨的经历开始得非常不顺，在各种层出不穷的状况之间，到了赛季末，莱奥除了训练赛，一共只出战了两场正式比赛和一场友谊赛性质的杯赛。如果再算上莱奥和他的家人不得不面对的许多生活问题，就可以还原这个几乎诸事不顺的赛季。

我们来看看：在拉利酒店暂住一段时间之后，梅西一家搬进了位于卡洛斯三世大道的新家。此时一切还很顺利，麻烦事从适应新学校和新的学习计划开始。莱奥注册的学校是大教堂区若望二十三世公立学校，离诺坎普很近。他依旧没有多少学习意愿（最终因为日益繁重的足球任务，莱奥没有完成第 4 年的必修中等教育[①]），但也从不给老师制造任何麻烦。他总是彬彬有礼，很有教养，安静地待在自己的角落里。

莱奥还可以勉强继续当时的生活，全家最小的孩子玛利亚·索尔则无法适应全新的环境。

西班牙放暑假的时候，全家人重聚在罗萨里奥，总结过去的半年，斟酌此前所做的决定。豪尔赫和塞莉娅（因为妹妹做手术，塞莉娅提前回到了阿根廷）决定让玛利亚·索尔留在阿根廷。他们问莱奥想回巴塞罗那还是重拾在罗萨里奥的生活？莱奥的回答没有任何犹豫，他很清楚地表示想在巴萨取得成功，让父母不必担心他。就这样，距离一家人抵达巴塞罗那不过 5 个月，他们就不得不隔海相望，一边是塞莉娅和玛利亚·索尔，另一边是豪尔赫和家里的男孩子们。

8 月 20 日，14 岁的莱奥回到巴塞罗那，还有比预想中更困难的景况等待着他。假期已经结束，学校开学，训练重新开始，可是阿根廷足

① 西班牙的教育体制里，必修中等教育（ESO）共 4 年。

协的转会许可还没有到，莱奥只能继续踢杯赛和友谊赛。他别无他法，唯有在训练中拼尽全力，把全部的能量和可能的愿景投注在所有能出场的友谊赛中，这样的态度让少年 B 队的教练和队友都十分赞赏。

好在那个岁末年初一切开始出现转机。2001 年 12 月，父亲代表莱奥和俱乐部签订了第二份合同，取代了 5 月的那一份，至少从经济角度解决了一部分问题——之前拖欠的工资和官僚主义带来的麻烦让梅西家的经济状况不容乐观。此后的几年，梅西一共和俱乐部签过 6 份合同，这些合约见证了他足球生涯的突飞猛进，也反映了俱乐部多变的态度和内部斗争。例子不胜枚举，比如某位总监以此前不知道这些谈判为由态度躲躲闪闪，弃合同于不顾，不相信一个孩子值得俱乐部花那么多钱。终于，2002 年 2 月，国际足联球员地位委员会下发判决，责令西班牙足协为梅西办理球员身份许可手续。2 月 17 日，在来到巴塞罗那将近一年之后，莱奥终于被列入征战锦标赛的阵容。比赛在坎维达莱特球场进行，对手是埃斯普卢格斯，下半时出场的梅西为这场 14 比 1 的大胜贡献了 3 粒进球。1 个月后，3 月 29 日，莱奥捧起了他在巴萨的第一座奖杯：6 比 0 对埃普拉特队的胜利让他们提前多轮夺得当赛季的联赛冠军。最坏的时候已经过去，更多荣誉接踵而至。他们随即获得了瑞士泰伊根杯冠军，以及更重量级的马埃斯特雷利杯。这届马埃斯特雷利杯于 4 月 27 日至 5 月 7 日间在意大利比萨举行，巴萨少年 B 队横扫国际米兰、切沃和巴雷西亚，战平尤文图斯，在决赛中力克帕尔玛夺冠。莱奥当选赛事最佳球员，而且，他开始说话了……

“一开始我们以为他是哑巴，”后来辗转阿森纳今又与莱奥重聚诺坎普的塞斯克·法布雷加斯说，“后来，多亏 PlayStation 游戏①和在意大利一起踢比赛的日子，我们才发现他原来会说话。”

---

① PlayStation（简称 PS）是日本索尼公司推出的家用游戏主机，梅西、法布雷加斯、皮克等球员都热衷于用 PS 玩实况足球。

“在那之前，他每天走进更衣室，”另一名当年少年B队的主力维克托·巴斯克斯说，“就在角落里坐下，换完衣服，然后出去，一句话都不说。在意大利他终于放松下来。”——尤其是在面对巴斯克斯的时候，后者开始喊他小矮人的时候莱奥用阿根廷土话予以回击，不过没人听得懂他在说什么。现在巴萨的助理教练蒂托·比拉诺瓦是当时那支少年队的主教练，他也赞同地说在马埃斯特雷利杯期间，梅西有机会和队友们一直待在一起，让他们认识自己，他开始慢慢战胜自己的腼腆。“要知道在球场上他一点都不胆小，”比拉诺瓦说，“他踢起球来，我们就像看到一个和像他这么大时候的马拉多纳。”

就这样，莱奥不仅得到了教练的夸奖，也得到了队友的尊敬和喜爱。2001至2002赛季，实话说开端并不好，最终他们却在国内外赛场上都以骄人的战绩结束。赛季末，他们分别战胜皇家马德里和西班牙人夺得比利亚雷亚尔杯和圣·迦百利杯冠军，为整个赛季画上圆满句号。

2002至2003赛季，莱奥代表少年A队出战全部30场联赛（唯一全勤的球员），打入36球（比前锋巴斯克斯多5球），上演3次帽子戏法和一次大四喜，夺取两项冠军（丁级联赛冠军和加泰罗尼亚杯），外加库巴拉纪念赛和夏季三角杯赛的冠军。

用数字可以很容易地描述那年8月的莱奥。他刚满15岁，身高1米62，体重55公斤。虽然个子全队最小（最高的皮克已经有1米91了），年龄全队第二小（最小的巴尔马霍10月就满15岁了），他却是教练阿列克斯·加西亚麾下这支天才球队中最重要的一员。他唯一无法闪光的比赛就是西班牙冠军杯，他和弗兰克·宋戈奥（喀麦隆人，他的父亲曾经是梅斯和拉科鲁尼亚的守门员）都不能上场，因为赛事规定只有在西班牙出生或者持有西班牙身份证的球员才能参加。几年后，这项规定还会给莱奥带来更加头疼的问题。

9. 普约尔的面具
对话阿列克斯·加西亚

约见的地点是诺坎普冰球场，年轻职业球员正在训练。透过隔开咖啡厅和训练设施的玻璃可以看到球员们正在艰苦训练，有些球员毫不雅观地摔在了一起。尽管冰球和足球是完全不同的运动，阿列克斯·加西亚却也很熟悉这些训练项目。43 岁的阿列克斯曾经是巴萨的中锋（1990 年 12 月 5 日代表巴萨首次出场，是那一代最著名的“梦之队”成员）。他曾经担任巴萨青训梯队的教练，教过梅西一个完整的赛季。

——让我们回到 2002 至 2003 赛季的冠军赛季。

——那是我做少年 A 队主教练的第二年。我们拥有一群才华横溢的孩子：塞斯克·法布雷加斯、皮克、维克托·巴斯克斯，还有莱奥。

——他那时候什么样？

——接受能力强，对所有人都很有礼貌，不爱说话，腼腆，内向，球技出众。他是一个出类拔萃的球员，闪身很快，球落到脚下就势不可当。在场上要是不给他传球，或者自己没有发挥出水平他就会生气，不过他从来不抗议裁判的判罚或是对方的犯规。

——他在球队里过得怎样？

——很好。大家都很照顾他保护他，因为他是最小的弟弟，而且对手总是对他凶狠地放铲。皮克和维克托一直在他左右保驾护航，所有人都知道他对球队的重要性，莱奥可以在任何时刻决定比赛。

——他和您之间有过矛盾吗?

——没有，从没有过。我知道他背井离乡远离家人，和父亲住在这里，思乡之情可想而知。有时候我会特意过问，而他总是表现得好像完全不必担心他。他把所有感受都埋在心底。15 岁的莱奥知道自己想要什么，他清楚自己能在巴萨得到的机会，也就很明白自己和家人付出的全部牺牲的意义所在，所以他不会浪费摆在面前的机会。关于足球他唯一不喜欢的事情（他从不说什么，但从他的脸上能看出来）就是不能踢自己喜欢的位置。那时候为了全面发展他的才能，我让他在场上踢过各种位置，这是青年球员的必修课。我有时把他放在中前卫或者中锋位置上，有时拉到左右边路。但是他不喜欢这样，上场没过几分钟就又出现在影子前锋的位置上了，你根本没法阻止他。

——怎么教一个这样的孩子?

——我觉得他带给我们的是街头足球（也就是阿根廷人所谓的“空地足球”）以灵动狡黠的闪身过人为特点的风格，而我们教会他的是我们巴萨的攻势足球：注重掌握控球率，尽量多打短传配合，两三脚内出球，在中场盘带运筹帷幄，最后向前场区域发动进攻，这样的踢法旨在把每个球员的才华都发挥出来。

——那一年最深情的记忆……

——你这样问起，我的脑海里浮现出太多莱奥的画面，不过最传奇的故事当属面具的那一个。

——说来听听。

——那是联赛最后一场，巴萨在迷你球场主场迎战西班牙人，我们只需打平即可锁定冠军。1 比 0 领先时莱奥跳起抢球与一名西班牙人后卫相撞，当即失去了知觉，被担架抬下用救护车送到医院。诊断结果是颧骨骨折，需静卧两周。这意味着他不能出战两周后的加泰罗尼亚杯决赛了。听到这个消息，尽管球队刚刚以 3 比 1 战胜西班牙人捧得当赛季联赛冠军，队友们却都很伤心。就这样，第一周过去了，到了第二周，队医说如果保护措施得当，莱奥可以参加训练了。恰好两个月前一队的卡洛斯·普约尔受过类似的伤，他拒绝手术而是选择戴上保护面具，于是我们也去找了一个梅西可以戴的。队医认可了这种做法，允许他戴着面具在 5 月 4 日的决赛中出场。

——决赛中发生了什么？

——比赛开始后，刚踢了两脚我就发现莱奥把面具掀起来了一点。他觉得戴面具不舒服，看不见场上的情况。两分钟之后他跑近替补席冲我喊："教练，面具……"就准备把面具摘下来给我。"莱奥，你要是把面具摘下来我就必须把你换下来，"我对他说，"那样所有你能想到的斥责都会劈头盖脸砸在我身上，而你……""别这样，教练，不要这样，再给我一小会儿。"接下来的 5 分钟，莱奥两次拿球，两次破门。第一球是从中场断球一路长驱直入最后绕过守门员打入；第二球则是接弗兰克·宋戈奥的边路传中完美的射门。中场休息时我们已经 3 比 0 领先，我对他说："你已经为球队做了你该做的，可以在替补席上休息了。"

——很美的故事。不过说实话，当年您想过有一天莱奥可以走这么远吗？

——没想到这么快。当时我坚信梅西很有天赋，一定能进一队，但是没想到是这样的大爆发。一切发生得太快。这让我坚信只要不遭受严重伤病，莱奥将标志着一个时代。

10. 一队首秀
2003年11月16日

波尔图队的主场巨龙球场很美。蓝色的建筑衬着绿色的草皮，半透明的开放式结构让置身其中的人可以看见一派明媚的波尔图风景，收拢的白色斜面顶棚之下则是球场的全貌。这座球场由曼努埃尔·萨尔加多设计，是为举办2004年欧洲杯而建，位于波尔图队的老主场安塔斯球场的原址之上，可以容纳52000名观众，2004年欧洲杯的揭幕战葡萄牙对阵希腊的比赛就是在这里打响的。对梅西而言，这座美丽明亮的球场是上演一队首秀的理想舞台，尤其是如果那一天是2003年11月16日，周日，这座新球场的揭幕日。前来观战的球迷好奇地打量着这座新建成的足球殿堂，亲身体验它的魔力，猜测它能否为主队带来好运，直到比赛开始后半小时他们还在抬头欣赏被烟火镀成金色的天空。

这一天，比赛本身恐怕是最不重要的事。乏善可陈的无聊比赛依照剧本按部就班地进行，为了让球迷高兴，波尔图2比0取胜结束。

第74分钟，里奥内尔·梅西首次在一队亮相，作为巴萨的第三个换人加入到葡萄牙人庆祝新球场落成的庆典里。因为成年队里的国脚们都跟随各自国家队去踢欧洲杯预选赛或友谊赛，那天巴塞罗那不得不征召青年梯队的球员来组队。在前往葡萄牙的大名单（霍尔克拉、奥斯卡·洛佩兹、奥莱格、马尔克斯、费尔南多·纳瓦罗、哈维、罗斯、桑塔马利亚、加布里、路易斯·加西亚、路易斯·恩里克、埃斯波西托、蒂亚戈、豪尔迪、列拉、梅西）中，出现了很多年轻才俊的名字，其中就包括梅西，前一天他刚刚代表青年A队在对阵格兰诺耶尔队的比赛中独中三元。

身披 14 号球衣的梅西替补纳瓦罗登场，迫不及待地想展现自己的价值。他创造了两个进球机会，仅仅 15 分钟的出场时间已经让所有人注意到他。比赛结束后，时任巴萨主帅里杰卡尔德评价他说："他是一个非常有天赋的孩子，前途无量。"

那一天，莱奥 16 岁 4 个月零 23 天。在巴萨历史上，只有两名球员比他第一次穿上一队球衣的年龄更小：阿尔坎塔拉，1912 年 2 月 25 日完成首秀，时年 15 岁 4 个月零 18 天；巴班吉达，1998 年范加尔在球队在荷兰对阵阿培尔顿队的季前赛中将这位尼日利亚小将派上场，当时他年仅 15 岁 9 个月零 18 天。显然，对两年半之前才从阿根廷来到巴塞罗那的莱奥而言，亮相一队是个好兆头。

当然，波尔图的梦幻之夜在当时还只是一次意外的惊喜，梅西要等到 2004 年 7 月巴萨在韩国、日本、中国三国亚洲行时，才有机会再次穿上一队的球衣。

那段时间，巴萨俱乐部发生了很多变化。2003 年 6 月 15 日，拉波尔塔当选俱乐部新任主席。弗兰克・里杰卡尔德开始执掌教鞭，而 7 月 21 日，罗纳尔迪尼奥在 3 万球迷面前亮相诺坎普，他是巴萨球迷心中的新救世主。

此前的 2002 至 2003 赛季，巴萨经历了可怕的一年（欧冠四分之一决赛惨遭尤文图斯淘汰；国王杯绊倒在丙级球队诺维尔达脚下；联赛排名第六，距离冠军皇马的积分差距多达 20 分；更换了两位主教练，范加尔和安蒂奇，两位主席，加斯帕特和临时主席恩里克・雷纳），会员们希望景况能有所好转，期待球队能从永远的敌人皇马手中收复失地，迎头赶上对方。他们想要的改变开始了，不仅是一队，也包括青年梯队。青训营主管里弗被革职，科洛梅尔继任，他选择了奥约斯担任青年 B 队教练，掌管 1987 年出生的一届孩子。奥约斯是阿根廷人，中锋，曾经效力于阿根廷的塔耶莱斯科尔多巴队、拉普拉塔体操击剑队[1]、博卡青年队、查卡里塔队，智利的埃弗顿队，委内瑞拉的塔奇拉竞技队和西班牙的皇家卡斯蒂亚队。奥约斯和梅西之间相处十分融洽，他们聊足球，尤其是莱奥对纽维尔的爱。新教练对莱奥最初的印象是在日本的土地上，2003 年 8 月初，青年 B 队在那里参加丰田杯国际 17 岁以下青年冠军赛。"刚到日本的时候，我们进行了一次低强度训练以恢复体能。我没有安排什么特别困难或凸显才能的项目，但是即便如此，5 分钟之后我就觉得自己好像产生了幻觉。当然，人们都跟我说过他有多棒，但是第一次亲眼得见我还是惊呆了：莱奥简直就是一头小猛兽"。

这个想法在第一场对阵费耶诺德的比赛中得到了进一步的印证。比赛在爱知县举行，开场 15 分钟巴萨就一球落后。莱奥要球，一人带球过了 4 名防守队员，在单刀直面守门员时却把进球机会送给了宋戈奥。奥约斯简直无法相信自己的眼睛，一方面他惊讶于这个孩子的慷慨，很多人在他这个年龄都是很自私的（不仅仅是他的同龄人），另一方面他惊讶于他奇迹般的能力。

最后，莱奥当选那届赛事的最佳球员。此后的各项赛事中，他一次次加冕这一殊荣：在锡切斯举办的第 23 届海梅·塞拉杯纪念赛，在圣维森特·德·蒙塔尔特举行的第 3 届米罗杯纪念赛，还有 8 月底在意大利波代诺内省的圣乔治·雷琴威尔达球场举办的阿米西奇亚杯比赛。在这届杯赛中，青年 B 队一路过关斩将，先后击败帕尔玛、弗留利-威尼斯朱利亚、罗斯托克、法兰克福和特雷维索闯入决赛。决赛中他们 4 比 0 狂胜尤文图斯夺冠。这支加泰罗尼亚青年军在这届杯赛上一共打入 35 球，而莱奥却不能原谅自己罚失的 1 粒点球。就算最后这个心结解开

---

① 拉普拉塔体操击剑俱乐部是一家阿根廷体育俱乐部，位于布宜诺斯艾利斯省拉普拉塔，创建于 1887 年 6 月 3 日，俱乐部的主要运动项目为足球，目前参加阿根廷足球甲级联赛。

了，罚失点球的阴影还是在心底。一开始奥约斯试着安慰他说，对方守门员多年以后可以跟他的儿子、孙子说自己当年曾经扑出过世界上最好的球员罚出的点球。后来教练索性让他每天在12码处加练点球，他的解释是：“一个赛季你可能会踢五六个点球，其中也许有一个就是起决定性作用的。”两年后，当莱奥用两粒点球将阿根廷送上20岁以下世界杯冠军领奖台时，他也许还会想起教练当时说的这句话。

尽管战绩骄人（只有1场失利，在圣·何塞·路易斯·鲁伊兹·卡萨多纪念赛中负于皇家马德里），奥约斯和梅西的冠军搭档并没能持续很久，只有季前准备的短短几十天。因为青训营的教练组认为这个级别对莱奥而言显然太低了，新赛季开始前他和皮克一起升入青年A队。

由此，梅西开始了惊人的三级跳，从青年B队升入青年A队之后，他在一个赛季内从青年A队升入踢第三级别联赛得巴萨C队，再升入踢丙级联赛的巴萨B队。此外，他还在一队有过一次短暂的出场经历，并且偶尔回到以前的青年梯队助曾经的队友一臂之力。我们来仔细看看他在这三个级别球队中奉献的精彩瞬间。

青年A队：梅西在联赛进入第三轮时升入A队，一直踢到圣诞节，次年5月底效力巴萨C队期间又回到A队参加了国王杯的比赛。他在锦标赛中出场11次，打入18球，其中有一球格外精彩绝伦。那是在对阵皇家贝蒂斯的内尔哈杯决赛中，梅西在中场拿球，看见守门员站位靠前，几乎已经到禁区边缘了，就当机立断决定从远处起脚吊门，球划出一道精准的抛物线落入网底，球队得胜而归。

巴萨C队：2003年11月底，巴萨C队的处境很困难，14场比赛仅得到9分。这时新的力量到来了：来自青年A队的梅西和阿尔菲。他们在11月29日战胜欧洲队的比赛中首次代表C队登场，配合完美无缺。最美好的时刻则在2004年1月4日到来，他们在桑塔科罗马客场挑战格拉梅内特队，红蓝军团1比2落后，第87分钟轮到莱奥的表演时刻。一记头球和一个左脚劲射，梆！梆！顷刻间两球入账（就在刚才巴萨还需要打入一球才能扳平比分），“小跳蚤”为全队带来胜利。10场比赛独进5球的莱奥为巴萨C队摆脱降级区立下汗马功劳。紧接着他就迎来了新的挑战，尽管当时只有16岁，他的表现已经远远超过第三级别联赛的要求，教练们认为最好让他在更高级别的队伍中继续磨炼。

巴萨B队：3月16日，第一个主场比赛，迎战马塔罗。主教练佩雷·格拉塔克斯为梅西制定了特别的赛前准备，因为他得面对比自己更大、更高、更强壮，有更多经验的球员。事后，教练坦言他很惊讶梅西能够如此轻松地适应新的球队、队友、教练、战术，永远拼尽全力。尽管当赛季他代表B队踢的5场比赛中球队只取得了一场胜利（就是第一场），但是格拉塔克斯教练认为他适应得很好，成功发挥了自己的各项技术特点，完全适应了这一级别的比赛，在对阵赫罗纳的比赛中，他是场上表现最抢眼的球员。

就像玩升级棋最后要跳回出发点城堡的那一格，那个赛季末莱奥又回到青年B队踢比赛。“（退回低级别梯队）换作别人会生气，而他不会，”莱奥在青年队的教练胡安·卡洛斯·佩雷斯·罗霍说，“当青年B队需要他，他立刻就同意回来。”

那是2003至2004赛季的最后三场比赛，西班牙人、巴萨和滨海普雷米亚队三支球队都有夺冠可能。4月15日是最关键的一战，巴萨和西班牙人直接对话。如果对方取胜，他们距冠军奖杯就仅有一步之遥，而巴萨如果还想保留夺冠的希望就不能犯任何错误。莱奥用一场大师级的完美比赛解决了这个背水一战的局面。巴萨2比1领先之后，西班牙人大举压上努力制造杀机，尽一切可能寻找扳平比分的机会，此时，梅西用自己的专属表演予以回应：进球，终结比赛，终结冠军之争。

两周之后，全队都在欢庆冠军。这个赛季，梅西在正式比赛中打入36球，加上友谊赛他的单赛季总进球数超过50球。这样的成绩是相当可观的战利品，与此同时，他也得到了人生中的第一份职业合同。谈判过程并不容易，俱乐部高层和亲自打理这件事的豪尔赫·梅西之间存在诸多分歧，但是最后他们还是达成一致。巴萨知道如果莱奥决定离开，他有很多其他选择。阿森纳已经在加斯帕特刚离任的混乱中带走了塞斯克·法布雷加斯，巴萨不希望看见这样的事重演。

11. 一盘录像带

2004年6月29日

乌戈·托卡利说："他们给我带来一盘录像带，是一个在巴塞罗那踢球的孩子。我很喜欢他踢的足球，但是在那种情况下我总是担心这盘录像带来自球员的经纪人，而且孩子还太小。所以我说，啊呀，不，我想再等等。在芬兰和17岁以下青年队在一起的时候我又听说了这个孩子。所有人都说他踢得特别好。我去见了格隆多纳，胡里奥·格隆多纳，阿根廷足协主席，我们一致决定要看看这个孩子，就安排了对阵巴拉圭和乌拉圭的两场友谊赛。"

托卡利口中的孩子就是莱奥·梅西，对大洋彼岸的阿根廷而言，这还是个陌生的名字。收到这盘著名录像带的是托卡利，当时阿根廷国家队青年梯队的负责人，而寄件人是克劳迪奥·维瓦斯，时任阿根廷主教练"疯子"贝尔萨的助手。维瓦斯曾效力和执教过纽维尔老男孩，所以对这个罗萨里奥孩子充满好奇。看着这个自己多年前在马尔维纳斯足球学校认识的孩子如今在欧洲掀起一阵风暴，维瓦斯决定将这位小同乡的球技交给阿根廷青年队教练来判断一下。

说到做到，阿根廷足协组织了两场友谊赛想看看莱奥踢球，然而5月初他们第一次向巴塞罗那俱乐部提出申请时却将梅西的名字错写成了莱奥内尔·梅齐。那次申请被巴萨以梅西还要踢国王杯为由婉拒了，直到6月底才同意放人。阿根廷足协急着要招梅西入队，是因为里奥内尔已经在西班牙住了3年，一直在巴萨青训营踢球，阿根廷意识到自己有可能失去他，看着他穿上西班牙国家队球衣的危险。这可不是天方夜谭。1年前莱奥在阿尔巴赛特踢西班牙杯时，西班牙16岁以下青年队的教练吉内斯·梅内德斯就曾经向他提出征召他为西班牙国家队效力的可能，得到的回答是“不，谢谢”。尽管莱奥住在伊比利亚半岛，却是地地道道的阿根廷人。但是，世事难料，阿根廷人担心如果西班牙人一直坚持，这个孩子也许会改变想法。所以，最好抢在西班牙足协之前先下手为强。

“周一他到达集训基地开始和20岁以下青年队训练，”托卡利回忆说，“他是一个腼腆的小孩，不认识任何人，大家也都不认识他。”当队友们都已经在阿根廷国内联赛中成名，比如萨巴莱塔、乌斯塔里、加拉伊，莱奥并不为人知。在阿根廷青年人队的球场里，他躲在更衣室的角落里，不发一言。待到训练之时，一触球，他的态度就完全变了，再不像看上去的那么腼腆。教练颇为喜欢他，看重他的灵巧和速度，但是没有特别深刻的印象。

6月29日，对阵巴拉圭的比赛。因为年龄太小，也是为了整体着想，不想给他太大压力，莱奥并没有首发。直到下半场第50分钟，阿根廷人已经3比0领先，托卡利走近莱奥，拍拍他的肩膀，说：“去做准备活动吧，你要上场了。”惊讶与感动中，“小跳蚤”第一次穿着蓝白间条衫踏上球场，他展现了自己的价值：撕破对手整条防线，打入一球。

“看到他在场上踢的那几脚球，”托卡利说，“如果说在训练中的他是很优秀的，那么在球场上简直是升级版的。”友谊赛以8比0结束，这个孩子让所有观赛的教练都印象深刻。当晚，托卡利就接到他的朋友、前任青年队教练佩克尔曼的电话。“他问我从哪儿挖出这么个孩子，觉得他简直棒极了。‘下场对乌拉圭的比赛你会让他首发，对吧？’他问我”。但是没有。在科洛尼亚城客场挑战乌拉圭，莱奥没有首发。但是他一上场，就再次惊艳全场。以至于，第二天，6月4日周日的《奥莱报》这样写道：“小梅西是另一级别的。他打入两球，参与第4粒进球，他是阿根廷4比1战胜乌拉圭的比赛中的人物。”

总之，对莱奥的两番考察成果甚佳，所以托卡利毫不犹豫地将他列入征战次年1月南美杯的大名单，这是20岁以下世界杯的预选赛。

值得一提的是，梅西和在意大利特纳纳踢球的萨诺蒂是全队仅有的“外国球员”，此外，他还是全队最小的。生于1987年的他只有17岁，队里其他人都在18岁到20岁之间，在阿根廷各级别联赛中都有过出场经验。

南美杯在哥伦比亚的三座主办城市亚美尼亚城、马尼萨莱斯和佩雷拉都在中央山脉上，被称作咖啡壶区域，距离首都波哥大很远。从海拔1650米的亚美尼亚城到海拔2500米的马尼萨莱斯，比赛都在高海拔的地方进行，这对阿根廷人而言适应起来尤为困难。

2005年1月12日，阿根廷第一场比赛在亚美尼亚城的百年球场对阵委内瑞拉。和之前一样，梅西没有首发而是坐在替补席上。下半时第15分钟他替补现在的那不勒斯文身中锋拉维奇出场，当时阿根廷1比0领先。8分钟后，比分变为2比0，莱奥的进球。最终比赛以3比0结束，委内瑞拉的溃败不可挽回，梅西的状态势如破竹。相似的故事在马尼萨莱斯的帕罗格兰德球场再次上演，这一次的对手是玻利维亚。下半时一开始，主教练用18号梅西换下巴里恩托斯，以加强球队的攻击性。“上场第5分钟，梅西展现出与众不同的能力，”阿根廷日报《时代》这样写道：“他从中场断球，无可阻挡地长驱直入，直到最后自己完成射门。这一球必定有资格成为本届杯赛最佳进球的有力竞争者。第12分钟，又是梅西为阿根廷锁定3比0。”

两天后，轮到了秘鲁。梅西第一次首发出场。整届杯赛他一共只首发过3次，其余比赛托卡利都在下半场派他出场。为什么？“这是我的选择，”托卡利说，“这个孩子还不具备踢整场比赛的节奏和体能，他习惯在巴萨青年队踢球，没有经历过南美杯比赛的强度。这种比赛要求很严，毕竟你面对的是 1985 年出生的对手，他是 1987 年出生的，在他们这样的年龄两岁的差距意味着很大的区别。所以为了不让他太累，也不想让他承担太大的责任，我决定谨慎小心地使用他。”

这个决定颇见成效。看看最后一场比赛：2 月 6 日在马尼萨莱斯，阿根廷对阵巴西。梅西在第 65 分钟替换内里·卡多索出场，10 分钟之后他利用巴里恩托斯的传中，低平球射门直挂网底，这一球为阿根廷锁定 2 比 1 的胜利，也是他第一次攻破巴西这位阿根廷永恒对手的城池。最终，阿根廷在哥伦比亚和巴西之后位列第三，跻身荷兰 20 岁以下世界杯决赛圈。梅西打入 5 球，是赛事的银靴，获得最佳射手的是打入 11 球的哥伦比亚球员罗达莱加。这位 19 岁的球员在场下的口舌之争和在场上踢球一样卖力：“毫无疑问，我比梅西强，”他声称，“而且在我们之间存在着一个巨大的差别，那就是他在巴塞罗那踢球，而我为金迪奥队效力。”莱奥则谦虚地回应说：“我没什么可说的，我努力是为了球队能获胜。”而国际足联评选的当届赛事最佳 11 人中，梅西以右边锋的位置入选。这宣告了主教练选人的绝对胜利。

“我很喜欢他，”托卡利说，“喜欢他从静止加速到 100% 的节奏变换，他能够从对手脚下断球，使球不离脚地高速前进。他的左脚特别出众，控球非常好，尽管个子小，也可以进很多球。”

不过，对乌戈·托卡利而言，对阵巴西的比赛是他带领 20 岁以下青年队踢的最后一场比赛。佩克尔曼被提名为成年国家队主教练，他希望托卡利能在备战德国世界杯期间全职担任他的助理教练。所以当年 6 月率领阿根廷参加荷兰 20 岁以下世界杯的人是“潘乔”弗兰西斯科·费拉罗。在此前的 4 个月里，“潘乔”重新挑选了球员，保留了南美杯的部分阵容，也有孩子落选。当时在独立队踢球的阿圭罗、在博卡青年效力（现皇马球员）费尔南多·加戈都入选了新的大名单，而博塞利和萨诺蒂则落选了。在最后时刻，效力于拉普拉塔大学生队的何塞·索萨因为左手骨折不得不离队。此外，有一些俱乐部不允许自己的首发主力前来参赛，“潘乔”也像自己的前任一样无法拥有一支完整的队伍。梅西是全队的关键先生：他刚刚随巴萨夺得联赛冠军，很多人都期待着他在荷兰加冕成王。毫无疑问，阿根廷是赛事的最大热门之一，剑指阿根廷在这一级别青年世界杯上的第五个冠军。他们在最近的 4 届杯赛中 3 次夺冠（卡塔尔 1995，马来西亚 1997 和阿根廷 2001），都是在佩克尔曼的教鞭下，此外更不要忘记 1979 年球队在日本夺得的冠军，迭戈·马拉多纳是那届杯赛的绝对主角。

6 月 11 日，周六：在恩斯科德，特温特俱乐部的主场，阿根廷对阵美国。大意外！梅西没有首发，他坐在替补席上，阿根廷 0 比 1 输掉了比赛。

一个糟糕的开局，但是梅西的话安慰了所有人：“我精神状态很好，我相信我可以踢满 90 分钟，不过我需要尊重教练的决定。球队应该振作起来，因为我们的球员都非常优秀。我们会全力以赴从小组出线。”他这样说不无道理，6 月 14 日对阵埃及的比赛印证了这一点。是役，梅西首发出场，撕破非洲人的防线打入第一球，随后萨巴莱塔锁定胜局。第三场对阵德国的小组赛显然更加棘手：这场比赛将决定 16 强名额的归属。德国比阿根廷多 1 分，只要战平即可晋级。最终梅西主宰了比赛。他从中场拿球启动，冲散对方的防线，最后送出一脚精妙的传球，奥贝尔曼让皮球漏过，卡多索打入制胜一球，阿根廷以 1 比 0 的比分挺进八分之一决赛。

通往决赛的路充满艰难险阻：第一个对手是南美杯冠军哥伦比亚。比赛中，缺少队友的支援让梅西备受煎熬，好在下半场第 12 分钟，他还是进球扳平了比分。随后，加戈、巴布罗·维蒂和阿尔门特罗斯的出场给场上带来了新鲜血液，第 93 分钟，巴罗索的进球让双方不必将比赛拖入加时。四分之一决赛的对手是塞恩斯率领的西班牙。所有媒体都说，这是一场提前的决赛，因为西班牙是欧青赛的冠军，上一届世青赛也打入决赛，只是在最后时刻被巴西人骗走了冠军。而说到此番对决，人们都很期待看到梅西和塞斯克的正面交锋，这两个 18 岁的孩子（莱奥在比赛前一天刚满 18 岁）是巴塞罗那时期的好朋友，这一次却是场上的对手。

“从在拉玛西亚相识的第一天，我和梅西就一直关系很好。我在他身边度过了难忘的 3 年，我们练撞墙配合，一起进球，一起踢过一个无与伦比的赛季，在他身边踢球是件美好的事。”被阿森纳球迷昵称为“奇迹男孩”的法布雷加斯回忆道。

而梅西回应说：“我和塞斯克是特别好的朋友，从巴萨少年队时就认识了。他是很全面的球员，让人印象深刻，进攻和防守能力都很强。”他表示自己和队友都对塞斯克和略伦特率领的斗牛士军团充满尊敬。比赛的确势均力敌：直到 70 分钟比分还是 1 比 1。然后西班牙注意力有些不集中，莱奥则开始发威：他先是助攻奥贝尔曼打破场上的僵局，两分钟后又以自己标志性的动作挑球过人，将比分定格在 3 比 1。

“阿根廷取胜是公平的，他们比我们踢得更好。”塞恩斯承认说。对于里奥内尔，西班牙教头的评价是：“他天赋异禀，能做出正确的决定，面对守门员时知道应该怎么做。”

半决赛上演的是经典的阿根廷—巴西大战，两支球队都曾经在这项赛事中四次捧杯，互相之间更是有过多次重量级的交锋，比如 1995 年卡塔尔世青赛决赛，比亚吉尼和格雷罗的进球为阿根廷人带来胜利。这一次，阿根廷队员手臂上都缠着黑纱，因为遭遇车祸昏迷不醒两周的莫利纳去世了，他是独立队和阿根廷 17 岁以下青年队的守门员。比赛开始仅 8 分钟，梅西就在禁区外以一记劲射直挂球网，守门员回天乏力，阿根廷 1 比 0 领先。下半场，雷纳托扳平了比分，但是在最后时刻，又是萨巴莱塔，在莱奥的又一次射门被对方后卫解围后，补射得分。就这样，阿根廷闯入决赛，7 月 2 日晚上 8 点，在乌德勒支的主场高根华德球场。对手是尼日利亚，非洲之鹰在半决赛中淘汰了摩洛哥。此前一天，荷兰电视台给莱奥颁发了一座金左脚奖杯，这是赛事最佳球员的奖杯。“我很高兴，感谢这个奖项。”他说，“在这里发生的一切都让我很惊喜。”惊喜在决赛中继续。第 38 分钟，梅西在左路控球，带球狂奔 40 米，突入禁区。阿德莱耶发现无法从他脚下断球，就绊倒了他。裁判豪格毫不犹豫吹罚点球。点球由莱奥主罚，他没有助跑，很熟练地用左脚将球踢向守门员范泽金的右边，后者扑反了方向，阿根廷 1 比 0 领先。第 52 分钟，奥格布克为尼日利亚扳平比分。第 73 分钟，阿圭罗在与守门员形成单刀之势时被詹姆斯推倒。莱奥再次站上 12 码点球点，精准地将球罚向守门员的左边。球进了！ 2 比 1。阿根廷夺得球队历史上第 5 座 20 岁以下世青赛冠军奖杯。

莱奥·梅西成了大人物。

第二天《号角报》这样写道：“该怎么描述他？就用这一晚的最后一幅画面吧——梅西拿着最佳球员和赛事最佳射手的奖杯，胸前戴着冠军奖牌，肩上披着蓝白色的阿根廷国旗。”

12. 肥皂剧

2005年10月3日

8月26日，2005至2006西甲赛季重燃战火。罗比尼奥加盟皇马，人们都期待他和西甲的其他两位巴西明星罗纳尔迪尼奥和罗纳尔多一起闪光。西甲联赛的标志就是皇马和巴萨的永恒对决。卫冕冠军巴萨的第一场比赛是在门迪索罗萨球场客场挑战阿拉维斯。梅西不在场上，他甚至不在替补席上。这很奇怪，因为两天前的甘伯杯，年轻的阿根廷人还是场上不可替代的主角。

一份官方声明给出了解释。

“考虑到即将被解决的西班牙足协章程中关于非欧盟球员的法律空白，巴塞罗那俱乐部谨慎地决定不征召梅西进入对阵阿拉维斯的比赛的大名单。”

发生了什么？7月8日，西班牙足协修改了其章程中关于在西甲青训营培养的17至19岁非欧盟球员的条款。这次修改将允许这些年轻非欧盟球员为俱乐部出场，且不占用球队的3个非欧盟球员名额。梅西符合修改后条款中的一切条件，所以尽管巴萨的3个非欧盟球员名额已经被罗纳尔迪尼奥、埃托奥和马尔克斯占用了，他应该依旧可以上场。但是，有一些俱乐部诟病这项修改是专门为巴萨和莱奥设定的。新章程尚未经过西班牙职业足球联盟和体育最高委员会批准通过，所以“考虑到目前的状况，巴萨的法律顾问建议不在本场比赛征召梅西”。

这种情况很难理解，看看之前的2004至2005赛季，没有职业许可，没有欧盟国家国籍，莱奥只有作为巴萨B队的青年球员在乙级联赛的注册，却代表一队踢了对阵顿涅茨克矿工队的欧冠比赛，外加7场西甲联赛。他第一次在西甲赛场出战是 2004 年 10 月 16 日，在蒙锥克山上进行的加泰罗尼亚德比，对阵西班牙人。莱奥替换德科上场 10 分钟之后，接到的第一个球来自贝莱蒂，他处理得很不错，除此之外没什么特别值得铭记的瞬间。不过无论如何，对莱奥而言那是一个难以忘怀的夜晚，他实现了自己儿时的梦想。2000 年在接受《首都报》采访时，13 岁的莱奥说他的梦想是"进入一队"，只不过当时他想的是自己钟爱的纽维尔老男孩的一线队。

首秀之后，第一个联赛进球也来到了。那是 5 月 1 日在诺坎普，比分牌显示还有 3 分钟比赛就要结束了，巴萨 1 比 0 领先阿尔巴赛特。里杰卡尔德用梅西换下埃托奥，梅西被放在一个少见的位置上：中锋。这个 17 岁零 10 个月的孩子抓住了罗纳尔迪尼奥的一次助攻，球从对方守门员巴尔布埃纳头顶飞过应声入网。莱奥激动得不知所措，最后他爬到好友罗尼[①]的背上高兴地叫喊着。这是巴萨历史上在联赛中年龄最小的进球者（这一纪录被博扬在 2007 年 10 月 20 日对阵比利亚雷亚尔的比赛中打破）。

就这样，莱奥在一队踢得很顺利，不过那个 5 月 1 日之后，阿根廷人当赛季没有再为一队出场任何一次正式比赛，哪怕是在巴萨已经提前锁定俱乐部历史上的第 17 座西甲联赛冠军之后。

2005 至 2006 赛季伊始，梅西没有参加对阵皇家贝蒂斯的西班牙超级杯。第一回合他坐在看台上，第二回合也没有进入大名单。很显然，在俱乐部发布官方声明之前，已经有事情不对劲了，而且俱乐部高层知道这一点。梅西是一个公开的问题，俱乐部因此受到很多指责：为什么不早点行动？为什么没为他办理西班牙国籍，既然一个阿根廷人在西班牙居住两年以上就可以选择拥有双重国籍（西班牙、阿根廷）？

① 罗尼（Ronnie），罗纳尔迪尼奥的昵称。

面对这个孩子无法为巴萨出战西甲的可能性，甚至出现猜测可能将他租借给别的有非欧盟球员名额空缺的俱乐部。这种猜测立刻被否认了，然而关于其他欧洲俱乐部的兴趣的传言却越来越多，比如国际米兰。国际米兰的俱乐部主席莫拉蒂从来没有掩饰过自己对阿根廷人的兴趣，甚至为豪尔赫·梅西提供了一份诱人的报价，而豪尔赫则拿着这些文件向巴萨施压，督促俱乐部尽快解决问题。

与此同时，8月31日（注册截止日期），巴萨更新了梅西在青年队踢丙级联赛的证件。9月16日，俱乐部与球员签订了一份新合同。合同年限为9年，直到2014年。薪金，根据某些版本，涨到每赛季300万，而违约金达到了一亿五千万欧元。

事实上，6月份俱乐部就已经宣布过和梅西续约。“在18岁生日后一周，梅西收到了最好的礼物。俱乐部技术部长贝吉里斯坦在球员父亲的陪同下飞抵荷兰乌德勒支，和梅西签订了一份直到2010年的新合同”，6月30日巴萨的官网这样写道。当时梅西正在参加20岁以下世界杯。

对续约不同日期的解读很多，有人认为梅西在那年6月年满18岁之后就接受了新的合同；有人猜测合同在9月份才经过最后的修改，因为球员的父亲不满意其中关于奖金的条款，也有人认为合同的年限被修改，从正常的5年延长到9年；还有人觉得9月的合同不过是一种姿态，表达次年签订一份符合一切规定的正式职业合同的意愿。关于合同的问题为这场肥皂剧提供了新的素材，而9月20日，新的一集又上演了。西班牙职业足球联盟委员会以少数服从多数的原则，决定说不：西班牙足协提出的相关非欧盟球员的提案不予生效。以巴萨主席为首的支持这项提案的人提出，这是西班牙足球界某些强大势力针对巴萨的一场阴谋。这样可以肯定的是梅西不能踢这赛季的联赛了，但是他能踢欧洲冠军杯，这一点毫无疑问。欧足联在仔细查看了巴萨寄送的材料和文件之后，予以首肯，认可梅西的类欧盟球员地位。这很正常：莱奥在前一个赛季已经为这项欧洲大陆顶级俱乐部赛事出场。而这个赛季，第一场欧冠小组赛对阵C组最危险的对手云达不来梅，阿根廷人闪耀全场。他制造了一个点球，罗纳尔迪尼奥主罚命中，浇灭了德国人的希望。如此绝佳的表现让所有人都预测他将在下一场在诺坎普迎战乌迪内斯的小组赛中首发。赛前一天，9月26日，一则新闻的出现似乎为这场肥皂剧画上了句号。里奥内尔·安德烈斯·梅西·库西蒂尼在掌管公民注册的法官贝西诺面前宣誓"不放弃阿根廷国籍；效忠西班牙国王，遵守西班牙的宪法和法律；选择成为加泰罗尼亚地区居民；正式注册成为西班牙公民"。

也就是说，莱奥已经取得西班牙国籍，他现在是欧盟球员了。巴萨把所有相关资料报送西班牙足协，答复迅速而肯定："根据现有的章程，只要满足所需的一切条件，西班牙足协认可相关球员以西班牙球员的身份为其俱乐部出战联赛的可能。"

10月1日，西甲第6轮，对阵萨拉戈萨，莱奥终于可以毫无精神负担地登场。这个周六，诺坎普的观众都在祈求救世主的出现：当时巴萨0比2落后。莱奥在下半时出场，他并没能创造奇迹，但是在最后一刻，里杰卡尔德的球队还是扳平了比分。打平的结果总归是不错的，可这场肥皂剧还远远没有结束。

两天后，10月3日，巴萨的下一个对手拉科鲁尼亚向西班牙职业足球联盟提交了一封信函，并抄送西班牙足协作为备份，其中加入了一则修正条款，要求对巴萨球员梅西获得西班牙国籍的过程展开调查。拉科鲁尼亚写道，"这个球员的国籍许可是在法定期限之外获得的，这一期限在8月31日就已经截止，直到12月才会再次开放"。拉科鲁尼亚提出要求的主要原因是"巴萨可能已经损害了公平竞赛原则"，他们很确信"一旦开始调查，就可以终止巴萨可能的违反出场条例的行为"。

而此前就威胁说要闹事的阿拉维斯队比拉科鲁尼亚做得更甚，他们要求西班牙职业足球联盟给梅西禁赛。在他们看来，既然这名球员的证件是无效的，“完全有权认为他办理许可的整个手续过程是对法律的欺骗”。为什么？因为“8 月 31 日注册窗口关闭之前，巴萨没能为梅西办理职业许可，当时他还是欧盟外球员，”阿拉维斯的法律顾问、同时是西班牙职业足球联盟副主席的特巴斯说，“现在他们让梅西变成了西班牙人，又拿着他的青年球员许可证跳过了 8 月 31 日的最后期限，这样就可以在职业注册窗口关闭的时候依旧派他上场。”

总之，梅西在 1 月之前都不能成为欧盟球员。此外，“看看他的合同，梅西怎么能拿着青年队的许可证件跟着一队踢球？”特巴斯质疑道。

拉波尔塔被激怒了，他发表声明说：“我们的行为是在合适的法律基础上进行的。我不知道还想让我们做什么。我们努力从行政渠道解决问题，现在他已经有西班牙国籍了，某些人还在找我们麻烦。我不知道他们怎么对伤害一个球员的职业生涯有如此浓厚的兴趣。他们就是在织一张蜘蛛网阻止梅西为巴萨踢球。”

主席的反击甚至用到了历史案例作为佐证：“我不希望看到，在这样一个法治、民主、自由的时代，像当年迪·斯蒂法诺那样的事件还会重演。”

在这里需要补充一些记忆：“金色箭头”阿尔弗雷德·迪·斯蒂法诺 1953 年从阿根廷来到西班牙准备加盟巴塞罗那。然而一些高端人物的插手让这件事情最终变成了一场国家性问题，引援宣告无效。甚至连西班牙议会也参与到这件事中，认为考虑到这个球员的重要性，他不应该成为加泰罗尼亚球队的独有财产，由此得出一个所罗门式[①]的解决办

① 典出旧约《圣经》列王记上 3 章 16—28 节所罗门判案的故事，两个母亲都声称一个男婴是自己的儿子。所罗门说将孩子劈成两半。一人一半。亲生母亲当然不忍，大声制止所罗门，所罗门便知道谁是男婴真正的母亲。

法，让迪斯蒂法诺为巴萨效力一个赛季，再为皇马效力一个赛季。这个解决方法被巴萨拒绝了，成全了白衣军团坐拥这笔财富。

不过历史没有重演，巴萨人的噩梦没有再来。梅西的案子最终登上了西班牙各大体育报纸，在阿根廷也被传为丑闻。10 月 18 日，西班牙足协竞赛委员会下发了第一次判决结果，“从获得国籍之日起，梅西即以西班牙人的身份参加联赛”。阿拉维斯和拉科鲁尼亚拒绝接受这一判决，上诉，驳回，判决，激烈争论，不过，与此同时，莱奥继续踢球。对阵拉科鲁尼亚的比赛，因为梅西刚从国家队比赛回来，也因为加利西亚俱乐部威胁说如果阿根廷人首发他们就罢赛，里杰卡尔德决定不将他列入大名单。除此之外，巴萨 19 号继续履行着自己在联赛中的职责。关于他的争论在办公室里持续到第二年，但是在球场上已经感觉不到它的烦扰。就这样“小跳蚤”11 月 19 日在伯纳乌参加了他职业生涯的第一场国家德比。不到 1 个月之后，12 月 14 日，他在诺坎普接受了金童奖奖杯，这是由《都灵体育报》发起的授予 21 岁以下最佳球员的年度大奖。梅西凭借在荷兰 20 岁以下世界杯上的惊艳表现，梅西以 225 票的绝对优势击败了获得 127 票的英国小将韦恩·鲁尼。球场外的承认也接踵而至：距离德国世界杯只有 6 个月时间，荣誉满身的“小跳蚤”已经成为大大小小的广告赞助商追逐的目标。

从麦当劳到百事可乐，从石油品牌到酸奶品牌，从乐事薯片到斯托克曼鞋业，从家用电器品牌加巴里诺到万事达卡，罗萨里奥人得到了太多的广告代言邀请，最后他甚至有机会和马拉多纳共享摄影棚。拍摄的场景是他们一起在电视机上签名，广告词是：“看看正在签名的人，他们是最好的。”

在万事达的广告片里，里奥内尔踢各种各样的球：“30 比索的皮球，12 比索的网球，3 比索 1 公斤的橙子，”画外音这样说道，同时播放莱奥玩足球、网球和橙子的画面，最后总结说，“迭戈之后，梦想无价。”

布巴鲁牌泡泡糖的广告里，他和穷苦的孩子们一起玩耍；百事可乐的广告里，他在探戈的伴奏下带着球起舞；当然这些不能和最近的几个广告相比，比如以弥赛亚的形象从天而降，这是为意大利运动时尚品牌A-Style拍摄的，或者2007年底在欧洲航空公司的摄影棚里扮演疯狂热爱足球的小老太太。

就不要花时间描述这些画面了，最好去Youtube上转转，看看广告是怎样用梅西的形象和杂耍般的灵巧技艺售卖各式各样商品的。

2005年年底2006年年初，莱奥已经是广告界最炙手可热的代言人，他是无可取代的。这一点从美国体育用品巨人耐克和德国三条杠品牌阿迪达斯之间的争夺大战中可见一斑。

13. 全场最佳男孩

2006 年 2 月 22 日

伦敦很冷，稠密的冷。欧洲冠军杯八分之一决赛首回合即将在这里的斯坦福桥球场上演。潮湿的天气让场地显得很泥泞。这场比赛引发了媒体无止境的争议，赛前紧张压抑的气氛一如英伦的天气。交战双方一边是切尔西，理性，防守型，强壮而鲁莽，是全欧洲最强有力的球队。另一边是巴萨，天才，梦幻，痴迷奇迹般的足球；他们是美丽足球的典范，但是时常被认为是易碎品，是一台可以轻易被破坏的机器。2005 年底两支球队的成绩都十分骄人，领跑各自联赛的积分榜。不过新一年的开端并不太好：切尔西在联赛中客场挑战米德尔斯堡被连灌三球，在足总杯比赛中对阵不知名的科尔切斯特队受尽折磨；而巴萨在埃托奥离队参加非洲杯、哈维受伤缺阵的情况下，在国王杯中被萨拉戈萨淘汰。而联赛中，没有了罗纳尔迪尼奥的红蓝军团已经连输两场，负于巴伦西亚之后积分榜上的领先优势被缩小到 6 分。

抛开当时的情况不谈，这场切尔西对阵巴萨的比赛本身就有诸多看点。金球奖得主罗纳尔迪尼奥和银球奖得主弗兰克·兰帕德之间的较量；非洲最佳球员投票结果前两名埃托奥和德罗巴的比拼。不要忘了两位教练之间的竞赛：一边是极富表演天赋的何塞·穆里尼奥，另一边是喜怒不形于色的里杰卡尔德，他们代表的是两种完全不同的执教风格和理念。

除此之外，复仇是永恒的主题，这在足球场上屡试不爽。很少有人会忘记 2005 年 3 月 8 日欧冠八分之一决赛第二回合，蓝军就是在这里 19 分钟内 3 次洞穿巴萨的球门。当时巴萨带着第一回合主场 2 比 1 的领先优势前来，却犯下一系列因缺乏经验和注意力不集中（里杰卡尔德所言）导致的防守失误，使自己连续失球不得不无望地开始努力追赶比分。尽管当时罗纳尔迪尼奥和梅西领衔的新“梦之队”表现神勇，巴萨还是不得不忍受穆里尼奥跳上场地向球迷飞吻。球员之间爆发了辱骂和推搡，球员和球场保安之间的喧闹甚至让荷兰主教练都被迫卷入其中。回家的路是苦涩的，球员们嘟囔着自己犯下的各种失误，而西班牙媒体则将被淘汰出局归咎于当值主裁科里纳，因为他偏向切尔西，漏判数个点球，还忽略了在特里打入将比分锁定在 4 比 2 的进球之前卡瓦略对巴尔德斯的犯规。

要知道，在这样的比赛中，过去的故事是很重要的。占据各大体育报纸头版的大标题让人觉得他们说的是一部名为《复仇记》的电视剧中的一集。就这样球员们的神经越来越紧张，直到晚上 8 点 45 分他们踏上球场。首发阵容在赛前已经公布：切尔西在锋线上用克雷斯波取代了德罗巴，后防线上有德尔·奥尔诺和前皇马球员马克莱莱。巴萨方面，蒂亚戈·莫塔和埃德米尔森坐镇中场。此前一直首发的安德烈斯·伊涅斯塔坐在了替补席上，而莱奥·梅西穿着荧光黄色的 30 号球衣首发出场。当他踏上草皮时，对很多人而言他都像个孩子。他怎么能扛住连成年人都很难承受的压力？看上去他似乎完全不紧张。初生牛犊的无知无觉？还是说他就是不害怕？答案在第 3 分钟就揭晓了：全场比赛的第一脚射门来自阿根廷人，切赫毫不费力地扑出了皮球。很显然，他完全不害怕。随后的时间他又多次展现了这一点。他像一只小老鼠钻进所有可能的空间，进攻、防守、抢球，精准地传球，和队友配合。他创造了巴萨的第一次进球机会，让蓝军后防线一片混乱。对德尔·奥尔诺而言那简直是一场噩梦，第 31 分钟，他用后脚跟踩向阿根廷人的右小腿。“小跳蚤”没有一句责备或者抗议，比赛继续。但是 6 分钟之后，巴斯克后卫做了让自己被红牌罚下场的动作，切尔西面临着 10 人应战的劣势。

发生了什么？梅西当时在本方半场正中控球，坚持向前突，罗本上前与他在硬碰硬的身体较量中卡住位置把球断下来，但是梅西没有放弃。他在底线附近试图从两侧超越罗本。最终，用一次突袭角旗处重新把皮球抢回来。面对罗本，他穿裆过人，这时忽然冲出来一列蓝色火车将他压倒。“我看到那个后卫铲得很凶，意图很坏，我就跳了一下……所以他没有铲到我。”阿根廷人解释说。黄色球衣的梅西和蓝衣的德尔·奥尔诺都摔在地上滚了一圈。他们的身边引起一阵混乱。所有人都冲过来了，罗本和古德约翰森抓着边裁争吵。德科和罗纳尔迪尼奥怒气冲冲地扑向德尔·奥尔诺。普约尔几乎和罗本打起来。莫塔和埃德米尔森试图缓和局面。特里和当值的挪威主裁豪格先生争执起来，罗尼在他耳边说了什么。红牌亮出，德尔·奥尔诺抗议，莫塔鼓掌，马克莱莱申诉。比赛重新开始，穆里尼奥调整了队伍。他换下乔·科尔，换上格雷米司职右边路，而费雷拉专门盯防梅西。但是一切并没有改变，无论是对手的犯规还是凶狠的踢铲都没有吓倒这个孩子，没有让他远离整场比赛的焦点，他的双腿毫不胆怯退缩，他没有受到蓝军令人恼怒的竞技的影响，不动声色地继续自己的独角戏。他一人操纵了整条右边路，为罗纳尔迪尼奥和德科喂了很多好球，只是他们两人都没能抓住机会。与此同时，少一人的切尔西越来越坚定地死咬主教练赛前的指示：“确保 0 比 0 逼平对手”。现在人数的劣势正是回收防守的完美借口，他们在等待时机给予致命一击。蓝军对这场比赛的控制力堪称完美。没过多久这一点就非常明显：下半场出场的德罗巴加快了切尔西的整体进攻速度，第 58 分钟，英国人取得领先的进球。莫塔本想解围兰帕德的任意球却误将皮球碰入自家球网。到了改变比分牌的时候了。又是梅西一次一次地努力着，鼓励全队的士气，忽略斯坦福桥球迷的歌声和在他每次拿球时发出的嘘声。他提速，长驱直入，过人，摧毁防线，射门，传出致命传球却没有人能抓住机会。比如有一次，他从禁区线上起脚传球，皮球沿着对角线方向划出美丽的弧线落在切尔西球门左侧。然后，球就停在那里，仿佛冻住了一般，带着一种讽刺的表达，好像在想着事情本可以变得更好。不过莱奥是最坚定的人，他并没有气馁，而是更加努力，直到全队终于开始跟上他的节奏。特里在第 70 分钟回赠巴萨一份大礼：罗纳尔迪尼奥主罚的任意球骗过切赫，巴萨终于开始展现他们的美丽足球，开始创造破门良机。又是梅西为替补莫塔上场的拉尔森传出绝妙好球。3 分钟之后，特里在禁区拉拽阿根廷人试图阻挡他拿球。点球？裁判忽视了这个动作。第 79 分钟，埃托奥接到马尔克斯的妙传头球破门。他们赢了。

何塞·穆里尼奥遭受了在斯坦福桥的第一场失利，此前 49 场主场不败（38 胜 11 平）的纪录被打破。他没能很好地接受这一事实，反而开始挑裁判和莱奥的刺："我有没有因为德尔·奥尔诺的被罚下场而感到失望？你们看了比赛没有？我和那些掌权者之间存在问题，这个没关系，你们可以写……但是，我们能做什么呢？能把德尔·奥尔诺的红牌撤销吗？能因为梅西演戏就禁赛他吗？结果不会改变……因为让我们严肃一点：梅西演戏了。加泰罗尼亚是文化之邦，你们知道他们是什么。我在那里去过很多次剧院，那里的戏很有水平。梅西跟着最好的演员学来了这些……"

"那个说梅西演戏的人，简直是无羞耻。"埃托奥说。"他们的球员一直黏着他。"里杰卡尔德表示。莱奥只是说："我在膝盖上有一处伤口，大腿和脚上还有两处。我全身上下都有印子，但是我不疼，因为我们赢球了。"他补充道："这是一场让人印象深刻的比赛。"

就这样，所有人都注意到了他，从他的队友开始。比赛结束后，他们都上前拥抱梅西，而在场的巴萨球迷开始吟唱他的名字。第二天他独占了所有的形容词，他们说他是"圣人"，是"天才"，说他"精湛的球技"，说他是"巴萨的珍宝"，说着"一颗伟大新星的诞生"，说他是整场比赛“最好的”“最英勇的”“最高尚”的球员。他的表现，因着当时的情况，他的年龄和无畏，被拿来与1958年瑞典世界杯上的贝利、1979年20岁以下世界杯上的马拉多纳、1969年对阵本菲卡时的克鲁伊夫以及乔治·贝斯特相提并论。赞誉之声不绝于耳，仿佛这个孩子以最优等的表现通过了成人礼的考验，有了他，就是完整的球队。

3月7日，诺坎普，第二回合较量。第23分钟：莱奥·梅西启动，从罗本脚下断球，但是他突然跳起来，用手抱着左膝盖，倒在球场上。“是之前和加拉撞在一起的那一下，我觉得一阵剧痛，但是我决定继续踢”，后来他说，“但是第二个动作我发现没法继续了。”

没有任何剧烈动作，没有被踢铲，但是莱奥倒在草皮上。痛苦的表情，双手停在发间，捂着脸躲避恐惧的侵袭。全场球迷都静默了。队友们低下头来看他。而他，无可安慰地，下场。里杰卡尔德情绪激动地上前拥抱了他。这对梅西来说是个艰难的时刻，在诺坎普全场为他鼓掌的9万名球迷的眼中，他不是演员，而是那个在斯坦福桥球场为他们打开胜利之门的人。

右腿股二头肌上部肌肉撕裂4厘米。巴萨的医生说康复时间可能在4周至6周之间。但是这一次运气没有陪伴莱奥。等到预计复出时间到了时，又在同一部位出现更多的问题：伤口疼痛。他本该踢对阵比利亚雷亚尔的比赛，但是没有赶上，本来应该在对阵AC米兰的欧冠半决赛中出场，也没能做到。最终那是整整79天远离足球的日子，欧冠决赛他也只能坐在看台上。

决赛前，他曾经和主教练谈过也争吵过，希望能在即将到来的大场面——巴萨和阿森纳在巴黎法兰西大球场的欧冠决赛——中短暂复出，哪怕至少踢几分钟，但是里杰卡尔德尽管看到莱奥的伤基本痊愈了，还是决定不冒此风险。最终，当他的队友捧起俱乐部历史上第二座欧冠冠军奖杯，难过而孤独的莱奥甚至都没有下去领属于他的奖牌。

14. 一分钟都没有
2006年6月30日

德国世界杯前，所谓巨星，另有其人，尤其是罗纳尔迪尼奥：在评论员和球迷眼里，他将是最闪耀的明星。人们预言了很多事情：世界最佳球员、最佳射手……诸如此类种种。因为对半个世界的教练、球员、报纸和电视而言，巴西是将大力神杯捧回家的最大热门。将赌注压在巴萨的这个巴西人身上是很轻易而符合逻辑的事情。他刚刚经历了一个轰动的赛季：金球奖、联赛冠军、欧冠冠军。他加冕称王唯一欠缺的就是个人的第二座世界杯冠军奖杯。巨星名单上还有其他人：同样是巴西人的罗纳尔多，他期待着又一次重生；大卫·贝克汉姆，足球界的万人迷；齐达内，面对着他职业生涯的最后一次挑战。这群人里还包括菲戈、巴拉克、托雷斯、范尼斯特鲁伊和德尔·皮耶罗。

如果说到阿根廷，那么这个名字是胡安·拉蒙·里克尔梅，28岁，出生在布宜诺斯艾利斯，古典前腰，在比利亚雷亚尔踢球。他还没有得过世界杯，但是他是主教练佩克尔曼信任的人。这支蓝白军团是围绕里克尔梅建立的，能否踢得好很大程度上取决于里克尔梅的状态。他是一个安静的球员，肩负着全队的责任。他必须给予球队坚定的姿态，必须组织全队的进攻和防守，施展各种魔法，他必须在三线之间游移以求为前锋送出致命一传。那么梅西呢？梅西算是中等的球星，或者说，是年轻才俊。他被贴上了新马拉多纳的标签，继斯坦福桥一战让他在国际赛场上加冕之后，这届世界杯应该成为18岁的他震惊全世界的舞台。

球迷们通过在国际足联官方网站投票，将梅西和葡萄牙的克里斯蒂亚诺·罗纳尔多、厄瓜多尔的巴伦西亚一起选为本届杯赛最佳新秀奖的候选人（候选人共 6 名，其他 3 名是由国际足联评选小组提供的法布雷加斯、瑞士人巴内塔和德国人波多尔斯基）。最佳新秀奖的参评资格是 1985 年 1 月 1 日及以后出生的球员，评选标准包括他们在德国世界杯赛场上展现出的球风、号召力、公平竞赛原则和对比赛胜利的渴望。阿根廷人期待看到梅西首发，他们对他寄予厚望，希望他能穿着阿根廷成年队的球衣再现马拉多纳在欧洲土地上的奇迹。自从金童马拉多纳年代，他们就在梦想着一个与众不同的球员，现象级的，有魔力的，能让他们像曾经和现在对迭戈那样热爱和崇拜的球员。几个月前，正是马拉多纳本人提出将他的国家队号码 10 号传给梅西，这个号码原本被阿根廷足协为了向他致敬而永久封存。

的确莱奥在远离故土的地方长大，但是在世界杯前的几个月，他为了从对阵切尔西所受的伤中康复，回到了阿根廷。他有时间让人们见到他，被采访，做世界杯的特别报道。跨国公司和阿根廷的本土企业都在他身上下赌注来抓住世界杯效应的商机。更不用说德国品牌阿迪达斯，从罗马经柏林到布宜诺斯艾利斯，到处都是大幅画有他的头像的海报。总之，世界杯前，至少在广告领域，他大比分领先于队里的其他队友。毫无疑问他是蓝白军团最受媒体关注、最具影响力的球员。这使这个孩子更难被佩克尔曼的国家队接纳。

梅西是这支国家队的新成员，他的入选得益于在 20 岁以下世界杯上的精彩表现。2005 年 8 月 17 日他第一次为成年国家队出场。那是在布达佩斯的普斯卡什球场举行的对阵匈牙利的友谊赛。第 65 分钟，他替补马克西 · 洛佩兹登场，然而他在场上只待了 40 秒。他的第二次触球，断下了原本给范克萨克的传球。这个匈牙利球员抓住他的 18 号新球衣，梅西扬起手臂，向后推了一下。梆！一下直接打在对方后卫的脸上。德国主裁马库斯 · 梅克毫不犹豫地判其为肘击，在阿根廷球员们难以置信的目光中掏出了红牌。首秀即被直接罚下，这绝不是莱奥曾经梦想过的场景。比赛剩余的时间他都在哭泣。无论教练和队友怎么安慰、怎么向他保证是裁判太过小题大做都无济于事。

不幸的首秀之后的几场比赛终于让他不再如芒在背，开始慢慢融入球队。但是这并不容易，所有人都知道，梅西很腼腆。他和队友、教练组都很少说话。这方面的轶事很多，比如球队在马德里集训时，教练为了创造好的团队气氛，组织全队去吃烤肉，对任何阿根廷人而言，这都是最好最常见的社交场合。然而席间莱奥甚至都没有开口要过一根香肠。这种绝对的沉默让在座的其他人都印象深刻，十分惊讶。要知道，梅西甚至不会为程式性的客套而放弃沉默。比如，圣诞节假期间，所有的阿根廷球员在归家度假时都会去拜访国家队主教练，梅西从来没有出现过。有时候甚至阿根廷足协的官员想定位他具体在何处都很成问题。

这个孩子不懂得遵守在阿根廷足球世界非常重要的内部规则，也不太知晓队内等级制度的重要性。他不是个叛逆少年，并不是他表现得不礼貌或是故意这样做的，只是他就是这样的孩子。比如，在他第一次入选成年国家队的集训中，他和海因策正面遇见了一次、两次、三次、四次，梅西都没有理会他，让他每次都碰一鼻子灰。这位纽维尔老男孩后卫的自尊受到了极大伤害，恼羞成怒几乎要报复他，还是佩克尔曼的干预才避免莱奥的双腿受到伤害，同时也照顾了本队后卫的自尊心。在纽伦堡，德国世界杯期间阿根廷的训练基地，这样的场景也在其他队员身上发生过。无礼，已经是对这个巴萨年轻小将最克制的描述。要知道这支球队的根源里埋藏着很深的规则，只能说梅西很年轻，太年轻了。如果做一个平行比较，马拉多纳在 18 岁的时候，尽管已经是崭露头角，但是也根本没被比拉尔多招入阿根廷征战 1978 年世界杯的阵容。梅西确实随队来到了德国，但是有必要记得，自从 30 年代以来，阿根廷国家队从来没有给年仅 18 岁的球员在世界杯决赛圈赛场上出场的机会。对那些本着教育目的“情愿”坐在教练席上的人而言，他们反复说教的一课就是有必要尽可能保护刚刚爆发出的天才球员，不要让失利的责任落在他们肩上，甚至冒着伤害这些球员的风险也要这样做。而在这些事情里，历史是有很大影响的。

3 月 7 日的那次受伤也有很大影响。梅西觉得自己完全恢复了，他踢了世界杯前的几场热身赛，但是更衣室里有人说他还是受到肌肉伤势的困扰。心情：很开心面对人生第一次世界杯。在赛前的发布会上，他重申了所有人都说的话：有他的好朋友罗纳尔迪尼奥的巴西是最大的热门，但是“我们有一支伟大的球队，国家队里有很多伟大的球员。当然我们要一步一步前进，一场一场努力比赛。而且我们的对手都很出色，和他们的对决将很复杂。但是我相信阿根廷可以夺得世界杯。”

蓝白军团被分在 C 组，从一开始就被视为死亡之组：同组的对手是科特迪瓦、塞黑和荷兰。这是非常艰难的挑战，尤其是在 2002 年韩日世界杯失利的阴影下。

6 月 10 日，汉堡，晚上 9 点，阿根廷的第一场小组赛对阵科特迪瓦。此前 5 天，梅西在训练中受到挫伤，所以几乎不可能上场。主教练的想法是酌情控制让他在赛事中后程再出战，因为抛开其他因素，他并不确定莱奥的身体和状态是否已经恢复到百分之百。因此主教练说：“我们不能做出任何保证给大家期待。我们在每次训练中逐步克服伤病，找回状态。每次训练他的状况都变得更好，我们很感激他付出的努力，只是为了和我们一起在这里。”在替补席上。在这里“有特权的”观测站，里奥内尔看到了克雷斯波是怎么以他惯常的机会主义打入个人国家队第 30 球。他看到了里克尔梅如有神助的触球，望向看台，然后将球精确地传向球该去的地方，萨维奥拉反越位接球，第一时间捅射破门，没有给对方门将蒂齐任何机会。他看到了“大象军团”如何努力组织进攻却流于徒劳——他们只在比赛最后时刻依靠标准的“德罗巴式”进球，打穿了由无可挑剔的阿亚拉领衔的整条阿根廷防线。比赛结果是

2比1，蓝白军团没有梅西也是充满希望的。佩克尔曼在评价这场比赛时说："足球对我而言永远是这样，我通过分析而不仅仅是愿望来预估这支球队。在第一场比赛中，面对科特迪瓦危险的前锋，我们的后防线付出了很大的努力。的确，我们做得还不够，但是好的是我们从来没有失去平静。"很显然，他对一切都十分满意，所以在第二场迎战令人生畏的塞黑（他们输给荷兰的结果并没有说服力），佩克尔曼完全无意调整首发阵容，除了用L.冈萨雷斯替代了坎比亚索的位置。也就是说：6月16日，在盖尔森基兴球场，梅西又一次坐在了替补席上。陪他一起坐着的还有特维斯。65分钟里，梅西看到了3个进球，在脑海里想象他也可以做到。紧接着，我们看到他站起身，穿着荧光色的替补背心。热身预示着出场。他回到替补席上，跟随主教练的手势和指示，而后，终于，助理教练乌戈·托卡利让他穿上了19号蓝色球衣。第74分钟，他第一次登上世界杯的舞台。他是替补马克西·罗德里格斯出场，和他一起上场的还有另外一个年轻人特维斯。

在看台上，马拉多纳张开双臂拥抱天空，和成千上万的阿根廷球迷一起狂喜和尖叫。他们唱着："加油！加——油！加油！梅——西——梅——西——"有人举起了画有"小跳蚤"站在大力神杯旁边的海报，上面写着："这是我的梦想"；其他球迷则做起人浪传递一行巨大的标语："他是阿根廷人，他是'梅塞亚'[①]。"一个女球迷高举着的纸板上写着"何塞，让梅西上场吧！（拜托了）"这一次，她的请求终得满足。

直到这时，蓝白军团的表现都很优秀，没有什么值得诟病的地方，而当"小跳蚤"登场，整个节奏都变了，这个19号唤醒了整支球队不要满足于现有比分的欲望，他带动所有人重新开始跑，开始加速，加

① 梅西＋弥赛亚，即救世主。

速。队友们给他传球，他向着唯一的目标——对方的球门进发。他贡献了现象级的表演和过人。里克尔梅快速开出任意球，莱奥像摩托车一样从禁区左侧奔驰到底线，抬头看了看，为在远门柱一端的克雷斯波送出绝妙横穿，后者赶在塞黑后卫之前铲射破门，比分变为4比0。第87分钟，特维斯与克雷斯波撞墙配合，此前为阿根廷打入第5球的特维斯慷慨地将球传向从右侧高速插上的梅西。梅西闯过对方后防线突入禁区，将球推入守门员和球门柱之间的空当，第6球。进球后，梅西停下来用手指向这粒进球献给的人。克雷斯波冲上来拥抱他，整个看台陷入癫狂。

这是一次精彩绝伦的世界杯首秀，只是当事人一如既往谦虚地说："我没想着自己的首秀。我想的是赢下这场比赛，想着我就是想踢球。事实上我都不敢想象自己在世界杯的赛场上了，今天我梦想成真。"那么现在怎么办？佩克尔曼必须做决定，他必须解决这个棘手的难题。"他的国家要求主教练用他。要求不要等到下半场75分钟。媒体看到他有多好他能奉献什么，也这样要求主教练。亲爱的朋友们，有哪个媒体哪个国家不会这样做呢？"瓜迪奥拉在给《国家报》的世界杯专栏里写道："只有他（指佩克尔曼）知道该怎么对待这个小天才。没有人能怀疑梅西在90分钟时间里也会表现得像他在15分钟里做到的那样。昨天，那15分钟就是妈妈藏在口袋里、特别精心地保存的一块糖果，用来给自己的孩子哄他不哭。就算只有15分钟，这块糖果也永远有用。"

不过，最终这个决定没有那么困难，对阵荷兰的最后一场小组赛无关生死，烫手的山芋显得没有那么烫了。阿根廷和荷兰都已经小组出线晋级16强，这场比赛只是为争夺小组第一。佩克尔曼可以一箭双雕：让特维斯和梅西首发，这样萨维奥拉和克雷斯波就可以避免累计黄牌下一场停赛。就这样，所有人都很满意，很期待再次看到罗萨里奥天才少年的表演。

6月21日，法兰克福的森林体育场（瓦尔德球场）看台上坐着克鲁伊夫、普拉蒂尼、贝肯鲍尔，还有无比显眼的迭戈·马拉多纳，穿着他永恒的蓝白阿根廷球衣。总之，那天的看台仿若足球世界的奥林匹斯山。

莱奥是最后一个从球队大巴上下来的，耳朵里塞着ipod耳机，他是最后一个换好球衣，看了眼球场，和对手荷兰队中的俱乐部队友（范布隆克霍斯特和范博梅尔）聊了几句之后，他也是最后一个开始热身的。等到该出场时，他跟着球队的顺序入场，脚上穿着阿迪达斯专门为他在世界杯设计的球鞋。球鞋上写着他的名字，画着阿根廷国旗上的太阳，还有一句“上帝之手”和一个日期：1986年6月22日。比赛的第二天就是迭戈·马拉多纳在1986年世界杯上用手和脚打入对阵英格兰的两球20周年。

看台上的球迷充满期待。这一次里奥内尔会展现什么样的奇迹？既然上一场比赛他在15分钟之内已经可以造成那样的大破坏，谁知道给他90分钟能发生什么。然而，这个夜晚并不属于他，在场上几乎感觉不到他的存在。上半时他在右路，被德克勒区域盯防，接球11次，失误1次，传出7脚好球。下半时他换到左路亚林斯镇守的一边。23分钟里接球3次，只有一次如有神助的进攻。第69分钟佩克尔曼用胡里奥·克鲁兹换下他。实在没有什么值得铭记的：没有攻击力的左脚，有几脚好球，一次给坎比亚索的极富深度的传球，被对方门将范德萨奋力扑出，给马克西·罗德里格斯的一脚不可思议的传球，以及和里克尔梅一次漂亮的撞墙配合，最终的射门稍稍偏出。

这是世界杯小组赛阶段最受瞩目的一场比赛，两支历史悠久的足球强队之间的对决（1978年阿根廷世界杯决赛正是在两队之间举行），然而，这场比赛却让所有人失望了。一些报纸不怀好意地旁敲侧击说这场比赛中19号球员不起眼的表现给了佩克尔曼重新把他放回替补席的绝佳借口。事实的确如此。

6月24日，梅西在自己19岁生日这一天又做了84分钟的看客。这一次，阿根廷没有踢出自己的足球：由阿根廷人拉沃尔佩挂帅执掌的墨西哥队让阿根廷陷入困境。梅西替补萨维奥拉上场时，比分是1比1。双方进入加时赛。这时，巴萨孩子改变了全队的节奏，他给比赛提供了必要的纵深，他的传球发动攻势，最终由马克西·罗德里格斯胸部停球之后左脚抽射，打进一记世界波。阿根廷，尽管比预想中更加艰难，晋级四分之一决赛。

在柏林，6月30日，阿根廷对阵东道主德国队。一场持续120分钟的比赛，莱奥·梅西1分钟都没上场。这是一件让人费解的事情，最终这场比赛阿根廷在点球大战中惨遭淘汰（常规时间战成1比1平，最终阿根廷2比4不敌德国）。

让我们把比赛的电影倒带，来试图理解为什么，那个本该成为整个世界杯启示意义的人物，在最重要的角逐中自始至终未能出场。

佩克尔曼在首发阵容中用特维斯取代了萨维奥拉的位置，他的身后是卢乔·冈萨雷斯。这两名球员的表现无可指摘。第一次换人是迫不得已，第71分钟，阿邦丹齐耶里在和德国高塔们的相撞中受伤。莱奥·佛朗哥上场。里克尔梅也被换下，“他累了，”主教练说。替换里克尔梅的是坎比亚索。主教练在寻找平衡，或者说，是在试图加强防守，保持比分。阿根廷此前依靠阿亚拉的头球取得1比0的领先优势，但是之后他们就被德国人逼在本方半场狂轰滥炸。第79分钟，阿根廷用完最后一个换人名额，用克鲁兹换下克雷斯波。紧接着克洛泽就用一个头球扳平了比分。此时要想改变比赛局面，阿根廷缺乏速度、灵巧和创造力，这些都是克鲁兹不具备的能力，而特维斯因为奔跑整场体力下降也无法做到。总之，阿根廷缺梅西。所有人都说，如果当时梅西上场，阿根廷就能在比赛被拖入十二码角逐之前结束比赛。他本该有机会承担起扭转局面的任务。

为什么佩克尔曼不用他？为什么他选择了克鲁兹？“当时我们需要一个小禁区里的前锋，梅西不是这一类型。”在泪水之后，在比埃尔霍夫、弗林斯和克鲁兹的场边斗殴之后，佩克尔曼在新闻发布会上这样说，他随即宣布自己执教阿根廷国家队的时代结束了。“我们一直在努力调配好关于梅西的换人，他知道我们信任他。”主教练强调说，“阿根廷本可以有更多的选择，只是我们没机会施展了。”托卡利也证明了这个说法：“为了削弱德国的空中战优势，我们换上克鲁兹是很重要的。我们 1 比 0 领先之后，对比赛的控制力也很好，本来已经掌控了比赛，但是阿邦丹齐耶里的不幸受伤打乱了我们的计划。”然而这些解释并不足以服人，关于这个问题随即出现了多种猜测。

猜测 1——错误：佩克尔曼就是犯错了。他错误地解读了比赛，做出了使全队陷入困境的决定，在不应该的时候选择换人。

猜测 2——谜团：真相埋藏在主教练的脑海深处，会和此前的很多秘密一起载入阿根廷足球的史册，比如 1966 年英格兰世界杯拉汀的被罚出场，1994 年美国世界杯的马拉多纳禁药事件，或者 1998 年法国世界杯上奥特加吃到的红牌。

猜测 3——糟糕的进言：佩克尔曼受到了更衣室里大佬们的严重影响，一些队友因为梅西成为媒体的绝对焦点而烦扰不已。也就是说，梅西说他想上场，这让球队里的领袖里克尔梅和队长阿亚拉都表现出不满，在一次新闻发布会上他们曾经要求梅西服从球队的安排。正是他们说服主教练把罗萨里奥人置于首发 11 人之外。

猜测 4——规则与价值观：佩克尔曼无法消除或者忽略球队内部的规则和已有的价值观，要顾及那些多年来努力为自己获得出场机会的球员。

无论如何，也许永远没人知道哪种猜测是正确的。佩克尔曼始终行使保持沉默的权利，再不开口谈及此事。一年之后，在《马卡报》的采访中，记者问他“您和梅西之间怎么了？是存在争议吗？”他回答说：“我很为他感到骄傲，在他还不为人知的时候，正是我把他招入 20 岁以下国家队。在阿根廷，问题在于我们太有信仰，梅西的一点点表现就让我们都激动万分。人们期待梅西成为这届世界杯上伟大的马拉多纳。而他在阿根廷这样非常好的球队中只是刚刚起步。我希望这次的经历能对他的未来发展有所裨益。”

那么莱奥·梅西呢？他也保持沉默。柏林的那个夜晚，他是少数几个没有出现在摄像机和麦克风之前的人。不仅是因为被淘汰的失望之情，也是恼怒于媒体关于他在点球大战时行为的一些闲言碎语。“他们说什么对我而言阿根廷被淘汰不重要，简直没有比这更加远离事实的话了。”那场比赛 5 天之后梅西在接受《世界体育报》采访时坦言道，“要是谁当时在更衣室里，就会注意到我在那一刻感受到的一切。”对于佩克尔曼只给他那么少的空间，梅西不愿细谈：“他的决定是这样的……他做出这样的选择是因为一切都运转良好。像萨维奥拉、克雷斯波这样的球员都表现得很好，就是这样了。”

就是这样了。该翻开新的一页了。

15. 魔鬼少年

2007年3月10日

巴塞罗那讯——这一次，卡佩罗的噩梦是一个19岁的少年，莱奥·梅西。阿根廷“小跳蚤”毁了皇马的欢庆。卡佩罗在巴萨的地盘上从来没赢过（无论是带着尤文图斯，罗马还是皇马），但是这个夜晚，他几乎做到了，一切正在向预言的反方向发展。这时，一个小个子出现了，一次，两次，扳平比分，而当看上去卡佩罗就要宣告胜利的时候，在比赛第90分钟梅西打入了最漂亮的一球，最迅捷的闪身，最精准的射门：3比3。卡佩罗和他的队员就像被抢走了棒棒糖的孩子。

西班牙国家德比不可取代的特点就是出人意料，激动人心，一波三折，进球连连。比赛从双方队长普约尔和劳尔的指尖触碰草皮在胸前画十字开始。他们都需要这场胜利：巴萨急需在诺坎普的98000名球迷面前，抹去刚刚被从欧冠伊甸园逐出的阴影；而皇马为保留最后一丝联赛争冠希望而战。赛前人们预计到红蓝军团控球率占绝对上风，他们祭出最冒险的3-4-3阵形，而皇马的活动区域则比往常少。几乎没人想好怎么下注，因为面对永恒的对手，卡佩罗率领的这群男人怎么发挥都有可能。然而，开场仅仅5分钟，皇马就已经在比分牌上取得领先。金发古蒂为左路的伊瓜因送出长传，这个阿根廷年轻人的传中并无威胁，图拉姆却将这个传球变得致命。球以恐怖的速度出现在范尼斯特鲁尼脚下。荷兰人从禁区外做好准备射门。普约尔和巴尔德斯都无能为力。球打进了。1比0。压力现在落在里杰卡尔德的队伍一边。仅仅5分钟之后，莱奥·梅西出现了。哈维为他送出一记深传，让他直接面对卡西利亚斯。白衣军团一片惊愕之态。比分被扳平了。

双方的后防都很紧张，巴萨方面最紧张的是奥莱格：他在第45分钟因为对加戈的犯规吃到第二张黄牌被罚下场。此前他因为在禁区内对古蒂犯规而吃到第一张黄牌，同时皇马获得点球。范尼斯特鲁伊一蹴而就。法比奥·卡佩罗对场上的局势简直难以置信。当然赛前皇马主席已经许诺即便他输掉这场比赛也不会让他下课，但是看到本队能在比分上取得领先优势还是让他欣喜不已。

然而这种优势没有维持多久。又一次，是名叫莱奥·梅西的噩梦，抓住卡西利亚斯击出的皮球补射得分。这不容易，但是他做到了。球在横梁下落入网袋。扳平的这一球功劳要归于罗纳尔迪尼奥，他终于从自己长久的昏睡中醒来。他尽其所能，扰乱了两三名对方球员的平衡，与埃托奥做撞墙配合后直接面对卡西利亚斯起脚射门，皇马守门员第一时间单手扑出皮球，但是他已经对梅西近距离的补射无能为力。27分钟4球，这是西班牙球迷热爱的大场面。巴萨逐渐摆脱了紧张，开始掌控比赛。皇马的后防线开始晃动，之后巴萨被罚下一人，整个下半时都必须10人应战。里杰卡尔德换下埃托奥，派上西尔维尼奥。巴萨控制着皮球，但是制造威胁的却是皇马。机会悬于一线之间。古蒂开出任意球，拉莫斯和普约尔同时高高跃起。皇马后卫抢点成功，皮球沿着稍低于横梁的轨迹落入球门。这意味着皇马的胜利吗？不，梅西出现拯救了巴萨，保持了球队在积分榜上领先皇马的距离。而卡佩罗只得带着自己一如既往的诺坎普不胜战绩回到马德里。

——意大利《晚邮报》2007年3月11日

是的，卡佩罗……大概是忘记了梅西有能力做到的一切。但是，早在2005年8月24日，甘伯杯决赛后，正是卡佩罗本人询问起那个让尤文图斯后防陷入狂乱的“魔鬼”。是役，他率领的尤文图斯在梅西身上吃了3张黄牌，阿根廷人还助攻了巴萨的1粒进球，在90分钟内持续制造着威胁。尽管最终尤文在点球大战中获胜捧杯，莱奥却当选了最佳球员，成为比赛中真正的惊喜。卡佩罗看出了这个孩子无与伦比的天赋，当时就和里杰卡尔德开玩笑说："好吧，要是你的球队没有首发位置给他，告诉我，我们已经做好一切签下他的准备。"

也许，在比赛前夜，2007 年 3 月 10 日的晚上，以为一切都会很顺利，就像 2006 年 10 月 22 日在伯纳乌的上一次交锋。皇马 2 比 0 轻取，所有人都心满意足。那场比赛梅西努力了 70 多分钟，从左路提供了很多被队友浪费的传中，自己也多次深入禁区。与此同时，他遭到了埃莫森一系列恶意铲抢和犯规。比赛结束后，他被诊断为右脚踝外侧边韧带扭伤，不得不休战一周。

但是那场比赛他没能进球。

这一次一切都不同了。是因为梅西和如今的英格兰国家队主教练卡佩罗不对付？绝对不是。是因为对阵卡佩罗给他带来了运气？也不是。问题是在于这是又一场"对阵皇家马德里的比赛"，梅西说："这对任何人而言都是特殊的动力。"的确如此。这一点从他 2005 年 11 月 19 日第一次踏上伯纳乌的草皮时就得到了完美的展现。

所有人对那场比赛的记忆都是罗纳尔迪尼奥的表演（两记精彩绝伦的进球让人忽略了所有其他事情），马德里的主场球迷都为他起立鼓掌。这毫无疑问成为那场比赛的缩影，难以忘怀。所有的电视台都反复回放那一刻。体育记者们甚至找出了那两位带头起立鼓掌的老先生，一位留着小胡子，另一位长着几天没剃的络腮胡子。记者们想知道为什么他们会做出如此致敬的举动，他们回答说哪怕仅仅是出于纯粹的体育，怎么能不为这样的天才和他的魔法鼓掌。但是除此之外，所有在现场的球迷也对莱奥的表现印象非常深刻。

我们来翻阅一下那天的比赛记录：第 3 分钟，拉莫斯就不得不在禁区前沿放倒"小跳蚤"。第 15 分钟，正是莱奥在一连串精彩的表演之后，把球传给埃托奥，后者打入第一球。第 26 分钟，梅西令人眼花缭乱的变速把罗伯特・卡洛斯晃在原地。第 30 分钟，梅西穿过了整条后防线，但是卡西利亚斯扑住了他的射门。巴萨错失扩大比分的机会。第 40 分钟，罗纳尔迪尼奥用马赛回旋为梅西传中，但是他的头球偏出球门。第 47 分钟，梅西再次尝试射门，从禁区外，被后卫挡出。第 55 分钟，卡西利亚斯拒绝了梅西的第三脚射门。第 69 分钟，梅西被伊涅斯塔替换下场。这些时刻和笔记记录了他在自己第一场国家德比中的出色表现，他的速度、精妙传球和致命助攻，只缺一个进球就堪称完美。不过最深刻的记忆莫过于他作为一个初次登台者表现出的勇气，他并不害怕任何事或任何人，完全不怯场，这一点让他的同胞巴尔达诺十分赞赏，比起灵感十足的罗纳尔迪尼奥和视野开阔的埃托奥，梅西的足球更为低调，他从各个方面进行尝试，先发制人，承担责任。这些感觉在此后的日子里不断被确认，讨论，再确认。很可惜他因为在对切尔西的比赛中受伤而错过了第二回合国家德比。2007 年 12 月 15 日，国家德比之前 5 天，梅西在梅斯塔纳球场遭遇了同样的伤病（只是伤在另一条腿上）。左脚刺痛，低着头，牙齿咬着球衣，莱奥被送下场。再见国家德比。对阵皇马的比赛，巴萨不得不放弃这名此前整个赛季都表现不俗的球员。超声波图显示：左大腿股二头肌前端撕裂。四至五周伤停（36 天后，1 月 20 日，他在对阵桑坦德竞技的比赛中复出）。

插入一个问题：为什么梅西如此容易受伤？以至于有人称他是“瓷球星”。累计的肌肉疲劳，未恢复完全的旧伤，不当的热身，心理压力，肌肉群之间的力量不均，奔跑过程中姿势不当，直接撞击，双腿间明显的长度差异等等，有很多原因可能造成伤病。此外，坐骨和胫骨复杂的肌肉结构让人很难判断伤病的具体原因，这就让球员的恢复变得更为艰难。对梅西而言，也有人指出问题在于他特殊的身体条件、骨骼和肌肉结构，以及因为荷尔蒙分泌不足造成的生长问题。无论如何，都很难确诊。甚至巴萨俱乐部的医生也很难判断，他们经常被媒体质疑在恢复阶段的预后过程中犯错。“他们告诉我，”豪尔赫·梅西说，“他的肌肉群是由很多爆发性纤维构成，就像短跑运动员的肌肉那样。这给予他很快的速度，但是同时撕裂的风险就更大。无论如何，莱奥很清楚地知道自己必须很小心注意。”不说这些关于伤病的题外话了，让我们回到 2007 年 3 月 10 日那场国家德比。尽管我们也必须提到一次伤病。这场比赛之前，莱奥刚刚从 9 周的伤停中走出，那一次不是肌肉伤，而是比赛中的一次意外。2006 年 11 月 12 日，在对阵萨拉戈萨的比赛中，他被对方后卫萨帕特尔狠狠踩了一脚。左脚第五跖骨骨折。他必须动手术，用螺钉固定骨折部位，再植皮加快康复速度。在国家德比之前，他踢了几场好球，“但是，”他说，“还差进球。这是我未完成的作业。”这场比赛，他上演了帽子戏法，在最高等级较量中的第一个（他此前单场还进过更多球，但不是在如此重要的对决中），这个帽子戏法尽管没能给自己的球队带来胜利，至少让巴萨绝处逢生。“因为输给皇马，”他说，“永远是最讨厌的事情。”不仅如此，取得进球还让莱奥有机会展示球衣下写给他教父的话：“男人，坚强起来！”——他的教父刚刚失去了自己的父亲。这是莱奥在亲人困难的时刻表达自己支持的方式。这魔幻之夜还有另一份献礼，那就是莱奥亲吻了巴萨队徽。在完成第三个进球后，梅西奔跑着重复这一动作，因为“巴萨当年为我做了太多的事情，球迷们为我付出了很深的感情，尤其是在最困难的时刻”。3 粒进球改变了那个糟糕赛季的轨迹。从 3 月 10 日那天起，莱奥踢了很多比赛，不再浪费机会，不仅进球，而且创造出大师级的艺术品。

16. 莱奥和迭戈
2007年4月18日

巴萨断球。哈维……梅西闪过帕雷德斯，梅西继续带球，又过掉纳乔。梅西面对阿莱克西斯，继续带球。进禁区……再闪。球快出界了。球进了！梅西的进球！他过了赫塔菲4名队员，又过了守门员。右脚射门，并不是梅西惯常的进球方式！记住这个球吧！上半场第28分钟30秒。毫无疑问，这是本赛季的最佳进球……

难以置信。所有人都笑了，在这样的运球、速度、灵巧、过人和终结面前，所有人都不知所措。事实上，他总是这样令人难以置信。

我不想做比较，但是这个进球让我想起了迭戈·马拉多纳在1986年世界杯对阵英格兰的比赛中的进球。不是同样的进球，不是同一名球员，我不想说梅西就是马拉多纳，但是我想起了那个进球。

这是2007年4月18日Digital+电视台直播巴塞罗那对阵赫塔菲的比赛时的解说。

而下面这段，是维克托·雨果·莫拉雷斯在阿根廷国家电台的解说声音，那是1986年6月22日，墨西哥城阿兹台克体育场，阿根廷对阵英格兰。

球落到迭戈脚下。马拉多纳开始带球。马拉多纳过掉两人，这位足球天才向右路进发，又过了第三个，布鲁查加即将接球……永远的马拉多纳！天才！天才！天才！嗒–嗒–嗒–嗒–嗒–嗒–嗒，然后球进了！球进了！精彩绝伦！足球万岁！太漂亮了！迭戈的进球！马拉多纳！原谅我，我太激动了……

这是马拉多纳令人难以忘怀 的一次奔袭，所有时代最漂亮的进球……宇宙人……你从哪个星球来？能一路甩开那么多英国人，能让举国上下都握紧拳头为阿根廷欢呼呐喊……阿根廷 2 比 0 领先英格兰。

迭戈！迭戈！迭戈·阿曼多·马拉多纳……

感谢上帝，为了足球，为了马拉多纳，为了这些泪水……

有了这个球，阿根廷 2 比 0 领先英格兰。

球衫是不同的。比赛的重要性也不尽相同：一场是国王杯的半决赛，另一场，是世界杯的 1/4 决赛，而且对手是英格兰，那是阿根廷在 1982 年马尔维纳斯海战之后第一次在球场上与英格兰相遇。尽管所有人都试图否认，这些足球场外的因素十分重要……至少在球迷心中。

主人公也是不同的：马拉多纳，宇宙人，25 岁，10 号，世界足球巨星。梅西，“小跳蚤”，马拉多纳打入他的世纪进球时梅西还没出生，19 岁的孩子，这是他在西甲联赛中首发出场的第一个赛季，而为阿根廷成年国家队第一次登场也不过是区区两年前的事。

解说员的激情是不可同日而语的：一边是混杂着泪水的史诗般的南美式修辞，另一边则是西班牙评论员的冷静（至少在这种情况下）……然而这两球的确很相像，非常相像，如同临摹出来的。第一印象总是最好的。

第二天，全世界都看着这个故事重复上演。在全球知名的视频网站 YouTube 上，这个进球引起了网民们的好奇，被一遍遍重放和马拉多纳的进球进行对比。网上开始激烈讨论谁的进球更精彩。从专家到球迷，每个人都有自己的观点，而媒体则忙着从所有可能的角度对比这两球，赞美莱奥的球技。

我们可以耳闻眼见各式各样玩着文字游戏的头条标题和评论：从

“梅西多纳”到“上帝之脚”，甚至是“梅西震惊世界”。阵营之争不再重要：这一次连素来亲皇马的马德里体育报纸也不得不俯首称臣，平日里他们最不愿让死敌巴萨登上自己的头版，这一次却毫不迟疑。《马卡》报头版标题是“20 年 10 个月零 26 天之后，梅西复制马拉多纳的进球”。在文章中，莫拉雷斯的话被引用“你从哪个星球来？”所有人都承认，这是一件在足球场上鲜少发生的事。

比如在诺坎普现场的 53599 名观众，他们都站起身来，抓着身边任何可能的东西（报纸、观赛指南、手绢或者围巾）拼命摇晃来宣泄这一刻的情绪，而那些手边没有合适的东西可用的人，也跟着全场的节奏鼓掌直到拍疼手掌。最大程度的感情表达。

比如在球场上的球员，埃托奥、德科、古德约翰森三人都把手压在脑后。“我的天哪，他刚刚做了什么”恐怕是对他们难以置信的表情最好的解读。一切不止于此，赛后，来自队友和对手的赞誉之声蜂拥而至。

德科：“那是我一生中见过的最好的进球。”

霍尔克拉：“他的光芒让所有人都黯然失色。”

帕雷德斯：“我只但愿不要 30 年后还在电视上看到我自己。”

古伊萨：“没有太多的言语可以描述那个进球。我在替补席上看着简直惊呆了。”

赫塔菲的主教练舒斯特尔不这么想：“我们应该铲断他的球，哪怕那样会吃牌。我们不应该那么贵族。”——不过所有人都知道这位德国主帅的性格。

讨论开始了，一天之内遍及全世界。虽说足球是美学和奇妙的享受，还是有人致力于用数字、数据和战术分析它。

数据分析是这样的：莱奥用了 12 秒，迭戈用了 10.8 秒；莱奥在诺坎普跑了 60 米，迭戈在阿兹特克球场跑了 62 米；触球次数 13 比 12；莱奥连过 5 人，马拉多纳连过 6 人。动作被逐帧分析对比，就像孩子们玩“找相同之处”的游戏。布宜诺斯艾利斯的《民族报》指出 10 处巧合：从进攻发起的位置到庆祝方式（两人都是跑到球场右侧的角旗处）。各大网站、电视台和报纸都发出问卷调查。其中的问题或多或少都是一样的：“小跳蚤”和迭戈，谁的进球更耀眼？你更喜欢那一个进球？你觉得哪个进球更好？有五万五千人参与了《马卡报》的调查：60.62% 的读者选择了罗萨里奥人的进球，39.38% 的读者更青睐马拉多纳。塞尔电台的问卷调查结果也与此类似，只是数据上的差别：梅西的进球以 52% 比 48% 小胜迭戈的进球。在《世界体育报》的调查中，巴萨前锋则是压倒性的优势：超过 3/4 的选票。阿根廷的《奥莱报》用 74.3% 为马拉多纳加冕。这是可以预见的，因为他的那个进球深深刻在整个国家的集体记忆中，每家每户都至少播放过那个进球的录像带或者 DVD。在阿根廷甚至出版了世纪进球的口袋书。那是一部掌上电影，翻动书页就像是看到进球的全过程。（注意，这套“阿根廷圣像”系列图书还包括“上帝之手”，马拉多纳在维拉菲奥里托的杂耍，马克西·罗德里格斯对阵墨西哥的进球；莱奥·梅西和他的奇迹还未被这个系列收录。）必须补充的一点是，马拉多纳在阿根廷不仅仅是一个足球运动员，他是民族英雄，活着的传奇，是信仰，也是阿根廷历史的标志，就像何塞·圣·马丁、卡洛斯·加德尔、艾薇塔（即庇隆夫人）、豪尔赫·路易斯·博尔赫斯或者切·格瓦拉那样。阿根廷人不愿意像换掉一位普通球员的贴纸一样换掉马拉多纳是很正常的。

总之，这些问卷调查很好地展现了大洋两岸的热情之高。除了两个进球哪个更好之外，还有另一个问题浮出水面：梅西自己的意愿，或者引用《民族报》的话说：“梅西想模仿马拉多纳吗？这是个巨大的巧合吗？”

主人公自己澄清了这些疑问：“可能这球是很像，我在电视上只看过一次他的那个进球，”梅西说，“但是我从没想过打入同样的球。事后人们这样跟我说，但是在当时我完全没想过，只是很高兴我进了这个球。”

而在描述自己的进球时，莱奥这样说：“我看到有一个空当，就像惯常做的那样带着球一路向前。面对对方的球员我试图过掉他们完成射门。他们的两个后卫都在往后退，没人上来铲断，所以我就试着以其中一人为墙看到缺口就把球踢过去。很幸运一切都完成的很顺利。”

这种好像谈论平常事一般的举重若轻（对他而言也的确是平常事，那是他的工作）让人不禁联想起关于1986年马拉多纳的进球的回忆，至少是巴尔达诺对那个球的回忆：“迭戈发誓说他试过好几次把球传给我，但是总是遇到阻碍，所以他最后只好改变主意了。”不过巴尔达诺很确信实际上迭戈“压根没想离开那个球”。在当时，巴尔达诺是马拉多纳可能的传球对象，而在梅西的这球中埃托奥扮演了这一角色。两球之间的平行和相似之处是无穷的，包括舒斯特尔和赫塔菲的后卫提出的关于应该干脆铲断的言论。听听当年著名的阿兹特克之战中“黑人”恩里克是怎么说的：“大家说英格兰球员居然没有人直接铲他。那是因为他们没法铲！要是有办法，他们早就铲过去了。”

这句话在梅西的进球中也是真理。来继续说说轶事吧。在墨西哥世界杯上，正是埃克托·恩里克为马拉多纳送出的助攻，而这一次为梅西送出最后一脚传球的人是哈维。梅西说：“每当有伟大的进球出现，人们总是过多地谈论进球本身，是他给我传的球，却没有人说什么。”不过，之后的事就没有相通之处了，毕竟时过境迁。也许两位主角的发言之间都并无联系。赛后，莱奥说“这球没有你们说的那么好”，随即就平静地离开，去和父亲以及永远的挚友萨巴莱塔吃晚饭了。媒体的压力让他们不得不换了一家饭店，因为在他最习惯去的那家门口堵满了等待他的人。第二天，在诺坎普人满为患的新闻发布会上，刚刚洗完澡的莱奥顶着湿漉漉的头发在麦克风前说自己前一晚睡得很安稳，“我真的没有去想这个球，或者它的意义”。在记者们的坚持下，莱奥毫不受影响地补充说这个球没有改变什么：“我没有感觉到任何压力，我会继续踢球，继续像一直以来的这样享受足球。”不过，有一件事他没忘记：致敬，他比赛刚结束就说过，现在又重复说：“我把这球献给迭戈。我想带给他我全部的力量和热诚，希望他尽快出院，恢复身体，因为这是全阿根廷和所有球迷的愿望。”

迭戈·阿曼多·马拉多纳在住院。他是在 4 月 1 日晚被紧急送入院的。又一次沉迷酒精导致了急性中毒性肝炎。他的私人医生阿尔弗雷多·卡赫说他差点没命了。在阿根廷甚至有人宣布了他的死讯。好在没有成真，马拉多纳 5 月初从阿维里尔神经精神类疾病医院获准出院，此前他自愿入院接受摆脱酒瘾的治疗。一出院，马拉多纳就去“比赛秀”电视节目中给出了自己的版本，抨击那些试图把他埋葬的人。在接受朋友马塞洛·蒂内利的采访时，他也有机会说到梅西的进球。我们来听听马拉多纳是怎么说的：“那些试图做比较的人是想夸大其词，他们夸张了不过无所谓。我的那个进球比梅西的漂亮，这个是前提。而且我是在对阵英格兰这样的世界冠军级国家队 11 名的球员打进的那个球，在世界杯上。莱奥的球是在国王杯中对阵赫塔菲，在西班牙。这是不一样的。”球王为自己的进球正名，夸张地挑剔着所有敢于把梅西和他做比较的人。几个月后，在接受布宜诺斯艾利斯《体育画报》的采访时，他说得更加严苛。记者问他“你刚看完梅西对阵赫塔菲的进球第一感觉是什么？”马拉多纳一脸不快地回答说：“那个进球跟我没什么好比的。”“背景当然不同，可是迭戈，进球本身很相似……”记者坚持说。“不，不，我告诉你完全没有可比性。那种球，在训练中，我进过无数个，只是没有被录下来而已。是的，我们来严肃地说这个话题，你不要让我说什么……”

很可惜争论并没有到此为止。

2007年6月9日，巴萨对阵西班牙人，上半场第43分钟。

请听一家阿根廷电视台的解说：

现在是梅西拿球。梅西面对对方防守队员，想传中给埃托奥，埃托奥身后有四名防守队员，埃托奥把球传出来。赞布罗塔……这球梅西没办法……用手，用手，就像迭戈那样。球进了！！这就是迭戈！来告诉我不是吧！对我而言这就是迭戈！一样的……灵魂附体，我不相信这些东西但是……这就是马拉多纳灵魂附体。不可能有这么多巧合。谁给我解释一下怎么可能在这两个名字之间发生第二件这么相似的事……这是梅西，还是变成莱奥·梅西的马拉多纳，穿上巴萨的球衣，用左手扳平了比分。

而对那些仍旧抱有疑问的人，Digital+电视台的评论员迈克尔·罗宾逊这样说：“他在一个赛季内打入2粒马拉多纳式的进球，马拉多纳对阵英格兰的两球在对阵赫塔菲和西班牙人的比赛中两次重演。”

“上帝之手”也完成了。所有的相似之处和所有的争论。马拉多纳，1986年6月22日，在比他高15厘米的希尔顿面前抢了先。梅西则是跳过了比他高19厘米的卡梅尼。当年的突尼斯籍主裁阿里·本纳塞尔不顾英格兰人的抗议，看到自己的边裁指向中圈就宣布进球有效；而今罗德里格斯·圣地亚哥也不管2007年可能的技术手段和西班牙人队员的绝望，宣布进球有效。马拉多纳过了一段时间才承认众所周知的事实，那是“上帝之手，是迭戈的手，是从英国人手中抢走钱包的手”。而梅西比赛一结束只是抱怨他的进球“没有起到制胜的作用，球队只是拿到了1分”，不足以赢得联赛。他仅仅的是庆祝了“一个普通的进球，为扳平比分而感到高兴”。总之，他没有因为自己是最聪明的而感到惭愧。

迭戈和里奥内尔，梅西和马拉多纳，继承人和宗师。“老虎”萨拉特，一个29岁的恩特雷斯奥斯人把一首阿根廷风格的四重唱改写成献给这一主题的歌，名为“金足驾到”。是这样唱的：

1987年6月24日，
阿根廷捧杯后一年
有一颗星燃烧，新的希望
金足在罗萨里奥诞生。

魔幻的运球，个头小却伟大。
7岁时在纽维尔老男孩青训营。
这里的人对他的身体问题转身不理，
他只能移民去了西班牙，
在巴塞罗那他的第二位父亲发现了他
用牺牲和爱，他超越了自我。

2004年他第一次为巴萨出场
在U20国家队，他梦想成真
（金足驾到！）

（副歌）
把球给莱奥。
全世界都在等他再运一次球。
我们想看魔法，你脚下的魔法。
（重复）

带着狮子般伟大的心，
他走上球场，就有希望。
死忠想为他的进球尖叫欢呼
在蓝白色的比赛中，
在每个角落为他鼓劲，
国家队，希望觉醒，
我们想看你，和阿根廷一起当冠军！

（副歌）

全世界，激情觉醒，
我们想看你，和阿根廷一起当冠军！

而今梅西也和马拉多纳一样有属于自己的罗德里格了。除了歌曲，甚至在2007年4月之前，已经有无数关于他们相似之处的报道。一直以来，里奥内尔都被以这样或那样的方式和马拉多纳相提并论。最早在他们之间找到共同点的是纽维尔老男孩的教练们：恩里克·多明戈斯、恩内斯托·维奇奥、阿德里安·科里亚。“我见过他用球摧城拔寨，马拉多纳在他那个年纪也做不到这一点。”维奇奥坚持说。他在巴萨青年B队的教练吉列尔莫·奥约斯也说过类似的话：“梅西是我见过的最像迭戈的球员。他对球的掌控力，他的意志力。莱奥凭一己之力就改变了无数场比赛的结果！他就像迭戈：他们踢他，再踢他，他几乎摔在地上还能继续带球，要想让他停下只能杀了他。控球运球毫无问题。他的脚背一直带着球，只要考虑速度就行了。他只要感觉到球，就能脱颖而出。”

从那以后，在巴萨10号职业生涯的各个阶段，都有人说起他和迭戈的话题。比如河床队的前10号诺贝托·阿隆索说：“他身上有些特质让我想起马拉多纳，比如他启动时的爆发力。还有有球状态下的速度。但是梅西还缺乏迭戈的30米变节奏能力。”

阿森纳主教练温格则毫无疑虑：“梅西就是马拉多纳，只是脚上加了涡轮增压器。”已退役或现役的足球运动员都纷纷发表观点。埃托奥说：“梅西就是未来的迭戈·阿曼多·马拉多纳。”德科说：“他总是让我想起马拉多纳。有时候我听别人劝告他应该多注意名气对自己的影响以免在这方面落得和马拉多纳一样。不过莱奥是不同的，因为他身边围着一个爱他、保护他的小圈子。”贝肯鲍尔说：“我们看着他带着球跑起来的时候，很有理由忆起巅峰时代的马拉多纳。”其他人不否认两人的相似之处，但是更加回护罗萨里奥人。1986年世界杯阿根廷冠军队成员“黑人”恩里克说：“梅西和马拉多纳有两个共同点：运球和速度。迭戈的运球盘带和突然加速简直能把你耗尽，而想抢莱奥脚下的球也非常困难。此外，他不会为了射门而射门，而是像迭戈那样对着球门的远门柱自左向右射门。把梅西跟马拉多纳做比较不是坏事，但是梅西不能把自己想成马拉多纳。”加比·巴蒂斯图塔也有同样的担心，这位佛罗伦萨曾经的中锋、国家队历史上最佳射手说：“莱奥不应该试图模仿马拉多纳，他只需要做他自己，尽可能做到最好。因为不然哪怕他达到迭戈的高度，也只能继续做第二个马拉多纳。”也有一些不一致的声音，其中一个就是贝利，当然考虑到谈论的是马拉多纳，他有不同见解就太正常了。巴蒂斯图塔坚信“梅西是另一种类型，马拉多纳位置更靠后；梅西速度稍快一些，而迭戈更有杀伤力”。另一个不同的声音来自“瘦子”塞萨尔·路易斯·梅诺蒂，这位1978年捧得世界杯冠军的那支阿根廷队的主教练说：“他不是新马拉多纳。在阿根廷，和很多其他国家，每一次出现一个孩子技术惊艳，灵巧而果断，所有人就笃定地认为他是迭戈的接班人。梅西是非常好的球员，左撇子，灵活，有力，为巴萨效力，是阿根廷人。但是他不是马拉多纳，他就是梅西。”而作家、记者和心理学家瓦尔特·巴尔加斯则直言不讳地坚称："梅西现在不是以后也不会是马拉多纳。要我说，他够不到那样的高度，甚至在我看来，他蹭到边儿都难。"对立的观点。不过还有更多：阿根廷奥委会甚至开展了一个研究课题，由米格尔·托德利担纲，运用科技手段比较这两位球员。研究结果？简明易见。研究表明梅西和马拉多纳在一系列物理参数上具备共同点：低重心、肌肉块、身高、体重、身体曲线，以及，显而易见，两人都是左撇子。

这种时候最好还是放过科学吧，跟我们去布宜诺斯艾利斯的博卡区旅游一番，在糖果盒球场附近转转，和大大小小的球迷聊聊天。罗德里格，穿着博卡青年队蓝黄相间的球衣，完全不想听人讨论这个话题。他亲眼见过马拉多纳踢球，因而不接受任何比较。他指出罗萨里奥人从射门到踢球视野的各种弱点，盛赞马拉多纳的天资，不断问着听众们是否记得他的"上帝"在阿根廷青年队打入的最初几球。然后我们遇见了路易斯，在他博卡狂热粉丝范儿的商店里挂着马拉多纳踢球的照片，上面印着"你的子子孙孙都会问起他是谁"。不过沿着街道走下去，你会看到几个小孩在踢球，其中两个穿着巴萨球衣，上面印着梅西的名字。10岁的胡利安是这群孩子里最口快的，他斩钉截铁地回答说："我是博卡球迷，但是我喜欢梅西，我喜欢看他怎么射门。"

这种偏好与年龄有关吗？阿根廷国家电台评论员奥拉西奥·德·普拉多说："劳尔·冈萨雷斯·图依曾在他最优美的诗篇之一《诗人死在黎明》中写道：'有些人，最年长的那些，拒绝他进入。另一些人，最年轻的那些，后来又否定他。'足球世界的朝代更迭同样如此。在梅西身上也是这样，那些坚持认为梅西永远无法企及马拉多纳的老脑筋们都忘记了，每当一个新星涌现，人们总会说：他做不到。人们说马拉多纳是个小矮胖子，永远不可能成为和那些伟大球星比肩的冠军。乌戈·加蒂，那个杰出的守门员就曾经不停地说关于马拉多纳的这些话，结果迭戈进了他四个球。”

我们且将这些观点放一放，来看看这种持续比较的其他理由。很简单：自从 1997 年马拉多纳退役以来，阿根廷人——而且不仅是阿根廷人——都在不断寻找他的继任者。这不奇怪，每当伟大的球星隐退都会发生。首先需要时间来接受神话的小诗，而后需要时间来找到一个能让我们想起他的人，让我们重温失去的魔法，回到旧时光，因为足球世界里，记忆是非常重要的，要想推销一位年轻球员，最简单的方法就是给他贴上“新贝利”或者“新马拉多纳”的标签。这样所有人就都知道说的是谁。有时候人们会弄错，提名未能起效，继任者的候选人没能保持之前的诺言（让预言成真）。单是“新马拉多纳”，这样的情况曾经发生在奥特加、巴勃罗・艾马尔、胡安・拉蒙・里克尔梅或者“阿帕奇”特维斯。他们中没有人达到了马拉多纳的高度，担起王冠的重量是艰难的。而如果像梅西这样巧合如此之多就更加艰难：矮小、左撇子、成长于纽维尔老男孩队（马拉多纳曾在纽维尔短暂停留），在巴萨成熟（那是马拉多纳初登欧陆的第一站），世界 20 岁以下青年锦标赛冠军（马拉多纳 1979 年捧杯）。和迭戈一样，梅西的成年国家队首秀也是对阵匈牙利。更加艰难的是，马拉多纳本人请你去他参加的电视节目（“10 号之夜”）钦点你为他的传人。马拉多纳说：“莱奥是要蒙召成为伟大球员的。很多人认为他已经很伟大，而在我看来，他才刚刚起步。他还能展现出比现在多得多的东西，等他这么做的时候，属于他的时刻才真正到来。”而当马拉多纳在《体育画报》的提问中曾明确表示莱奥是目前最好的阿根廷球员，不过紧接着在被问到“莱奥能赶上你吗”时，马拉多纳用一句“如果是为了阿根廷足球，就超过我吧”回避了问题。尽管有之前所有的讲话、称赞与祝福，老国王对让出王位仍有疑虑和勉强，该轮到这位继承人证明自己将握紧节杖捍卫荣誉。

17. 前路正长

对话弗兰克·里杰卡尔德

一个烟灰缸，一包香烟，一听百事可乐，里杰卡尔德就这样开始说话。这位前巴萨教练很放松，他没有急事要做，十分乐意详细地说说莱奥，2003 年 10 月 16 日正是他给了这个孩子第一次为一线队出场的机会。

——您曾经身披米兰战袍与马拉多纳时代的那不勒斯激战数场，也执教过梅西五年。一句话说，您是解决我们的问题的最合适人选：莱奥是新马拉多纳吗？

——我有很多关于马拉多纳的回忆，在意大利杯赛中对阵那不勒斯的比赛是历史性的，但是迭戈在意大利踢球时已经是一个完全成熟的球员，二十六七岁的年龄。梅西还很年轻，他的前路正长。我理解有很多人把莱奥和迭戈相比较。他们都是阿根廷人，都身量比较小，都有巨大的天赋，但是这样的比较总是很复杂。马拉多纳，在他的时代，就代表着足球。毫无疑问，他曾经是，也依旧是足球本身。莱奥是独一无二的球员，但是要想把他和马拉多纳联系起来我们得等到他的职业生涯结束之后。

——对阵赫塔菲的进球？

——我看过很多足球，看过很多伟大的球员和难以计数的进球……我得说莱奥对阵赫塔菲的进球是我见过的最精彩的之一。那绝对是一件艺术作品。我记得他进球之后我感受到一种巨大的幸福，为了他，为了整支球队，为了所有球迷；不过，说实话，我并不很惊讶。

——为什么？

——因为你每天看着他训练，踢球，就会知道他如有神力的天赋，知道他能做出这样的事。

——那么对于人们讨论这球和马拉多纳在1986年墨西哥世界杯上的进球的相似之处，你也不惊讶？

——我可以想象。因为当然这两球是很相似，尽管我觉得莱奥甚至比马拉多纳加速更快。网上有成千上万关于这两球的图片，我至少看到20多个版本的对比。

——让我们回到莱奥在一线队的首秀。

——在青训营，莱奥就是个小天才，但是对他形成定见还需时间，因为迈向一队的这一步是非常重要的，是真正的考验。在遇见困难的时候，莱奥让所有人都惊叹。他和伟大的球员在一起踢球能更好地提高自己的能力。在甘伯杯对阵尤文的比赛中，所有人都注意到这个孩子的价值。

——他有哪些技术特点和天赋？

——在10个人面前踢球还是在一万观众面前对他而言毫不重要，莱奥永远是一样的，他都有同样的稳定状态和同样的求胜欲望。他会说："给我球，我想踢，我想组织进攻，我想展现我的天赋。"当他接到球，就很难在不犯规的情况下阻止他前进。他太快了，控球非常好，触球精准，闪身过人更是在足球世界难得一见。而且不要忘了，他爆发力强，尽管不高却很强壮。这一点在他和对手相撞时很明显，想把他撞倒并不容易。

——这些年来他有什么改变？

——初次登场时，他是一个平和、安静、有礼貌而有点腼腆的人。随着时间的推移，在没有丢失这些特质的同时，他改变了很多。他更加自信，意识到自己是球队里很重要的球员，清楚地知道所有人都承认他的价值。他的态度没有改变，但已不再是几年前那个沉默的孩子，而是更加风趣，和队友在一起或者在自己熟悉的环境里喜欢开玩笑。我要说，从一开始，队里的所有人就对他很好，球队接纳了他。西尔维尼奥、德科、罗纳尔迪尼奥帮助他，给他提建议。这些伟大的球员总是能认同一个特别的球员。

——您和莱奥的关系如何？

——我们之间很亲密。一开始，因为他年龄小，我觉得他需要我的关心和帮助。最近我发现这种需求变小了，因为他知道自己的潜力，也知道足球世界是如何运转的。他在队友、俱乐部和球迷面前肩负起越来越多的责任。他现在已经足够成熟能够承担这些责任，因为他作为一个人和作为一名球员都长大了很多，经历过美好的时刻，也坚守过艰难的时日。

——比如在对阵切尔西的比赛中受伤？那一次，您像父亲对待孩子一样抱着他。

——对我而言那是很自然的动作。我可以体会到他的痛苦，我知道在他心中踢那场比赛的重要性。在那样的比赛中受伤是无法承受的痛苦。我唯一能做的事情就是安慰他说：“没事的，很快就会好的。”那是很动情的时刻，很美好，尽管并不是什么好事。然而在职业生涯中，你必须承受这样的事情。正是这些事情让你长大，让你有动力继续踢球，让你能够最终抵达巅峰。

——您给过莱奥的最重要的忠告。

——要学会把动作结束：射门或者传球，不要继续带球过人了。因为再继续下去，就很可能被断球或者受伤。你不可能带球带整整 90 分钟，也不能每场比赛都过掉对方 10 名球员外加守门员。可能一年里这样做一次，但不能每个周日都这么做。这是我多年前给他的一句忠告，我想他理解了这句话。总之，他的足球进步很大，他已经展现出自己成熟了很多。他必须这样做，因为在球场上他比其他人视野更开阔，看到的东西更多，他可以比别人得到更多东西。他不能无意义地消耗精力，要学会分配自己的体力和能力，才能展现出与众不同的实力。

里杰卡尔德点燃又一根香烟，然后，随着思绪补充说道：

——无论是马拉多纳还是莱奥都传递着一种感情：踢球的快乐。他们两人都享受踢球。看着他们，就觉得他们永远都会要来一个皮球，然后说：“我们去踢球吧。”

18. 失望
2007年7月15日

那年6月，悲伤、愤怒和其他更多占据了梅西的思想和词语。原因很简单：巴萨没能带回期盼已久的冠军。在所有可能夺冠的8项赛事中，他们最终只捧回一座西班牙超级杯，再无其他，这实在是一张略显苍白的榜单。而对于"小跳蚤"这样只想着赢球的球员，这让他十分难过。在接受《法国足球》杂志采访时，他坦言："我们开局很好，后来却太早在欧冠中被淘汰出局。之后我们在自以为已经渡过最难一关之后在国王杯中被淘汰。算上所有这些，真的很伤人。"而他没有说起的是最难接受的打击——联赛。2007年2月红蓝军团几乎已经将联赛冠军收入囊中，看上去卡佩罗挂帅的皇马追上他们不过是让联赛保留悬念的痴心妄想，或者说为了在媒体面前有话可说。然而事实并非如此：巴萨因为连续几场比赛最后关头失球而损失的分数，尤其是对阵贝蒂斯和西班牙人的比赛，彻底将联赛冠军拱手让与死敌。为什么皇马最后一轮的对手马洛卡在6月17日的伯纳乌球场不能领先？如果是为了胜利，梅西觉得这没什么不好。然而尽管阿根廷人抱有所有的美好意愿和希望，在最后一轮前75分钟里都似乎可能的奇迹，最终还是没有成真。就这样，拯救整个赛季的最后机会也消失了，剩下的只有无尽的失望。很显然，一切都没能如愿，就像《国家报》的标题所言，"英雄最后一无所获"。因为，其实从个人表现的角度而言，这对梅西是个积极的赛季，阿根廷人在很多魔幻的夜晚都是无可替代的主角：是他用那个惊世的帽子戏法，暂时粉碎了"美凌格们"①

① 美凌格（merenque），是西班牙一种甜点里的白色奶油夹心，因其颜色与皇马球衣的相似而成为皇马俱乐部、球队及球迷的昵称。

的争冠美梦。随后他又上演了马拉多纳的单骑闯关和第二代“上帝之手”。可惜所有这些神迹和灵光都成了无用功。进球和赛季最佳外援的荣誉只是一点可怜的安慰。

好在足球没有停下。国家队和美洲杯在等待他，也许有让他从所受打击中复原的可能。而且他有可能以首发身份参加这届大赛，而不是像德国世界杯时那样跑龙套。

何塞·佩克尔曼的继任者、阿根廷主教练“椰子”阿尔菲奥·巴西莱很信赖梅西，知道“小跳蚤”能给国家队带来极大的支持，在自己为球队的规划中扮演重要角色。他不想重蹈前任的覆辙。梅西被征召参加阿根廷国家队的迷你欧洲行，分别在伯尔尼和巴塞罗那与瑞士和阿尔及利亚交手，以备战即将在委内瑞拉拉开帷幕的美洲杯，所有人都坚信，梅西会是最耀眼的主角。在赛事官方网站对此发起的问卷调查中，莱奥以绝对优势（33% 的选票）力压智利的马蒂亚斯·费尔南德斯和委内瑞拉球员胡安·阿朗戈。而后来在这届美洲杯中打入 6 球包揽赛事最佳球员和最佳射手的巴西人罗比尼奥，在这次调查中获得了 8% 的选票。

在马拉开波，6 月 24 日，梅西度过了自己的 20 岁生日，此时距离蓝白军团对阵美国的美洲杯首战还有四天，媒体从阿根廷人口中套出显而易见的生日愿望：“赢得美洲杯，成为最佳射手。”阿根廷自从 1993 年以来就再未染指这座奖杯，所以压力和期待都是巨大的。梅西身上承载了太多希望，球队和教练都很宠爱他，这与德国世界杯时已大不相同。“椰子”甚至在他身边配了一位导师：“小巫师”胡安·塞巴斯蒂安·贝隆。这位曾先后效力博卡青年队、桑普多利亚、帕尔玛、国际米兰、拉齐奥、曼联和切尔西的球员在他的初恋拉普拉塔大学生队重新找到了辉煌。球场内外，贝隆都是梅西的良师益友，对于那些说梅西孤傲的指责，他在《国家报》的采访中这样回应道：“梅西很腼腆，不善于与人交往。他不会和大家聚在一起喝马黛茶，更喜欢打 PS。对我而言，他就像是我的小兄弟，我需要照顾他。简直就是夜里都要摆在床头柜上才安心的！”其实，梅西的确需要特别保护，因为在委内瑞拉已经掀起一阵“梅西热”，小家伙所到之处都被成群球迷包围难以移步，一派疯狂之景。大小球迷中间，印有梅西名字的球衣像小面包圈一样畅销，球场上他的每一次触球都会引起一阵欢呼和掌声，哪怕他偶尔失误的时候。如果他没有首发，比如对巴拉圭的比赛，那么 10 分钟之后不快的人们就开始呼喊他的名字。

这种盲目的爱在拉腊·德·巴基西梅托球场达到了顶峰。当时梅西正心不在焉且略显疲惫地走向通往更衣室的球员通道，突然一个女孩从天而降。莱奥看见那个年轻女孩正准备从看台上跳下来时，就举起双手担心地叫喊说：“停下来，你在干什么……”可是这位 20 来岁的痴狂女球迷已经失去理智，纵身一跳。好在她是脚先落地。军警和保安立刻冲上去抓住她，不过在被带走之前，女孩还是设法拥抱并亲吻了两下偶像的面颊。莱奥完全不知所措，而西蒙就像裁判一样，拽住梅西的胳膊，请他给出解释，认定这是一起侵犯。

事后梅西对《号角报》坦言：“这简直难以想象。我冲她做了手势让她别跳，可是她还是跳了下来。我完全不知道要怎么办。那至少有 4 米高。她几乎杀了自己，更可怜的是，他们很快就把这可怜的姑娘带走了，根本不管她有没有摔出问题。”

这件事发生在 7 月 8 日，四分之一决赛。阿根廷刚刚 4 比 0 战胜秘鲁，梅西在第 61 分钟打入值得铭记的一球。在此前对阵美国、哥伦比亚和巴拉圭的比赛中他都未能取得进球，尽管他为蓝白军团的运转起到了决定性的作用。在首战对阵美国的比赛中，他助攻了克雷斯波的第 2 粒进球，而在巴拉圭对阵阿根廷的比赛中，他在下半场出场的 25 分钟里（巴西莱为四分之一决赛雪藏了他）也表现优异，为那场无聊的比赛添加了一点令人兴奋的元素。但是他一直没进球，直到打入安第斯球队的这球为他卸去了肩上的压力。而在奥尔达斯港展开的与墨西哥的半决赛中，他又捍卫了自己进球的特权，创造了一个大师级的作品。现场评论员都说："应该（为他）封存这座球场。"巴西莱说："只有天才能进这样的球。封存球场？是啊，还要什么更多呢？见过这样伟大的进球之后我们为什么还要继续呢？"阿根廷TYC体育电视台的评论员们也都认同"椰子"的话。这还不是全部。特维斯说："梅西所做的是令人景仰的，他没有很多绝对的破门良机，然而第一次拿球就是一个绝妙的进球。"马斯切拉诺说："在这方面他真是个天才，以至于我们都习惯他的神奇表现了。现在他的任何表现都不会让我惊讶了。他是与众不同的。"坎比亚索说："那是个精妙的进球。"海因策说："没有言语能形容梅西的进球。"总而言之，原子"小跳蚤"直挂球网的这一球会被收入所有最佳进球的视频。

那么这一次，梅西从他的大礼帽中拿出的是什么？我们来看看这一球的回放。下半场，第60分钟，之前打入让阿根廷领先的那一球的海因策长传给坎比亚索，后者在对方两名后卫夹防下将球回传海因策，他从本方半场寻找前方的接球点，特维斯在禁区外接球，背对守门员，胸部停球，卸下，转身，传给梅西。梅西像闪电一般启动杀入禁区，抬头观察守门员后极为轻巧地起脚吊射。皮球划过一道完美的抛物线，轻盈地越过桑切斯的头顶，恰好从横梁下方落入球网。绝望的门将努力向后跳去，伸长戴着手套的手却甚至都没蹭到皮球。莱奥注视着球的运行轨迹直到球网颤动鼓起，随后跑向角旗处和疯狂的阿根廷球迷一起庆祝。他的导师贝隆是第一个跑到他身边的队友，小男孩跳起来搂住贝隆的脖子，而教练席上，"椰子"高举双臂鼓掌，快乐地大笑。

一天后，面对《国家报》"你觉得这座球场在见证了你的这粒进球后应该被封存吗？"的问题，梅西回答道："当然不，停下停下，别再说这个了。那是个漂亮的进球，仅此而已。重要的是这一球帮助阿根廷队挺进决赛。”记者接着问：“那你觉得这是你职业生涯最漂亮的进球吗？”“也许会是，我不知道，我还进过一些漂亮的球，比如打赫塔菲的那球。大家都说昨天这球很精彩：我看到守门员站位靠前，就选择了吊门。结果很好，不是吗？”

梅西永远是这样，不变的低调。当然他继续着做梦的权利：在决赛中战胜巴西。莱奥在赛事伊始就说过希望和巴西人交手，如今他的愿望实现了。他想复仇 1 年前在温布利大球场 0 比 3 败北的友谊赛。而全阿根廷都想复仇 2004 年秘鲁美洲杯上点球大战惜败巴西，以及 2005 年德国举办的联合会杯比赛中巴西 4 比 1 横扫阿根廷的耻辱。总之，这是一场为近年来所有败在邻居脚下的痛苦经历的复仇。

他的朋友罗纳尔迪尼奥不在，里奥内尔说，这样更好；卡卡也不在。无论如何，尽管桑巴军团在揭幕战中负于墨西哥，半决赛中面对乌拉圭勉强靠点球大战取胜，他们仍是最难对付的劲敌。而且，决赛永远是另一回事，一个人永远不能太相信自己。这一点在最后这场决赛中痛苦地被证实了：依靠“野兽”巴普蒂斯塔和阿尔维斯的进球，加上蓝白军团队长阿亚拉自摆乌龙，巴西以坚不可摧的 3 比 0 埋葬了阿根廷人的梦想，将这支优雅华丽的球队逼入绝境。在马拉开波，何塞·罗梅罗球场，奇迹就是没有降临，就是不存在。而梅西？《号角报》这样评价他：“故事本可以不同，而他几乎什么都没做。莱奥失去了理智和他的足球，最后只能在巴西人的地盘上被围攻，关在他们的迷宫里。”除了评论或批评，图片更能彰显一切。梅西坐在球场上，目光失焦；球队按摩师达迪安慰地拍拍他的头；国际足联主席布拉特发给他的奖牌，梅西一走下领奖台就从脖子上摘下攥在拳头里。他被选为这届美洲杯的最佳年轻球员。可是这有什么用……面对新的失望，除了愤怒和悲伤，再无其他。

19. 铜球与银球
2007年12月17日

我们试着从数字开始：进入一队的第一个赛季8场比赛打入1球；2005至2006赛季出场23次打入7球；2006至2007赛季，联赛和欧冠共出场31次打入15球；2007至2008赛季赛季之初已有8球入账；自从2007年3月面对皇马上演帽子戏法以来22场比赛贡献21粒进球。不过单看数字还不足以公正地评价莱奥的突飞猛进。最好再看一眼新闻标题：

《国家报》2007年9月20日："梅西配得上10分"
《马卡报》2007年9月23日："梅西就是救世主"
《世界报》2007年9月23日："梅西统治一切"
《加泰罗尼亚日报》2007年9月27日："'梅'开二度"
《先锋报》2007年9月30日："有梅西，球票值了！"
《马卡报》2007年10月8日："梅西是联赛之王"
《每日体育报》2007年10月9日："梅西不可抗拒的上升之势"
《世界体育报》2007年10月9日："梅西的曼波舞"
《阿斯报》2007年10月18日："梅西复制马拉多纳"

不仅所有的大标题都在庆祝荣耀时刻、恩赐瞬间，阿根廷人的"光耀和灵感让他触碰的一切都点石成金"，还有西班牙和阿根廷的教练、对手、足球问题专家的评论，并且有专门的研究来解释他的爆发。人们说起他是一位"没有极限的球员"，指出梅西的心智决定了他可以"冒险和成为主角”。他跑动时步频极快：每秒4.5步，这甚至超过了牙买加短跑名将鲍威尔每秒4.4步的数据。要知道，2007年9月9日，鲍威尔在意大利的列蒂用9.74秒的成绩打破了100米短跑的世界纪录。人们探讨他的低身体重心，认为这使他能如此轻松地控球和运球。各方出现诸多他与马拉多纳的对比。

在《马卡报》的一次专访中，利益相关方之一马拉多纳并没有反驳这一点，只是明确表示“如果里杰卡尔德敢让梅西坐替补，那么拉波尔塔就会炒了荷兰人”。而萨拉戈萨主教练维克多·费尔南德斯在自己的球队从诺坎普惨败而归之后大声说出了很多人的想法：“可能梅西是世界最佳。”

就像漫天纷飞落下的积雪，所有这些赞誉之声从9月到11月一直在梅西耳畔盘旋。随着《法国足球》杂志的金球奖和国际足联世界足球先生提名的临近，各种期待和投票宣言源源不断。“梅西追逐卡卡”，《先锋报》写道。“梅西剑指金球奖。在巴萨、阿根廷国家队的状态和进球让他成为大热门”，《马卡报》标题如是说。媒体掀起了一场全方位为“小跳蚤”造势的舆论攻势。尽管所有人都知道卡卡是最大的热门，可能都已经几乎把这项至高的个人荣誉收入囊中。但是无论如何，还是要坚持大力推动这位阿根廷候选人。与此同时，在等待最终的结果的过程中，梅西获得了意大利体育杂志《米兰体育》评选的布拉沃奖，这是颁给欧洲最佳21岁以下年轻球员的奖项。莱奥是该奖历史上第一位获奖的阿根廷人，也是继瓜迪奥拉和罗纳尔多之后，第三位得此殊荣的巴萨球员。那是11月25日。1周之后，里卡多·伊塞克森·多斯·桑托斯·莱特，就是“卡卡”（他弟弟给他起的外号），捧起了金球奖。梅西位居第三，以255票获得铜球奖。葡萄牙人克里斯蒂亚诺·罗纳尔多以22票的优势获得银球奖，而卡卡的得票数是444。

作为重生使徒教会的信徒，热忱的福音传播者，巴西人感谢上帝

“让他有幸从事这项职业”。卡卡认为AC米兰夺得当年的欧冠冠军和他自己欧战当赛季最佳射手的荣誉是比其他对手占据的优势所在。关于莱奥，他说：“他代表着灵巧和控球。他很年轻，天赋异禀，我很欣赏他。”差距所在？这位米兰球员只是简单地解释说：“梅西这个赛季没有获得重要冠军，没有西甲冠军或者欧冠冠军。我想这对他来说是个不利的因素。”

5天后，同样的场景又在2007年国际足联世界足球先生颁奖盛典上重演。只是有了一点小小的改变，让其中的一位主角有些过分神经质了。卡卡又一次捧得金杯，1047票，他的同行们认为他是2007年世界最佳球员；而莱奥升至银奖（504票），克里斯蒂亚诺·罗纳尔多以426票屈居铜奖。

有意思的是在颁奖现场发生的事。颁奖人宣布银奖授予梅西，铜奖授予克里斯蒂亚诺·罗纳尔多。两人同时从第一排站起身走上台。梅西扣上了西服上装的纽扣。这是他第一次穿着西装走上领奖台，后来我们看着他越来越习惯于这样的装束。在苏黎世歌剧院的舞台上，国际足联主席布拉特和嘉宾贝利将两人迎上台。克里斯蒂亚诺·罗纳尔多是最先与两人握手的。他向球王问好之后毫不犹豫地拿起了象征第二名的银质奖杯。布拉特不得不提醒他，重复说：“梅西，那是给梅西的。”主持人又一次重复了投票结果，请两人互换奖杯。女主持人用一句话化解这尴尬的时刻，她对克里斯蒂亚诺·罗纳尔多说：“你试过了，不过没成功。”

两人还交换了拍照的位置，仪式得以继续下去。

“布拉特说这个奖杯是我的，于是我去拿奖杯，结果给克里斯蒂亚诺的是另一个，这个是给我的。”后来莱奥在麦克风前这样说道。而当被问及他的感想时，莱奥回答说：“其实我觉得很高兴，有这么多人投票，给我这个奖……我一开始时说能够跻身最后三人的行列已经是很美妙的事，我很高兴。这一切对我都是全新的，所以我看着，享受着。”

莱奥·梅西甚至本来不应该出现在颁奖现场。前一个周六在梅斯塔纳球场受的伤险些让他错过这一盛典。在最后时刻，队医予以放行，由俱乐部主席拉波尔塔率领的巴萨一行人才得以前往苏黎世。拉波尔塔代表巴萨领取了国际足联公平竞赛奖。梅西的父亲豪尔赫和哥哥罗德里格也陪他同行。

两天后，在巴塞罗那，豪尔赫和罗德里格找时间谈谈他们的瑞士之旅，奖项和他们最熟悉的这位冠军的很多故事。错失金球失望吗？豪尔赫啜了一口茶说：“只要单看20岁成为世界第二和第三这一点，莱奥已经是足球世界的榜样。只要他继续向前，他还有时间让自己成为第一。”“说实话，你想过自己的儿子能踢到这样的水准吗？”“没有，我从没想过他会走这么远。我曾经很看好罗德里格。他是很好的前锋，在纽维尔老男孩队长大，在科尔多瓦中央队踢过球，作为一线队的储备力量。后来他出了一次摩托车事故，休养了一年之后去智利参加了试训。之后我带他来这里看看能否在西班牙或者欧洲找到一支球队。”

罗德里格说：“区别在于莱奥有一种我不具备的特质：他有很强的意愿，他为了能成为现在的自己付出了很多，做出了巨大的牺牲。我要懒得多，没有那么大的决心。”那么，是谁给莱奥灌输了对足球如此大的热情？豪尔赫表示：“我从来不是那些受挫的足球运动员想不惜一切代价把自己的孩子培养成冠军，我从没想这样。带罗德里格和莱奥去踢球的是他们的外祖母，而不是我。是的，我的确在格兰多利队带过莱奥一年，但是我不是他的老师。我很享受看他踢球。”

那么这种热情从何而来？豪尔赫说：“我踢球的时候就很爱足球。从起床到睡觉一直想着足球，也许这种热爱遗传给了莱奥。”

罗德里格解释说：“我弟弟五六岁的时候，没有任何别的礼物像一个球状物一样让他那么开心。他像所有孩子一样为足球痴狂。但是他懂得坚守自己儿时的热情，追寻自己的梦想。因为他的快乐过去现在都为足球而生。”一位父亲从工人变成孩子的经纪人之后要做些什么呢？“我要在各个利益相关方面前保护他不受伤害，永远为了他好。有些人看上去可以信任，实际上却是罪犯。世上这种人很多。并不容易，我需要学习，也曾经做错过，慢慢的我逐渐管理好了各种事务。”父子关系如何？“很好，除了代沟造成的障碍。我希望自己不是总在他身边，他需要这一点。我想让他和他的同代人待在一起，他的兄弟们、朋友们，比如他的表哥埃马努埃，还有曾在纽维尔老男孩效力过的卢卡斯。我不想让儿子觉得：这个人总是控制我。如果他需要建议我就给他，如果不需要……我就努力不要插手任何事。我跟他说的事情很多时候都看到他这么做了。钱？合同？我们几乎从来不聊这方面的话题，我们更多的是谈论足球，西甲和阿根廷的球队，就像朋友间的闲谈。”

那么和哥哥一起是怎样的呢？“莱奥初到巴塞罗那的那几年我在他身边。日子并不容易，我们觉得很无聊。那是些并不开心的日子，我们靠看电影或者玩 PS 打发时间。后来，慢慢地，他的生活和我的生活都发生了改变。他有时候想出去吃饭。晚上？他不喜欢去泡酒吧。我的确喜欢去酒吧，他只是去吃点东西聊聊天。我们一起度过了很多时间。他很照顾我的大儿子奥古斯丁，他也很喜欢自己的侄女们。他也很喜欢我的妻子弗洛伦西娅做的菜，她做鸡胸脯肉和馅饼的手艺和我妈妈有得一拼。”

我们问及这位家中的掌门人：那些钱没有改变一个球员和他的家庭吗？“我们都不是奢侈的人。莱奥在卡斯特尔德菲斯有一幢两层楼的别墅，四间卧室，一个花园，一个游泳池。我们还像以前那样生活，只是人们看着我们以为我们变了；恰恰相反，变的是他们。他们改变了看我们的眼光……有些人嫉妒一个走到这一步的孩子。莱奥赚的钱我们帮他存起来好让以后他和他的家庭能衣食无忧。”

最后一个问题，必需的，关于他的孩子的未来："我觉得他会很好。他会继续成长，变得更好。"比马拉多纳还好？"世上只有一个迭戈。莱奥是不同的，他们属于不同的时代，但愿他能在最后取得的成绩上接近马拉多纳。"

20. 漫漫金牌路

2008 年 5 月 22 日

“我万分憧憬，因为那是阿根廷国家队的召唤。我一直说我想和我的国家队在一起。那是奥运会……是一个球员职业生涯仅此一次的机会，我能得到这个机会吗？我觉得我有可能去，那样我会很乐意。我会因此和俱乐部产生冲突吗？我不这么想。我相信俱乐部理解我的想法，不会有问题的。”

那是一个灰蒙蒙的周四下午 1 点半。在埃尔普拉特机场附近的巴塞罗那埃斯佩里亚塔酒店人头攒动。这是阿根廷 23 岁以下国家队集训的第一天。“切乔”塞尔吉奥·巴蒂斯塔将带领他的孩子们开始奥运会的征程。队里洋溢着相聚和重逢的气氛——队友之间，球员和教练组之间，还有球员和记者之间，因为记者们为了获得采访的机会已经在酒店大堂守候多时了。

在第一天令人精疲力竭的训练之后，我跟着他们去了阿根廷球员用餐的餐厅；饭后，新闻发布会在巨大的礼堂召开。理论上说，这次发布会只是关于两天后（5 月 24 日周六）将在诺坎普上演的加泰罗尼亚联队对阵阿根廷的友谊赛。赛事广告将之宣传为巴萨两位少年新星的对决，一边，是里奥内尔·梅西；另一边，是博扬·科尔季奇。不过这位 17 岁的利尼奥拉少年并不会出现在场上。加泰罗尼亚联队的主教练佩雷·格拉塔科斯为避免头疼没有招他入队，毕竟之前博扬以劳累为由拒绝了阿拉贡内斯召他代表西班牙国家队出征欧洲杯。而莱奥会出战这场友谊赛，因而在新闻发布会现场，成了全场众多加泰罗尼亚和阿根廷记者面前的主角。“切乔”坐在他身边，看着梅西被那些评论员诸多关于巴萨现状的问题折腾得厌烦，记者们锲而不舍地追问新教练的问题、罗纳尔迪尼奥和德科可能的离队传闻，直到问及奥运会的话题，罗萨里奥男孩很真诚地表达自己想去北京的意愿。他不认为自己错过巴萨的欧冠第三轮资格赛（第一回合：8 月 12 日或 13 日；第二回合：8 月 26 日或 27 日，对手未知）会让俱乐部付出代价。恰恰相反，他坚持说“巴萨不是仅仅依靠我一人赢得比赛。那是一支剑指全部锦标的球队，某一天缺少一位球员不会发生什么”。他很确信俱乐部和巴萨球迷都会理解他的决定。

他错了，而且错得离谱。听听当时新闻发布会现场记者们的评论就能很明显地看出这一点。尽管布宜诺斯艾利斯来的记者们非常满意莱奥选择的立场，很高兴他宣告了自己的奥运梦，重申想和蓝白军团一起摘金的意愿，加泰罗尼亚当地记者都显得很生气。俱乐部刚刚经历了两个黑暗的赛季。冠军一个接一个消失；那个曾经让全世界享受足球的队伍在更衣室的矛盾和谩骂中消失；当家球星星光黯淡，而像罗纳尔迪尼奥已经很多个月没有新闻了；里杰卡尔德，五年来这支交响乐队的指挥告别了球队；曾经将红蓝军团送上欧冠和联赛冠军宝座的天才们离队的消息也已传出；总之，巴萨，作为一家俱乐部和一支球队，都正在艰难地度过一段充满不稳定因素的关键时期。在这样的时候，就让人很难消化莱奥的决定。“可是怎么能……巴萨踢欧冠资格赛的时候他不在场？是谁付他工资？巴萨还是阿根廷国家队？”这时罗萨里奥人即将签下年薪 800 万合同的消息也已见光，非议更多了：“红蓝军团上下都希望围绕梅西重建一支王者之师，他却说声‘回见’就去中国了。要是他受伤了，就像上赛季他两次受伤那样，谁付得起这代价？”

在海斯佩里亚酒店走廊上，听到的都是这些声音。几乎没有人支持巴萨未来 10 号（所有人都打赌他会接过罗纳尔迪尼奥的号码）的决定，毕竟在过去那些漫长不幸的星期里最需要的球员，就这样抛弃了他们。

第二天，加泰罗尼亚各大体育日报上，关于莱奥声明的报道更多了。不过好像大家能理解“小跳蚤”选择的立场。其中的很多都在完成记者职责时想起了国际足联的章程。《每日体育报》这样写道：“在梅西的个案上，巴萨不可能拒绝放行，因为他还不满23岁。”

诺坎普的办公室里佯装不知发生了什么。他们不想在欧冠资格赛阶段失去梅西，他们立刻开始研究规则看看是否存在可能不放球员去阿根廷国家队。莱奥的父亲豪尔赫·梅西在几天后与巴萨的体育总监贝吉里斯坦会面时宣布：“莱奥会做他必须做的事，好不被其中任何一方处罚。”也就是说，是否去奥运会的决定权并不只在他的儿子手中。如果巴萨找到方法阻止他去，里奥内尔就只能妥协，对他的奥运梦说再见。

此时，阿根廷足协与巴塞罗那俱乐部之间持续两个多月的较量才刚刚开始。与此同时，在踢完和加泰罗尼亚联队的友谊赛之后（是“矮胖子”拉维奇用一记他惯常的进球终结了比赛），莱奥匆忙前往阿根廷。在那里等待他的是“椰子”巴西莱和成年国家队。这次行程包括一次小型南美巡回友谊赛和两场2010年世界杯预选赛。巡回赛的第一场，他们对阵墨西哥赢得了重要的胜利；第二场他们在新泽西的巨人体育场与美国队互交白卷。之后就是真正算数的比赛：在纪念碑球场迎战厄瓜多尔，在位于贝洛奥里松特的米内罗体育场挑战巴西。蓝白军团没能闪光：两场艰难的平局。

至此罗萨里奥人完成了国家队的任务，到了度假、拍广告的时候，也到了与罗纳尔迪尼奥重逢的时候：6月28日在委内瑞拉的马图灵纪念碑球场，第二届“梅西之队”对阵“罗尼之队”的慈善友谊赛如期上演。最后比分定格在7比7，两位队友就此告别。

7月2日，塞尔吉奥·巴蒂斯塔公布了出征奥运会的18人大名单。莱奥·梅西位列其中。这场争论看似就此告终。阿根廷足协主席胡里奥·格隆多纳也认可了这一点：“阿根廷足协根据国际足联有关规定征召梅西，意味着奥运会时他会出现在国家队中。如果没有梅西，我就没有球队，他如果不来给我们踢，就为其他俱乐部阻止球员为国效力提供了先例，我们也不希望发生这种事。他为阿根廷踢球天经地义，巴萨已经拥有他一整个赛季了。梅西能和国家队一起踢的比赛本来就很少。”

清楚了，不是吗？但是巴萨完全没有举白旗的意思。“我们做了通报，我们和阿根廷足协一直在开会，最后，看看规则怎么说。如果保护我们，那梅西就要来踢欧冠资格赛。”贝吉里斯坦坚持说。

7 月 15 日巴萨结束夏休恢复训练，新来了佩普·瓜迪奥拉，没有了罗纳尔迪尼奥。巴西人距离穿上米兰的红黑剑条衫只差体检了。这场转会让他得以参加奥运会。巴萨原本拒绝放他去为巴西队征战，因为罗尼是超龄队员，国际足联无权强制要求俱乐部放 23 岁以上的球员参加奥运会。但是贝卢斯科尼的球队决定放他参赛。“他多幸运啊”，莱奥大概会这么想，他还不知道命运会带给他什么。“俱乐部没和他讨论这件事，这次谈判只在巴萨和阿根廷足协之间进行，而莱奥，”母亲塞莉娅说，“不说，也不问。他只是等着他们告诉他结果。”当时，他去苏格兰的圣安德鲁斯参加巴萨的季前训练。那是 7 月 21 日。两天后，莱奥就应该出现在东京与国奥队会合：29 号将上演阿根廷与日本的友谊赛。但是巴萨不同意。他们向阿根廷足协要求在俱乐部美国行和欧冠资格赛第一回合之后再放行。显然，如果协商结果如此，梅西会错失奥运会小组赛阶段的头三场比赛，但是如果阿根廷顺利晋级，至少他能出现在 1/4 决赛的赛场上。这个提议阿根廷足协完全不予考虑。他们最多能接受莱奥跟随巴萨完成部分季前训练，在阿根廷奥运赛场首秀之前与国奥队会合。他们完全不考虑梅西不来奥运会的可能，以为巴萨并不想真的与他们、与国际足联，特别是与球员本人针锋相对。毕竟梅西从一开始就表现出想参加奥运会的愿望。

7 月 23 日，约瑟夫·布拉特在这场肥皂剧中加入了自己的戏份，这位国际足联主席说："国际足联一直强制要求俱乐部放行23岁以下球员。这条规则对北京奥运会同样适用。阻止23岁以下球员代表国家队参加奥运会决赛阶段的比赛可以理解成俱乐部对奥运精神的侵犯。"但是这还不是最后的决定，因为西班牙职业足球联盟可以反驳说："不存在任何法律条文规定俱乐部必须放行球员。与奥运会女子足球赛不同，奥运会男子足球赛并没有包含在国际足联为2008年至2014年制定的国际比赛日程安排里。"

拉扯之间，感到气恼的是里奥内尔。他很紧张，队友们说他"有点奇怪"。在苏格兰集训的时候，他甚至在训练中队友一次严重放铲之后，和拉法·马尔克斯吵起来。佩普·瓜迪奥拉不得不出面调停，缓和事端，让心情糟糕的莱奥别再计较。这是一件小事，一件傻事，却打动了巴萨的新任主帅。瓜迪奥拉把这个孩子带到一边，想知道发生了什么，为什么他心情不好，为什么他不高兴。瓜迪奥拉告诉他自己不想看到他这样，他希望莱奥能在巴萨快乐地踢球。寥寥数语已经足够让莱奥说出实情。他强硬而清楚地说，他想去北京。瓜迪奥拉向他许诺一定尽全力实现他的愿望。第一场对阵希伯年队的友谊赛（巴萨6比0大胜，"小跳蚤"贡献一记精彩的进球）赛后，主教练开始摆明自己的立场。瓜迪奥拉说："到最后，这场拉锯战伤害的人是莱奥。已经这样两三个礼拜了，有的人这样说，别的人那样说。布拉特应该坐下来好好研究一下规则然后决定：莱奥是留下来和我们一起，还是去奥运会。"尽管受到如此要求，国际足联的决定还是足足拖了6天才下发。在这期间，巴萨踢了第二场友谊赛，对阵邓迪联队，梅西打入3球。赛后，俱乐部主席拉波尔塔重申俱乐部的立场和他们提供给阿根廷足协的协议内容，表示如果国际足联的裁定结果对巴萨不利，俱乐部将"上诉到国际体育仲裁法庭要求他们重新审核我们的请求"。

也就是说，拉锯还在继续。距离阿根廷的奥运亮相只有不到一周了，没人知道莱奥能否成行。在阿根廷和西班牙各大体育报纸的网站上充斥着问卷调查，阿根廷《号角报》问读者：“您觉得阿根廷国家队要继续等待梅西吗？”显然大家都厌倦了这场肥皂剧，有 70% 的读者都斩钉截铁地选择了“不”，只有 29% 的人选择继续等待。

几天后，大西洋这边的西班牙《国家报》发起调查：“巴萨应该怎么办？让梅西去踢奥运会还是留他踢欧冠资格赛？”73% 的读者选择了放梅西去参加奥运会。

7 月 30 日，莱奥终于开口了。此前，他长久的沉默引发了各种不同的反应。比如，加比·巴蒂斯图塔回护他说：“他什么都不说是对的，因为奥运会后他还得继续为巴萨和国家队效力。”而马拉多纳则更有攻击性地说：“他得自己做决定。是时候让他变得更像个男人了，这是个成长的好机会。当然，巴萨对他抱有很高期望，所以才给他 10 号球衣，因为他们爱他。他们给他 10 号可不是因为他是个伟大的演员，而是因为他是个现象级的球员，一名伟大的球员。”而他的家人有些不知所措。豪尔赫·梅西说：“这是一场围绕球员展开的利益之争。他们在用我的儿子当炮灰。对一个 21 岁的足球运动员而言，他不能伤害任何一方，不然最后不知该如何收场。要让球员自己做决定简直是疯了。那些人不达成一致，我们不知道该做什么。”

最终，在随队前往佛罗伦萨与“紫百合”踢友谊赛之前，莱奥说出了自己的想法和他准备做的事。“如果国际足联说我不必去，我就不去；如果说我必须去，我就去，我不想再等国际体育仲裁法庭的决定了，不然，对我在国家队的队友和教练组而言就太迟了。”

而国际足联在几个小时后决定梅西必须去奥运会。“球员地位委员会唯一的鉴定人、突尼斯人斯利姆·阿劳劳已做出裁定，强制要求俱乐部放行 23 岁以下球员参加 2008 年北京奥运会男子足球比赛。”苏黎世传来的判决这样说。

这条消息对阿根廷国奥队指挥部而言是莫大的宽慰。“幸好在这么多兜兜转转之后，他们还是站在了我们这边。”塞尔吉奥·巴蒂斯塔说。

而佩普·瓜迪奥拉在3比1战胜佛罗伦萨之后说：“没有梅西我们也会继续活下去的。当然，有梅西我们会更加强大。但是如果最后他赶回来，球队还是会晋级欧冠正赛。等他回来的时候，我们会张开双臂迎接他。”

俱乐部的官员则是完全不同的态度，他们没有改变主意，立刻向国际体育仲裁法庭提起上诉。与此同时，俱乐部开始美国行，而莱奥在许诺如果上诉结果有利巴萨就立刻归队之后，启程前往中国。

8月1日，莱奥抵达上海，重拾丢失已久的平静。训练中终于又可以看见他的笑颜。和参加2005年20岁以下世界青年竞标赛时一样，他和阿圭罗同住一个房间。成百上千场PlayStation比赛，最大音量的昆比安巴舞曲。两人相处甚欢，都很放松，随心所欲。“切乔”终于可以松口气了。他第一次见到莱奥是在巴塞罗那对阵加泰罗尼亚联队的比赛之前。当时训练很少，哪怕是和队友，不过现在，很幸运他有可能打造一支团队了。巴蒂斯塔已经考虑了很久该把他放在什么位置上：“我希望梅西更多地在中路得到机会，而不像在巴萨那样在边路进攻。希望他能创造自己的足球，在里克尔梅身前，阿圭罗身后。”而“小跳蚤”则对媒体说出了自己的梦想：“对我，对所有阿根廷球员，如果能夺得锦标将多么美好。我们来就是来赢金牌的。我们会一步一步慢慢走，但愿最后能如愿以偿。”他否认自己和里克尔梅之间有任何问题（在成年国家队对阵巴西的比赛前，坊间流出阿根廷10号和罗萨里奥人之间对立的传闻）。尽管人们都将信将疑，他还是坚持说自己和罗曼之间的关系一直很好。而对于此前巴萨和国家队的争端，他解释道：“巴蒂斯塔很理解我，队友们也是，他们并不介意等我。希望这种情况不要再重演了。”事实却非如此。

8月6日，A组首战——阿根廷对阵科特迪瓦的比赛前夜，国际体育仲裁法庭裁定巴萨胜诉。“奥运赛事不在国际足联规定的官方国际比赛赛程内，因此国际足联执行委员会无权强制要求俱乐部放行23岁以下球员参加奥运比赛。”仲裁法庭的决议这样说。但是，随即它们请求各方“考虑到球员希望代表国家出战奥运会的愿望，找到合理的解决办法”。那么各方的反应如何？格隆多纳第一个发表意见，明确表示“梅西不走”。塞尔吉奥·巴蒂斯塔随即确认“明天他会登场”。莱奥呢？他对裁决未置一词，似乎尽管他已经做好准备归队，心里却完全不想再回巴萨。

“切乔”说：“他对我说他想留在国奥队，请求巴萨体谅他的处境。”贝吉里斯坦却没有表现出理解：“为了我们的球迷，我们希望里奥内尔·梅西和俱乐部站在一起。”拉波尔塔非常满意巴萨在法庭上的胜利，要求球员立刻归队。但是在此之前，曾经在1992年巴塞罗那奥运会上尝过金牌滋味的瓜迪奥拉想先和莱奥说话：“我想听听他的想法，然后我们再做决定，我不能在没听过球员的意见之前就直接传达一个消息。”紧接着发生的就是纽约（巴萨在那里用一场对阵红牛队的比赛结束美国之行）和上海之间漫长的越洋电话。莱奥·梅西请求瓜迪奥拉帮助他：他想留在中国，想参加奥运会。佩普向他保证会找到解决办法。说到做到。在坐落于纽约第五大道和53号街转角的圣瑞吉酒店套房里，瓜迪奥拉说服了拉波尔塔和贝吉里斯坦。梅西可以留在北京了。当然不是全无条件的：第一，阿根廷足协必须承担一份医疗保险以防梅西受伤（在沙尔克04和云达不来梅为拉菲尼亚和迭戈与巴西足协签订的协议中也出现了这一条款）。第二，格隆多纳必须亲自保证梅西整个赛季都不必再参加国家队的任何友谊赛。将巴萨的这一决定转告梅西的人是瓜迪奥拉。从纽约起飞前几分钟，他在飞机上给梅西拨去电话，对他说：“你可以留下了，好好享受吧。”

8 月 7 日，红蓝军团回到巴塞罗那。轮到贝吉里斯坦和瓜迪奥拉一起发布对梅西事件解决办法的官方声明。主教练说：“他的处境很难，他表达过想和我们一起完成季前训练的愿望，但是到了北京以后，他私下请我不要把他召回巴塞罗那。我注意到他情绪很紧张。他和他的家人都承受了太过剧烈的压力。我发现他在这种情况下很不舒服，而且要是他心在北京，我也没法把他带回来。漫长的连续剧过去，现在这样最好，他踢球，他享受足球，他很快乐，满意地回来。巴萨球迷知道他们拥有一名伟大的球员，等他回来的时候，还会上演奇迹。人们会理解的。”

半小时前，梅西穿着阿根廷 15 号球衣踏上草皮，迎战科特迪瓦。他证实了自己出现在奥运会赛场有多重要。上半场比赛临近尾声时，他接到里克尔梅 40 米外长传，加速，几乎从点球点将球精巧地打进。在距离全场比赛结束只剩 5 分钟的时候，似乎比分要定格在 1 比 1（西塞打入扳平的一球），“小跳蚤”在禁区线上与罗曼一次任意球快发配合射门。劲爆的进球。非洲大象军团的守门员将球扑到阿科斯塔脚下，后者轻松破门将比分改写为 2 比 1，此前正是他将球队带入奥运会决赛圈。

终场前，巴蒂斯塔将莱奥替换下场，让他有机会听到中国球迷送上的掌声。整场比赛，观众都在为他鼓掌，当他的照片出现在奥林匹克体育场的大屏幕上，整个看台不理同时奏响的阿根廷国歌，开始喊起“梅西，梅西”助威喝彩。在中国，他是最知名的运动员之一。从他的球衣到他代言的百事可乐都销量很好，孩子们想像他一样。他的人气在奥运会期间不断攀升，在国际足联的调查中他位列知名度最高的球员行列；而奥运会结束之后，他还会被 MyBestPlay 网站的网民选为奥运会最有价值足球运动员，与他比肩的是像游泳天王迈克尔·菲尔普斯和世界上速度最快的人博尔特这样的运动员。不过让我们暂时忘掉这些，回到首场比赛赛后。与足球相关的溢美之词占据了赛后采访的主要时间，还有解决争端后的快乐。这次轮到莱奥开口感谢瓜迪奥拉："他当过球员，知道在这种时候球员会怎么想，他知道我当时在很困难的处境中，他从一到巴萨就支持我，从我第一天和他说话的时候。他的表现可以打满分，我非常感激他。"结束了这个话题，思绪转向他的好友罗纳尔迪尼奥领衔的巴西队，他们是夺冠的另一大热门。"如果我们最终在决赛中对阵巴西，那会很难，因为罗尼在。当然赢得决赛总是美好的，尤其是赢巴西。""小跳蚤"开玩笑说，不过此前他们首先要面对"澳大利亚，一个艰难、强硬的对手，制空能力超强，会为比赛做充分规划和准备。比赛会非常困难"。

事实的确如此。阿根廷至少在上半场踢得比首场比赛好，创造了一些破门良机，但始终未能攻破袋鼠军团守门员费德里奇的十指关。比赛结束前 15 分钟，上海八万人体育场的比分牌依旧显示着 0 比 0。此时，里克尔梅和梅西之间快速地传接配合，罗曼将球传向左路的迪玛利亚，后者传中，拉维奇将其转化为进球。制胜球。

世界的另一端，两天之后，巴塞罗那在没有梅西的情况下也赢了，他们在欧冠第三轮资格赛第一回合中 4 比 0 战胜华沙克拉科夫队。红蓝军团之前的担忧消解了。而在中国，已经提前将八强收入囊中的阿根廷搬进了北京的奥运村。在那里，梅西有了很多奇遇。乌斯塔里说："我们正在吃饭，忽然看到一个人拿了可乐坐下来对我们说'你们好，我是科比'——他说的是西班牙语。他找到梅西说了会儿话，我们则抓紧时间和他合影。告别的时候，他做了一个脱帽致敬的动作，盯着莱奥，对他说：'梅西，你是最好的。'我们全都石化了。拉法·纳达尔也来了。和莱奥在一起简直没法散步，每走一步都会被拦住。"

当然他们在北京不只是与名人相遇，他们还需要面对塞尔维亚。

是役，"切乔"让莱奥轮休，雪藏里克尔梅和阿圭罗（尽管他们进入了大名单），将位置交给替补球员们。7 个人员调整，一场大变动，而结果则是胜利。拉维奇的点球和博纳诺特的任意球破门助阿根廷 2 比 0 取胜，他们在奥运赛事上已经豪取九连胜（打破了 80 年前乌拉圭创造的纪录）；小组第一出线。唯一受伤的人是现场的 7 万名观众，他们来北京工人体育场是为了看梅西踢球。上半场比赛期间，球场一直回荡着他的名字，而比赛结束后，当观众们看到"小跳蚤"始终没有出场，就开始嘘阿根廷国家队。最后，国家队主教练不得不辩解说："中国球迷得理解我们来这里是为了一个目标，是为了拿金牌。今天不只是梅西没有上场，里克尔梅、阿圭罗、加雷都没踢。我是为阿根廷着想。如果这让球迷们生气了，很糟糕。我请求他们的原谅。"

下一场比赛是 8 月 16 日对阵荷兰，依旧在北京工人体育场。马拉多纳也出现在看台上支持球队，为他女儿吉亚尼娜的未婚夫阿圭罗加油。这场比赛不能犯错。莱奥明白这一点，所以奉献了一场精彩绝伦的表演。《号角报》这样描述道："这个天才在国家队比赛中可以满足我们几个愿望？故事里说是三个，也许巴蒂斯塔的球队开始因为对于这位魔幻巨星的依赖，巴蒂斯塔的球队以至于都开始无法施展全部的能量。今天他又一次闪光，用一个漂亮的进球和一次绝妙的传球。荷兰差一点就要夺去我们重夺奥运金牌的梦想，而他解决了原本困难的故事。"那么这一次"小跳蚤"做了什么？他解决了一场无比复杂的比赛。怎么解决的？他过掉后卫，又晃过门将，劲射破门，绝望的荷兰人根本来不及阻止。1 比 0。之后，加时赛上半场第 14 分钟，他为迪马利亚创造了完美的助攻，后者得以踢出一脚强有力的射门，皮球划出一道下坠弧线，将比分锁定在 2 比 1，而阿根廷闯入半决赛，即将迎战巴西。

这是一场经典大战，提前上演的决赛，是阿根廷为最近几次耻辱（2004 年美洲杯、2005 年联合会杯、2007 年美洲杯三次决赛败北）复仇最公平的机会。奥运卫冕冠军阿根廷对阵从未拿过奥运金牌的巴西；莱奥梦寐以求的比赛，尽管他希望那出现在决赛中。如果这还不足够，这场比赛还意味着莱奥和罗纳尔迪尼奥的较量：两个好朋友，俱乐部前队友，年轻才俊对抗前金球奖得主，现在对抗过去，今日之星对抗浴火重生的冠军，这样的表单无穷无尽。对于他们谁更伟大的论战开始了，每个人都有自己的看法。甚至连阿圭罗也掺和进来："如今的里奥内尔比罗纳尔迪尼奥更强大，他是世界上最好的球员。"

利益相关方则避开了这个话题，但是在大量问题面前他也没有退缩："我不是给出结果的人，但是罗尼：金牌是阿根廷的！那是我的梦想，是阿根廷全队的梦想。现在就更是这样，为了乌斯塔里，为了我的好朋友（乌斯塔里在对阵荷兰的比赛中受伤将不能出战守门）。会很艰难，打巴西总是很难。我们两支队在四分之一决赛时都打了漫长的加时赛，造成了很大的体力消耗。巴西是一支伟大的球队，但是我们的也很强大。我们为我们自己而战，为了夺取金牌，最近的一次决赛他们赢了。我至今还为美洲杯决赛恼火。这次该轮到我们了……"的确，这次轮到阿根廷获胜了，不过是以一种没有人预想到的方式。他们横扫、羞辱、嘲弄了巴西。阿圭罗梅开二度，并参与了第三球（里克尔梅主罚的点球是他制造的），他用在嘴里叼着奶嘴（为即将出世的儿子）庆祝进球，这样的欢庆更加凸显了邓加的球队的可怜和罗纳尔迪尼奥的没落。《国家报》写道："今天，罗纳尔迪尼奥就像是个假人，更多的是做鬼脸、微笑聊天和其他的挤眉弄眼，只能博得像中国这样足球方面比较初级的观众的掌声。他的衰退以夸张的程度改变着他，足球已经不能为他提供舞台，除了那个和他行动一样迟缓的皮球：就这样他还能犯规。"对于这位曾经是世界第一的球员来说，这是一幅怎样冷酷无情的肖像。但是更加无情的是第二天在世界各大媒体刊登的照片：罗尼穿着 10 号的黄色球衣，戴着队长袖标，低头在他的小兄弟梅西的拥抱里寻求安慰。里奥内尔踮起脚安慰自己的偶像。这张照片里有太多温情，也有太多忧伤。这场比赛中没有太多表现的莱奥赢得了期待已久的胜利，他很开心。而罗尼只想藏起自己，在地球上消失。赛后他说："我很伤心，非常伤心。"对他而言，这本是一次东山再起的机会，他却失败了。而莱奥，飞向金牌之路的终点。

8月23日周六正午12点（阿根廷当地时间凌晨1点），在俗称鸟巢的国家体育场，奥运会足球比赛决赛打响。对手是尼日利亚，一如1996年亚特兰大奥运会决赛，一如2005年荷兰20岁以下世界杯决赛。当年在美国的那届奥运会上，卡努领军的尼日利亚用一场3比2的胜利带走金牌，那场比赛被国际足联评为百年奥运足球史上最精彩的十场比赛之一。阿根廷人2005年在荷兰实现复仇。那一次，击败非洲绿鹰的主角就是里奥内尔：两粒点球。有15名参加了那场决赛的球员（包括梅西和阿圭罗）都出现在北京的赛场。"我们会赢的，毫无疑问，2比0会很完美。"迭戈·马拉多纳预言道。一切没有这么容易……

炎热的天气令人难以忍受，以至于上半场进行了30分钟之后，当值主裁匈牙利人维克多·卡萨伊不得不像篮球一样要求一个死球时间好让两支球队休息片刻。在下半时比赛又场间休息了一次。草皮很硬很干，绿鹰之师跑遍全场。梅西和阿圭罗独自顶在前面。身材矮小的他们在传接球中的跑动无法撼动非洲巨人。里克尔梅发挥不佳。中场球员加戈和"小将军"马斯切拉诺努力着。比赛很糟糕，平淡、无聊，进行缓慢。直到第57分钟，双方球员的争执中，皮球弹向中场，梅西重新拿球，转身，为迪玛利亚送出一记落点极佳、穿透性极强的传球。而这位前罗萨里奥中央队球员，如今效力于皇家马德里的迪玛利亚成为这场比赛的救世主。他在左边路一路畅通无阻，到达禁区线边缘时，面对绝望地冲上来抢断的守门员范泽金，灵光一现，将球用左脚轻轻挑起，皮球轻快地穿过北京沉重的空气。尼日利亚守门员无能为力，只能一动不动地站在小禁区里看着皮球在网袋里跳动。这粒大师级的进球绝对配得上金牌。四年之后，阿根廷又一次站上了奥运会的最高领奖台。梅西拥抱着阿圭罗，疯狂地庆祝成真的梦想。他击败了众多规章上的反对意见，战胜了所有阻止他体验这场童话般胜利的理由。他大声地说："在之前所有的纷纷扰扰之后，为了来这里付出的一切都值得。这是一次难忘的经历。"

21. 最快乐的一年
2009年5月27日

在从莱克星顿大道到第五大道的路上，一个乐天派的巴基斯坦裔出租车司机向他的乘客赠送自己的人生哲学："要想让你周围的人快乐，你首先要做个快乐的人。快乐取决于你，"他转过身面向他的乘客，用食指点着自己的头说，"就是这样，要想让身边的人和这个世界都快乐，一切都取决于你。"也许莱奥也感受到了曼哈顿的喧闹中传来的福音，可以确定的是，他最快乐的一年正是从纽约开始的。在这里的第五大道和53街的路口街角，圣瑞吉酒店的总统套房里，瓜迪奥拉说服拉波尔塔和贝吉里斯坦让梅西留在北京，让他得以参加奥运会。这毫无疑问成为梅西最大的动力，"小跳蚤"和红蓝军团新任主帅之间生出一种特殊的联系。

梅西的父亲豪尔赫说："在北京拿到奥运金牌的那刻，一切就这样开始。他从没有这样快乐过。如果这是佩普想要的，那么他得到了。"而瓜迪奥拉则承认说："我不知道……我看到他非常高兴。我想我们做到了。"是的，这位少帅很清楚地知道，要想让"小跳蚤"使所有巴萨球迷快乐的关键是他自己首先快乐起来。这一点，他做到了。巴萨的体育总监贝吉里斯坦也确定地说："如果他看见你时跟你开玩笑就意味着他很高兴，如果他刻意不看你而是看向别处，那就是发生了什么。这一整年他一直在和我，和所有他碰见的人开玩笑。"他的队友们也这样说。哈维说："一个人只有像他那样踢球的时候才算是快乐满足的。"队长普约尔补充说："他是很快乐，不过我也见过他发脾气的样子。你是不知道赢不了冠军他会是什么样！"不过这样的事在2008至2009赛季从未发生过，因为巴萨捧回了所有的冠军：联赛、国王杯和欧冠，这是第一支豪取三冠王的西班牙球队，放眼欧洲也只有六家俱乐部曾经有此壮举。此外，他们还夺得了西班牙超级杯和欧洲超级杯。莱奥创下自己职业生涯进球新高：他在联赛中打入23球，在迭戈·弗兰、萨穆埃尔·埃托奥和大卫·比利亚之后排名第四。而且他还打入了巴萨俱乐部历史上的第5000个球，那是在2009年2月1日客场挑战桑坦德竞技的比赛。是役，莱奥一人独中两元为巴萨带回一场胜利。此外，梅西在国王杯中打入6球，成为杯赛最佳射手，而且他只踢了452分钟（即每75分钟一球），两回合西班牙超级杯比赛中他也有两球入账。欧冠比赛中，莱奥打入9球，是当赛季欧洲战场进球最多的球员。与前两个赛季不同的是，他单赛季出战51场比赛，从来没有受过重伤。除此之外，还要加上个人荣誉。他力压弗兰、达尼·阿尔维斯和卡努特当选由西甲各队教练评出的西甲最佳外援。而在欧冠最佳球员和最佳前锋的评选中，他也受到了欧冠16强各位主教练的青睐，战胜克里斯蒂亚诺·罗纳尔多将两座奖杯揽入怀中。当然，他所在的梦之队那个赛季的惊人战绩帮助了梅西获得这些荣誉，但是自从梅西穿上10号球衣的那刻起，他就一路向前，在更衣室和球场上都不断提升着自己的重要性，他付出了所有，而且是用最简单的方式。巴萨后卫皮克说："我认识他那年他14岁，这些年他始终如一不曾改变。他从来没觉得自己是最好的，但是他一直知道我们所有人都认可他是最好的。"

在蒙特卡洛格里马尔迪会议中心，梅西优雅地穿着深色西装，配以相衬的领带和白色衬衫，在接受了2008至2009赛季欧冠最佳球员的荣誉之后说道："这是令人印象深刻的一年，简直太过瘾了！"而当有人问他哪个瞬间最神奇时，他回答说："有太多美丽的瞬间，让我只挑一个是不可能的。"

既然冠军本人在这么多快乐的时刻里不知如何选择，那么让我们来试一试。

2009 年 5 月 27 日，罗马奥林匹克体育场

欧洲冠军杯决赛：巴塞罗那—曼联

尽管此前梅西已经有一座欧冠冠军奖杯，那却从来不曾真正属于他。因为 2006 年 5 月 17 日决赛当晚，他并没能出现在巴黎圣丹尼斯球场的草皮上。“小跳蚤”没能得到队医可以踢球的许可，尽管他一次次重申自己已经好了，自己的肌肉伤已经不疼了。他在看台上看完了球队与亨利领军的阿森纳的较量。而当全场达到欢乐的顶点，在所有人疯狂拥抱庆祝的时候，梅西将自己关在更衣室里生气。还是他的朋友德科和罗纳尔迪尼奥把他拉出来让他看看这场胜利也是属于他的。不过朋友们的意愿没太成功，因为对梅西而言，只有场上比赛了才能感觉自己像个冠军。

这一次，一切都不同了。莱奥深知并感受到这一点。他做出了决定性的贡献，才将巴萨带入在罗马举行的决赛。他以 8 粒进球领跑射手榜，亨利以 5 球紧随其后，之后是打入 4 球的贝尔巴托夫、鲁尼和克里斯蒂亚诺 · 罗纳尔多。梅西在小组赛阶段就已有 5 球入账。在巴萨远征乌克兰挑战顿涅茨克矿工队的比赛中，他独中两元为巴萨力挽狂澜，而客场对阵巴塞尔的 5 比 0 大胜中他贡献一球，回到诺坎普再入一球。最后一球是在对阵里斯本竞技时打入的。葡萄牙人在那场 2 比 5 的主场惨败中因为梅西的强大进攻力而备受折磨。在淘汰赛阶段，里奥内尔再入 3 球，都是在诺坎普的主场球迷面前：一球是在八分之一决赛迎战里昂时打进；两球是面对拜仁慕尼黑的四分之一决赛。毫无疑问，那场比赛是整个赛季最华丽炫彩的表演。对阵切尔西的半决赛，“小跳蚤”没有进球，安德烈斯 · 伊涅斯塔用第 93 分钟的一脚惊天怒射成为红蓝军团的英雄，不过将球以一个半月形的弧线精准地送到巴萨 8 号右脚的正是莱奥·梅西。总之，巴萨10号用夜以继日的努力赢得了成为主角的权利。决赛交战双方分别是各自联赛的冠军：2008至2009赛季的西甲冠军对阵英超冠军。两支球队都是群星荟萃，所以首发阵容值得一提。巴塞罗那：巴尔德斯、普约尔、亚亚图雷、皮克、西尔维尼奥、布斯克茨、哈维、伊涅斯塔、梅西、亨利、埃托奥。曼联：范德萨、奥谢、维迪奇、费迪南德、埃弗拉、朴智星、安德森、卡里克、鲁尼、吉格斯、克里斯蒂亚诺·罗纳尔多。

这场决赛也是经验无限丰富的“爵爷”弗格森和当赛季横空出世的少帅佩普·瓜迪奥拉之间的对决。这是一场整个欧洲足坛都梦寐以求的决赛，两支球队共同奉献的最好的可能，上演了欧洲大陆最美丽的交锋。这是莱奥口中“我职业生涯最重要的一战”。这句话他是在登上前往罗马的飞机之前说的。这是他第一次去这座“永恒之城”，作为一个不爱旅游的人，此前他从未去过罗马。而这一次，他去意大利首都只为赢得冠军。尽管采访中他说：“曼联配得上冠军。所以如果说在这样的对决中一方更有优势——这种情况不太常见——那这次的热门是他们。”

媒体热炒这场决赛时克里斯蒂亚诺·罗纳尔多和莱奥·梅西之间的伟大对决。两人在欧冠比赛中的各项数据被拿出来比较，人们都坚称罗马会是他们的金球奖之战。“小跳蚤”也许有机会超过他的对手，葡萄牙人在2008年12月2日以165分的优势捧得《法国足球》金球奖，2009年1月12日又获得国际足联颁发的世界足球先生，确定了世界第一的位置。不过直接利益相关方却表示对此不感兴趣：“（这种比较）对两支伟大球队而言太过简化而缺乏尊重，巴萨和曼联是目前足球踢得最好的球队，阵中都有其他很多决定性的球员。”简而言之，莱奥并不考虑任何与克里斯蒂亚诺之间关于谁更优秀的讨论。“他一定和我想的一样，重要的是球队能够捧杯。唯一可以确定的事情就是谁在罗马称王谁就是欧洲最好的球队。”

的确如此，但是这两名球员知道全世界的目光都聚焦在他们身上。克里斯蒂亚诺·罗纳尔多在经历了一个不太闪光的赛季之后急切地想展示自己仍是世界第一，一开场后他就火力全开。第1分钟：距离球门32米的任意球。葡萄牙人惯常地退后五步，以左腿支撑平衡，射门。势大力沉的皮球旋转着飞向门将的胸口，巴尔德斯扑球脱手，皮克仓皇解围；角旗处，韩国人朴智星。克里斯蒂亚诺双手抱头。在梅西还没碰到皮球之前，曼联七号上演了一场独奏会：三脚射门，还造成皮克因为阻挡犯规吃到黄牌。曼联最好的进攻都来自克里斯蒂亚诺的脚下。而里奥内尔花费了些时间才找到比赛的节奏。他的父亲豪尔赫也看到了这一点："我发现莱奥在好一段时间都游离在比赛之外，直到我们打入第一球我才开始看到他慢慢进入比赛节奏。"事实上直到开场9分钟埃托奥的进球为巴萨取得领先之前"小跳蚤"都没有出现。右路起球传中，30米外滑铲：很高，差一点。梅西司职影子前锋，负责吸引对方中后卫让他们失位。弗格森后来评价说："他让我们很惊讶，这样的位置让我们很难应付。"的确如此，因为阿根廷人每一次拿球都会让曼联防线非常头疼。巴萨开始主导比赛，而对罗萨里奥人而言，尽管这并非他状态最好的夜晚，很难突破白色球衣站成的森林，却也踢得越来越好。曾在2009年4月的半决赛中为曼联赢得决赛门票的法国左后卫埃弗拉在这场可预见的较量中输给了梅西："梅西如饥似渴，比去年更加成熟。"他说得不无道理：莱奥的传球成功率高达84%，传球路线越来越近乎完美，让吉格斯这样的老将赞叹不已："看到他怎么带球传球简直会看傻掉。"比赛第70分钟，"小跳蚤"高高跳起触碰到罗马的夜空。个子最小的他（有必要提一句他1米69的身高）成为场上的巨人。

【动作回放】哈维抢断曼联后卫的短传，带球逼近禁区，抬头看看，送出高速旋转的传中，轻柔而精准。梅西在对方几名后卫的夹防下，高高跃起，一记头槌将球送进球网。2比0。

【复盘解释】“哈维起脚时我已经站好了位置，因为我想到他会往这踢。我看到范德萨站位靠前就向上顶球。”

【画面定格】梅西在空中静止，跳得很高很高，在回头望。皮球划出一道抛物线仿佛要飞出横梁。范德萨身着黄色球衣站在靠前的位置瞠目结舌地盯着皮球，眼神流露出恐惧。里奥·费迪南德在很近的地方，他比阿根廷人高出 20 厘米，面对莱奥的空袭却无能为力。

【瓜帅预言】很多人打赌巴萨 10 号会在决赛中进球。庄家开出的赔率很低。但是很少有人料到他的进球会是头球。迄今为止他只打入过两粒头球。决赛之前用剪辑自电影《角斗士》的视频鼓励队员的佩普·瓜迪奥拉是唯一准确预言了这粒头球的人。在 2009 年 2 月 1 日对阵桑坦德竞技的联赛赛前发布会上，当被问及梅西作为世界最佳球员是否欠缺头球技艺，瓜迪奥拉这样回答：“我建议你们不要企图一试，因为有一天他会打入一记伟大的头球，让你们都闭嘴。”

【轶闻趣事】比赛时和妻子塞莉娅一起坐在包厢里的豪尔赫·梅西说：“我没看到我的儿子的进球，那一刻我低下了头，不知道是不是因为紧张。后来我在电视上看了回放，我从没见过他跳得这么高。但是，他是什么时候弄掉鞋子的？”因为进球后，他的儿子在被队友的拥抱淹没之前，举着他崭新的蓝色战靴后退着跑向祖国阿根廷的方向遥遥致意。当时在奥林匹克球场的两万巴萨球迷吟唱着梅西的名字。比赛结束后，他第一个拥抱的人是瓜迪奥拉——这个最宠爱的人——一切都是献给他的。而这场决斗的另一位主角呢？克里斯蒂亚诺·罗纳尔多呢？他与鲁尼争吵着，因为对普约尔无谓的犯规吃到黄牌，最终无力而混乱地结束了这场比赛。赛后他伤心地说：“梅西和我之间没有什么比赛可言，但是他的球队比我们踢得好，他也是，因为他进球了。”

这是败者向胜者致敬。这一次是的，莱奥觉得这座大耳朵杯是属于他的。他亲吻它，拥抱它，敬拜它，他抱着它在球场绕圈，和队友、朋友及家人一直庆祝到凌晨3点。“我觉得自己是世界上最幸福的人。简直是在醒着做梦，这是我一生中最重要的奖杯。我把它献给我的家人和我的祖国阿根廷。这支球队拼搏了整整一年，配得上这一切。”梅西说。全世界的媒体都承认，巴萨踢出的是美丽精妙的足球。不过报纸头版的大幅照片和标题都属于“小跳蚤”。《罗马体育报》的标题是“梅西，欧洲之王”；《米兰体育报》则用了“超级梅西”；布宜诺斯艾利斯的《民族报》的标题是“梅西和巴萨登上世界之巅”，布宜诺斯艾利斯体育日报《奥莱报》则在莱奥抱着奖杯的照片上写道“别逼我头球”。伦敦的《泰晤士报》头版标题说“对曼联而言完美的梅西太强大了”，他们和西班牙《国家报》用了同一张照片——梅西双手指天奔跑着，《国家报》的标题陈述了一个毫无争议的事实：“梅西是最好的。”没人会有异议。

2009年5月2日，圣地亚哥·伯纳乌球场，马德里

联赛第34轮：皇家马德里—巴塞罗那

没有颜色，没有比赛，没有余地。两个无法比较的世界。两种理解足球的方式，只是当最后二者相遇的时候，不存在任何有意义的排名，也没有可以依赖的一系列积极结果。在伯纳乌球场的草皮上，事实残酷地以纯数字的方式呈现：皇马2比6负于巴萨。这是白衣军团球队历史上遭受的最大羞辱。巴萨从来没在伯纳乌一场打入6球，与此最接近的结果是1974年的5比0，当时巴萨的领军人物是巅峰时代的克鲁伊夫。这一夜，在比赛前，皇马主教练胡安德·拉莫斯和他的队员们都以为他们可以取胜。他们想着靠这场比赛将与巴萨的分差缩至1分，好在最后四轮完成联赛冠军大翻盘。这样积极的理由是，2008年12月13日巴萨在诺坎普依靠埃托奥和莱奥的进球2比0战胜皇马的时候，首都球队在积分榜上被甩开12分之多。此后负于皇家社会的比赛直接导致主席卡尔德隆引咎辞职。此后，皇马却开始冲击纪录：他们连续18轮保持不败，在所有可能的54分里足足拿了52分。尽管在欧冠中他们八分之一决赛即遭贝尼特斯执教的利物浦淘汰，皇马对联赛冠军仍然抱有希望。的确这支巴萨和联赛中已经打入21球的梅西令人胆寒，不过皇马主帅在被问到是否考虑复制希丁克的切尔西在欧冠半决赛第一回合中遏制梅西的排兵布阵时回答道："我没有特别制定任何针对梅西的防守计划，因为看住他什么都不能保证。我们希望巴萨不在状态，而我们能好好发挥团队协作。"这样的设计似乎在开场第13分钟收到成效，伊瓜因将比分改写为1比0。然而这不过是海市蜃楼。巴萨活在另一个星球，他们的球员每一个毛孔都散发着足球的味道。那是最纯粹的足球之美，是功力被放大无数倍的传球艺术。巴萨踢得很轻松，精确流畅的传球让这场恶战仿佛只是普通训练。"美凌格们"被戏耍得像傻瓜。皮球在绿茵场上从一端滑到另一端，触球，传球，触球，直到其中一人的想法成形，脚下的足球变成魔法，或者一次进球的机会。举例：莱奥轻巧起球，皮球越过塞尔吉奥·拉莫斯绝望的铲断精确地落在亨利脚下，法国人面对卡西利亚斯优雅而高效地破门。天哪，这场比赛皇马要是没有圣伊克尔得成什么样子啊！射门从四面八方袭来，太多以至于数不过来。对卡西利亚斯而言，这真是一场噩梦。瓜迪奥拉的孩子们肆意挥霍着机会，有的是因为太想对皇马进球（比如梅西，他前三次造访皇马主场都未有建树）而一意孤行没有看到旁边无人防守的队友，有的是因为太过慷慨，比如伊涅斯塔在和梅西两次撞墙配合之后没有自己射门而是将大礼送还给"小跳蚤"，让后者措手不及仓皇起脚，被伊克尔扑出。尽管如此，上半场结束巴萨已经3球入账。亨利打入首球。队长普约尔接到莱奥的传球破门，终于体会了一把在皇马主场进球的快感。随后，哈维这位夜间魔术师从拉斯·迪亚拉身后断球后传给莱奥，后者将球从近门柱送入网窝。伯纳乌一片死寂，中场休息时球迷们吞下的三明治苦涩至极。比赛重新开始，佩普·瓜迪奥拉的球队没想苛求自己负有盛名的对手，而皇马短暂地复苏，塞尔吉奥·拉莫斯接到罗本的任意球头球破门，追近了比分。然而几分钟后，巴萨又开始随心所欲地控制比赛，进球一个一个到来。球队大脑哈维送出一次又一次愈发精美的助攻；伊涅斯塔一次又一次精彩地过人；亨利带球戏耍拉莫斯梅开二度；梅西成为场上无处不在的精灵，总是出现在最意想不到的地方。甚至连卡西利亚斯都没反应过来，就只能坐在地上看着皮球直挂球网。在打入球队的第5球后，罗萨里奥男孩得以掀起球衣咬在嘴里奔向摄像机镜头，露出里面的白色衣服，上面画着一朵花，写着"脆性X染色体综合征"。这是莱奥很久之前就开始合作的一家加泰罗尼亚机构，专门帮助那些罹患脆性X染色体综合征（SXF，也叫马丁-贝尔综合征）的孩子及他们的家庭。这是一种家庭遗传的基因变异，可能造成严重的身体问题：从学习困难到智力下降。每4000个男孩里有一例男患儿，每6000个女孩里有一例女患儿，每250位妇女里有一位病体基因携带者。这不是梅西第一次帮助这家机构。2008年他赞助出版了由加泰罗尼亚记者撰写的书《体育界的39个独立故事》，书的盈利都捐给了这家机构。不过这一次在伯纳乌，他进球后的举动让全世界数以百万的人都知道了这种还很少被研究的基因疾病。进球如何带来超越比赛结果的意义，这是个好例子。不过让我们还是回到球场，这场比赛已经没有故事可言，因为巴萨可以为所欲为。赫拉德·皮克镇守后防毫不疏忽，在前场他还为球队打入第6球，给了对手惨痛的最后一击。皇马的联赛之旅已然终结。巴萨重获7分的领先优势，没人能撼动他们的第一宝座。而这场比赛作为莱奥·梅西和瓜迪奥拉的球队在整个赛季国内和欧战的精彩表现的缩影值得被永远铭记。皇马的黑色统治时代结束了：皇马球迷只剩下等待大选和新的主席（或者说是救世主）弗洛伦蒂诺·佩雷斯的上任，好用重金将现在这支可悲的球队再打造成冠军。还有更多：这场2比6也是巴萨的复仇。上一次他们造访伯纳乌是在2008年5月7日，当时红蓝军团众将不得不在球员通道列队向刚刚提前锁定联赛冠军的皇马致敬。那是一场病态的比赛，最终皇马 4 比 1 大胜，对巴萨而言这是双重羞辱。莱奥对《米兰体育报》说："赛前我们都说不要想着复仇去年的'列队之辱'，可是显然在我们心中，去年的事如鲠在喉，搅扰我们不得安宁。比起列队，更让我们耿耿于怀的是去年比赛的结果和我们输掉比赛的方式……现在我们用光辉的方式拔掉了那根刺。"

2009 年 5 月 13 日，梅斯塔利亚球场，巴伦西亚

国王杯决赛：毕尔巴鄂竞技—巴塞罗那

"梅西是国王"——巴萨球迷聚集的看台上起伏的黄色标语牌上这样写道。这并非是对同样在看台上观看比赛的西班牙国王胡安·卡洛斯一世的不敬，巴萨球迷有理由这样说。因为进入一线队以来参加的第一场决赛，里奥内尔就在球场上加冕成王。他踢球也为别人做球，他进球更为别人助攻。这与 1984 年 5 月 5 日迭戈·马拉多纳在对阵毕尔巴鄂竞技队的决赛中的所作所为完全不同。那场比赛毕尔巴鄂雄狮凭借恩迪卡的进球 1 比 0 取胜，比赛一结束，马拉多纳就一脚踢中索拉，在伯纳乌球场上引发了一场令人印象深刻的斗殴，几乎所有的球员都卷入其中。那是马拉多纳身披巴萨战袍踢的最后一场比赛，当时他已经收拾行装准备奔赴那不勒斯。他只是想报复毕尔巴鄂后卫戈耶科切亚，9 个月前后者铲断了他的腿。结果是：一场离奇的斗殴和 6 名球员禁赛 3 个月。当时马拉多纳 24 岁，而此刻的"小跳蚤"只有 21 岁，却比当年的迭戈成熟得多。他完全没有丝毫紧张，和哈维一起成为这场红蓝军团独奏音乐会的绝对主角。毕尔巴鄂人率先进球后就一直骄傲地镇守防线，直到下半场比赛，梅西突然出现。莱奥精妙地将一脚传球漏给埃托奥，喀麦隆人起脚一脚弧线球破门，门将伊莱索斯扑球脱手，巴萨 10 号冷静地拉开架势抽射破门。巴萨 2 比 1，这是决定性的一球。"小跳蚤"

的表演还在继续：他为博扬送出完美的传球，后者像个大人一样为球队打入第三球；第四球里也有莱奥的参与，正是他造成对方犯规赢得任意球机会，哈维主罚远射中的。此后，罗萨里奥人致力于创造机会好让埃托奥进球，因为这是对他整场比赛兢兢业业的嘉奖，如果不是伊莱索斯用脚完成的扑救，喀麦隆人几乎就要取得进球了。巴萨赢得俱乐部历史上第 25 座国王杯。梅斯塔利亚一片欢腾，球迷唱的最多的就是莱奥的名字。第二天《马卡报》写道：“梅西很少在这样的大场面中令人失望，昨天他又一次展现出自己是西甲联赛最具决定性的球员。冠军奖杯开始接二连三地落在这位球员身上，毫无疑问，他标志着一个新时代的到来。”

2009 年 8 月 23 日，诺坎普球场，巴塞罗那

西班牙超级杯次回合：巴塞罗那—毕尔巴鄂竞技

在圣马梅斯球场的首回合梅西没有上场，不过一周后的次回合，他首发出场。与他并肩作战的是球队以 4500 万欧元加上埃托奥交换从国际米兰签来的新援扎拉坦·伊布拉希莫维奇。在超级杯首回合，没有莱奥和伊布，伊涅斯塔又因伤缺阵的巴萨在客场 2 比 1 小胜（进球的是马克思、哈维和佩德罗），已经将一半奖杯收入囊中。这其实是一场奇怪的决赛，巴萨包揽了前一个赛季的联赛冠军和国王杯冠军，西班牙超级杯变成了自己踢自己，不过组织方规定他们要对阵上赛季的国王杯亚军毕尔巴鄂竞技。不过对观众而言，事实上一切并无区别，在诺坎普上演的次回合就是巴萨在和自己踢球，毕尔巴鄂几乎有尊严地参战作战，最后却只是这场华丽表演纯粹的见证者。这次起决定性作用的又是“小跳蚤”，就像在其他比赛中一样，他需要慢慢进入比赛，但是一旦启动就是致命。无论是传球还是射门。比赛开始时他浪费了与对方门将伊莱索斯一对一的破门良机；随后新援伊布拉希莫维奇接到阿根廷人的传球，胸部停球射门，皮球越过球门横梁飞出。接着又是一次有魄力的射门给毕尔巴鄂雄狮们造成无限麻烦。哈维传给伊布，伊布脚后跟送给梅西，阿根廷人用左脚把球带向中路，右脚朝着守门员出击的方向劲射。这是一个不可能的进球，美妙非凡，绝对的大师级。这是巴萨耗费很久才取得的领先优势，因为整个上半场，他们都停在距离决定比赛只差一步的状态。此前他们一直找不到靶心，而梅西用他绝妙的进球开启了这场舞会，第 67 分钟又以他的点球收场。一次迷惑人的动作造成对方对阿尔维斯的犯规——裁判是这么说的——莱奥摆好皮球，坚定地将球罚向伊莱索斯的右手边。大局已定，不过在庆祝之前，替补上场的博扬也打入一球。巴萨豪取四冠。而这还不是全部。

2009 年 8 月 28 日，摩纳哥路易二世球场

欧洲超级杯：巴塞罗那—顿涅茨克矿工

“莱奥（吸引了所有的防守）留下我一个人。他的助攻几乎就是一个进球，我只用把球向下压就可以了。”说话的人是佩德罗，22 岁的加纳利人是巴萨的 27 号。这个孩子 15 岁就来到巴萨青训营，是佩普·瓜迪奥拉在那场冗长的欧洲超级杯比赛中使用的 8 名来自拉玛西亚的球员之一。永远的替补刚刚在 8 月 20 日与巴萨 队签下自己的第一份职业合同，之前一个赛季，这位前锋随队夺得欧冠奖杯，但是只上场了 1 分钟，都没有碰到皮球。而这一次，第 81 分钟，佩德罗替换伊布登场，而在第 115 分钟，佩德罗在和梅西的二人配合中找到了恰到好处的角度，皮球从皮亚托夫与一侧门柱之间的狭窄缝隙中落入球网，为这场令人筋疲力尽的比赛画上句号，巴萨由此捧起单赛季的第五座冠军奖杯。不过这个加纳利孩子诚实而谦逊地将进球的功劳归于梅西。那不是一场轻松的比赛。对方教练席上的老狐狸卢塞斯库设计的战术非常奏效，罗马尼亚教练组织起的后防线阻挡了瓜迪奥拉的球员们连续的进攻。开场半个小时之后巴萨才完成第一脚打中门框范围的射门。莱奥在接到队友罚出的任意球之后快速带球突进，十分机灵，射门被乌克兰门将两次扑出。不过巴萨 10 号和队友们没有放弃寻找对方的漏洞，同时自己的防线也不敢掉以轻心，因为卢塞斯库的球队将反击作为自己最好的武器。

而这一次，又是莱奥·梅西从禁区边缘主罚直接任意球。皮球的弧线被对方防线截断。莱奥和其他巴萨球员抗议，请求判罚点球。他们认为对方的一名防守队员在防守中用肘断球，（在禁区内手球了）。抗议无果，上半场比赛就这样结束。下半场一切仍无改观。在圣路易二世球场的草皮上，景况再糟糕不过，僵局也始终未被打破。紧张急躁的情绪开始出现，以至于莱奥在一次带球突入对方禁区却发现自己又陷入对方的人海防守之林时，推搡起其中一名乌克兰后卫，并和斯尔纳发生面对面的争执。这次生气的举动让他得到了裁判的口头警告。加时赛还有 5 分钟就要结束了，距离点球大战只剩 5 分钟，莱奥为佩德罗送出精妙的传球。那是巴萨全场的第 21 脚射门，那是制胜的一脚射门。加纳利人用右脚打出一记落叶球，将巴萨送上了传奇之路。正是这粒进球让佩普之队追平了曾经由拉马耶茨、马丁、比奥斯卡、塞格尔、冈萨沃二世、博斯奇、巴索拉、塞萨尔、维拉、库巴拉和曼琼组成的巴萨在 1951 至 1952 赛季创下的五冠王战绩。当时的主教练是费迪南德·达乌西克，他们在一个赛季豪取联赛冠军、西班牙杯冠军、拉丁杯冠军、埃瓦·杜阿尔特杯冠军和马丁 & 罗西杯冠军。那是所有巴萨拥趸都铭记于心的经典组合。虽然，事实上，库巴拉领衔的那支球队在赛场上夺得了三座奖杯，另外两座是在场外不战而得的。因为包揽联赛和国王杯冠军的他们自动获得了杜阿尔特杯（也就是今天的西班牙超级杯），而马丁 & 罗西杯是奖给在联赛中进球最多的球队的。而莱奥的巴萨是在球场上实打实捧回了五座冠军奖杯。他们只等 12 月世俱杯冠军就能完成这件伟大的艺术作品，打破所有的纪录。那将是这一年令人难以置信的红蓝神话的最后一集。

而这一年不仅仅是有这些奖杯……尽管对于梅西而言足球是最重要的。还有他现在的家庭，以及也许……未来的家庭。从这个意义上说，莱奥在这一年里有高潮也有低谷。他曾有过一段时间非常担心一位家人的身体（好在最后一切都解决了，只是虚惊一场），而他也有幸和全家人在一起生活了将近两个月。罗萨里奥人说："全家人都在卡斯特尔德菲斯，我的叔叔们，表兄弟们，当家里充满亲人的时候总是很美好。"还有更多：莱奥恋爱了。2009 年 1 月 25 日，他在加泰罗尼亚电视三台的"帽子戏法"节目中承认了这一点。当时，面对摄像机镜头，一个小孩问了莱奥最难回答的问题："你有女朋友吗？"莱奥回答说："我有女朋友，她在阿根廷。我过得很好很平静。"2 月 22 日，这场电视采访 1 个月之后，他被拍到在锡切斯[①] 街头搂着一位深色皮肤的长发女孩。八卦媒体纷纷开始挖掘这位神秘的女朋友。2006 年世界杯前，阿根廷的桃色媒体曾经为他安上几位女友，比如同样出身罗萨里奥的 18 岁名模内丽娜或者性感宝贝露西安娜・斯拉萨尔。而这一次是那以后第一次关于莱奥私生活的官方消息。

安东内拉・罗库佐 19 岁，来自罗萨里奥，是纽维尔老男孩队的球迷，专业是营养学，和那些桃色媒体的想象完全不同。5 月，莱奥对布宜诺斯艾利斯的日报《号角报》说："我 5 岁时就认识安东内拉了，她是我最好的朋友卢卡斯・斯卡格里亚的表妹，和我一样是罗萨里奥人。我们几乎是看着对方长大的。我们的家人都很熟悉，所以这一点上没什么问题。"他说他们的关系开始于 1 年前，但是他一直保守秘密因为"我很谨慎"。他还补充说"如果我们不是在狂欢节时一起去锡切斯，恐怕还没人知道"。不过现在这个消息已经得到官方确认了，6 月两人又在布宜诺斯艾利斯被拍到，当时阿根廷在那里踢两场南非世界杯预选

① 锡切斯是西班牙巴塞罗那以南 37 公里处的一座美丽的小城，2 月到 3 月的狂欢节庆祝是西班牙最大最疯狂的节日之一。

赛，其中一张照片是全家人在街头，莱奥的母亲塞莉娅搂着安东内拉。快要结婚了吗？

还不是。里奥内尔说："暂时我还没准备结婚。"不过这段恋情在继续，我们可以拭目以待……两人都可以好好布置家居，而他们的后代将衣食无忧，莱奥在2009年9月18日与巴萨续约，年薪将超过1000万欧元，成为红蓝军团第一高薪，而违约金也从1500万欧元升至2500万欧元。新合约签到2016年6月30日，届时"小跳蚤"29岁。未来已经有所保证。而他最快乐的这一年里只缺蛋糕上的樱桃：欧洲金球奖和世界足球先生。正如他在法国队报电视台的采访中所言，那是"一个梦想，个人荣誉的顶峰"。当被问及"谁是你心中的最大热门"时，梅西回答："但愿这一次能轮到我。过去两年我都非常靠近了……人们都说，事不过三。"

22. 事不过三

2009年12月1日，19日，21日

是的，事不过三，这次成功了。自从2007年获得铜球奖，2008年获得银球奖之后，梅西在2009年获得了《法国足球》杂志颁发的象征最佳球员的金球奖。他以大比分获胜。在一共可能获得的480分当中，梅西获得472分，比233分获得第二的克里斯蒂亚诺·罗纳尔多两倍还多；哈维173分，他们是前三名。巴萨10号被96位投票者中的90人选为第一，占据了第一选票的98.54%。54年来，从未有球员在这项名望极高的奖项评选中以如此巨大的优势和一致性称雄。只有1984年夺魁的普拉蒂尼以98.46%的得票率最接近梅西。这是一次真正的胜利。根据《法国足球》主编德尼斯·肖米埃的解释，梅西的成功有三个理由：

1. 梅西的那些惊人举动，他的过人，他的加速，他对打破平衡的追求，他的天赋，他的创造精神，他的团队感，以及一些他打进的进球能够在一整年内都被人回味。他在比赛中的影响还不是完全的，但最美妙的是他在赛场上的出现塑造了一种快乐和荒谬，就好像是马拉多纳提出的那样。
2. 我们不要忘记，尽管他很年轻，但会永存在金球奖的史册中。显然，现在的足球不会为一个过客加冕，即使他的羽毛非常惊艳。
3. 欧冠冠军，和巴萨一起夺得西甲冠军，西班牙超级杯冠军，国王杯冠军，欧洲超级杯冠军，和阿根廷国家队一起晋级世界杯，梅西的轨迹还能更加惊艳吗？

奖项、成绩、天赋、级别，职业生涯就是各方面因素达成一致的结果。担任《法国足球》评选委员的记者们在“跳蚤”面前都被折服了。赞扬之声来自四面八方：从日本到爱尔兰，从加纳到新西兰，从哈萨克斯坦到英格兰。

11月30日晚上7点，周一，《法国足球》的官员敲开了卡斯特尔德菲斯别墅（巴塞罗那的一区名）的大门，来宣布一条新的好消息。为了这条伟大的消息，梅西怀着焦急和希冀与女友安东内拉、哥哥罗德里格和侄子们一起等待。当主编向他宣布了投票的结果之后，他腼腆地笑了，一如往常，但他的双眼透射出一种特殊的光亮。这条新的好消息在莱奥和梅西的梦幻一周后到来。周二，11月24日，在欧冠小组赛第五轮中，皮克和佩德罗取得进球，巴萨“在面对穆里尼奥的国米时完成了疯狂的比赛，塑造了一场天使般的胜利。”《国家报》这样写道。曾经以为遥不可及的八分之一决赛现在让瓜迪奥拉的球队触手可及。在上一轮联赛做客圣马梅斯挑战毕尔巴鄂的比赛中肌肉受伤的梅西没有出场，但他在11月29日周日的国家德比中首发出场。面对克里斯蒂亚诺·罗纳尔多的皇马，莱奥不想错过1分钟。这是两位巨星的第四次直接对话。在缺席正式比赛50天之后，克里斯蒂亚诺在参加比赛的66分钟中展现了自己的出色状态。葡萄牙人引领皇马的攻势，但错过了本队最明显的一次机会，巴尔德斯用双腿将他的射门挡出，克里斯蒂亚诺·罗纳尔多在第四次面对巴萨时依然没有破门。莱奥在上半场的表现差强人意，没有创造攻势，没能决定比赛。虽然以影子前锋身份出现，但没有了往日的机智。但到了下半场，伊布用一次不可阻挡的左脚射门为巴萨取得领先，然后布斯克茨被红牌罚下，而“跳蚤”展示了自己最好的一面。他接球，打开边路，面对防守者，冲在攻击线的最前端，完成了两到三次出色的表演。在球队最需要他的时候，他做出了巨大贡献。第88分钟，他本有机会将领先优势变为 2 : 0。阿尔维斯右路送出传中，梅西近距离射门。圣卡西扑出了这记几乎已经是半个进球的射门。原本梅西会非常高兴能够第八次攻破卡西的球门（最近一次是在 2009 年 11 月 14 日阿根廷和西班牙的友谊赛中），但是“被卡西的出色扑救阻挡了。不过最重要的是巴萨取得了胜利。”他在混合采访区说道。他还对一位问到金球奖问题的记者回答道：“这个夜晚。巴尔德斯配得上金球奖。他挽救了我们。”的确如此，但梅西战胜了 2008 年金球奖得主，赢得了他的比赛。这场比赛是金球奖得主交接的完美场景。周一，在卡斯特尔德菲斯，有太多理由值得庆祝。梅西披着一条绿白色的汗巾，他的家人和《法国足球》的客人们一起用葡萄酒为这个曾经不敢相信但如今已经进入世界足球圣殿的孩子干杯。聚餐之后，大家继续聊天，看看这本法国杂志的封面和里面长达 43 页的报告，题为“足球的年轻王者”。

明天将会是第一页，将有一个无数媒体参加的发布会和无数采访。

这是思索的时刻，对于所有的感情和致辞。

“我不能撒谎。我曾直觉到今年能够成功，但还是对投票结果感到惊讶。”梅西在诺坎普进行的新闻发布会上说道。

“这个奖项是一种荣耀，非常美妙，有些特殊，不过我并不对获得这个奖项着迷。我一直知道，该来的东西会来的。如果没有，还要按照相同的方式一如既往地付出。”他解释道。他也被问到作为第一个获奖的阿根廷人的感受。“对我来说是一种骄傲。按照现行的标准，马拉多纳应该不止一次能获奖。当然，迪斯蒂法诺和西沃里都获奖了，但以另一个国籍”。（从 1995 年开始，金球奖的评选对象范围扩大为在欧洲踢球的任何球员，不限国籍。出生在布宜诺斯艾利斯的迪斯蒂法诺 1957 年和 1959 年以西班牙国籍获奖。而奥马尔 · 西沃里在 1961 年获得金球奖，他出生于圣尼科斯，但以意大利国籍获奖。）

既然梅西的阿根廷国籍身份和巴萨背景一样明显，他也没有忘记奖项背后的“家庭”价值。“成为第一位拉马西亚培养出的金球奖得主，这为巴萨的计划添了一臂之力，对于俱乐部和青训基地的工作者都很重要。”他的感谢和献词，一如既往的，献给他的家庭和队友：“没有他们我不会取得这些。”他斩钉截铁地表示。梅西还说道，如果自己能够投票，他一定会为自己的任何队友投上一票：“哈维和伊涅斯塔也配得上这个奖项。”一段关于瓜迪奥拉的特殊回忆：“教练——梅西说道——和这一切关系很大。我认为他是一个很聪明的人，非常懂得足球，也知道如何用最好的方式来传达这一切。这是一位非常注重人性的教练，因此他得到了所有的球员们热爱。我们跟他一起夺得的那些冠军是我获奖的关键。”

“梅西是公平的获奖者，因为他是另一个级别的球员，他拥有那些可能的资源。所有——巴萨主帅说道——他坚持不懈，快速，是射手，头球也很出色（让我们看看他在欧冠决赛中头球破门后谁还对这一点有异议），理解比赛，掌控一切，但梅西的区别是他的头脑，他的竞争之魂。”

梅西加冕世界最佳球员的仪式在 2009 年 12 月 6 日早上 11 点到来：在巴黎“电视足球”节目的内景拍摄室。在那里，德尼斯·肖米埃在直播中把金球奖奖杯交给了梅西。但在之前有一场巴萨做客里亚索挑战拉科的比赛。两个进球和一系列非凡的表演，梅西这样庆祝他的奖项。“梅西，梅西，梅西”的喊声在这座加利西亚的古老球场内响起。午夜时分，巴萨已经锁定了 3 比 1 的胜局，梅西进入更衣室之后很快地进行了洗浴。之后，他乘坐一架私人飞机前往巴黎勒布尔热机场。飞机在凌晨 3 点 15 分抵达法国首都。一辆汽车将梅西送到了下榻的巴黎第八区乔治五世宾馆。已经是凌晨 4 点了，但梅西没有入睡。他和罗德里格、马蒂亚斯和玛利亚·索尔等兄弟姐妹们一起，用听音乐（堂奥马尔·弗莱克斯），看电视和聊天的方式度过了那个剩下的夜晚。早上 9 点半，他们开始了环游巴黎之旅。他们横穿这座城市，在埃菲尔铁塔前停下。西装、领带和化妆，然后进入演播室。他和前巴萨队友图拉姆互相致意，之后他来到了摄像机前迎接掌声，演讲和奖项。和家人、朋友、巴萨主席拉波尔塔、巴萨人、《法国足球》以及法国电视一台的人合影。然后，官方用车穿越巴黎来到布洛涅·比扬古（巴黎市政名），进入法国电视一台的总部。在乔治五世宾馆路易八世沙龙的聚餐和回家之前，他参加了在法国的最后一次新闻发布会。在那里，梅西坐在凳子上，坦言自己对于领取金球奖有些着急，毕竟六天是很长的时间。他也坦陈自己被大厅的环境震惊了，“我希望能够再次赢得金球奖，能够再次获奖一定是非常壮丽的。”

是的，这个孩子对自己非常有信心，但这迟早会被认识到。同时，巴萨面前有其他挑战。确保欧冠16强的名额，基辅将有一场恶战等待瓜迪奥拉的球队。不仅温度在零下，而且舍甫琴科和他的队友依然相信自己能够晋级。的确，这两个结果对巴萨都是有效的；他们客场以一球劣势小负，也可以和对手打平，然后取决于国米坐镇梅阿查球场和喀山红宝石的比赛结果。不过，他们的目标是以小组第一出线，以期避开英超强队切尔西、曼城和阿森纳。“禁止猜测”，瓜迪奥拉宣称，他要求球员们尊重球队的标记，只为胜利而战。一切都不容易，因为在瓦莱里·洛巴洛夫斯基球场，基辅迪纳摩凭借巴萨开场两分钟的失误取得领先。一切以最坏的方式变得复杂：巴萨一度有被淘汰出2009至2010赛季欧冠的危险。不过巴萨没有分崩离析，在乌克兰人面前隐藏着皮球，前压，不停息，直到先由哈维扳平比分，最后锁定胜局。盖棺定论：梅西打进了一记精彩的直接任意球。梅西无数次地遭到对手侵犯。他本有机会很快扳平比分，但没能利用住绍夫科夫斯基（对方门将）赠送的大礼，在弧顶和基辅门将一对一时射门不够刁钻。第86分钟，任意球一击制胜。梅西将球放置好，大师般的操刀方式，左脚主罚将球送入球门。遗憾的是，4 分钟之后，阿尔梅达从身后将他放倒，这是他第九次遭到侵犯，最终受伤。

“他又一次拿出了金球奖级别的表现。——瓜迪奥拉这样点评这场比赛——但莱奥有一种无法比拟的竞争之魂，有一种雄心，以至于在被激怒和困境中依然希望再进一球，他说‘我为了你’。皮球直接从右侧飞进。”

医疗组成员表示，梅西的右脚踝一度扭伤。他将缺席对阵西班牙人的同城德比，并且连参加在阿布扎比进行的世俱杯半决赛都有危险。12 月 12 日这个周六，梅西没有参加比赛，但他来到球场向 84554 位观众展示了金球奖，他将之献给了母亲塞莉娅。

这是非常感人的时刻，在即将经历长途飞行抵达阿布扎比进行世俱杯半决赛之前，他接受了巨大的欢呼声。巴萨的对手将是墨西哥球队亚特兰大，他们刚刚以 3 比 0 战胜了新西兰球队奥克兰城。

来自阿联酋的照片和电视纪录片展示了一个在海滩上，穿着蓝色浴衣和右脚踝缠着绷带的梅西，同时，他也参加训练，只为能够及时复出。梅西和巴萨的队友们对世俱杯极度投入，在对阵亚特兰大的半决赛前全力备战。所有的比赛预测都倾向于巴萨，完全压过了中北美及加勒比地区俱乐部冠军，不过巴萨人没有忘记在 1992 年和 2006 年决赛中的失利。他们必须从一开始就全力以赴。这只是计划，但实际上并非如此。在萨义德体育城球场，巴萨开场 5 分钟便 0 比 1 落后。布斯克茨在第 35 分钟将比分扳平。然而，巴萨并没能压过亚特兰大。墨西哥人的防守非常好，而且把握住了有限的机会，同时，巴萨球员傻眼了，没能掌控比赛。没有比梅西更多的救赎方式了。阿根廷人坐在板凳上，非必须时候不出场比赛。但巴萨在场上堵塞了，瓜迪奥拉第 53 分钟求助于他。

“我知道梅西会在观众的喊声中出场。我知道他的出场能够打破比赛的平衡——亚特兰大主帅何塞·克鲁斯赛后说道——但我没有预料到他会如此快做到。”

1分钟，仅仅1分钟，就足够梅西解决比赛，施加审判了。梅西在对角线跑位之后没有摆脱对手的纠缠，伊布看到了他，持球回撤之后为梅西送出了一记宝贵和准确的纵深传球。“跳蚤”完成了剩下的一切：完美的控球，晃过亚特兰大的门将，当然，一次准确的射门。皮球艰难地飞进了网窝。这是梅西第一次触球，就将比分变为2比1；墨西哥人的坚壁清野就此结束；巴萨点燃光亮，佩德罗打进第三球，并且成为唯一一位单赛季在六项赛事中都进球的球员，巴萨的11人能够在场上用触球和脚后跟传球愉悦世人。纯粹的讲习。进球机会一个又一个到来，于是梅西被允许错过了一个面对比拉尔的单刀，这个阿根廷门将熟悉自己的同胞。不重要了。而梅西，又一次，成为光亮中的天才。

何塞·克鲁斯这样解释道：“没有梅西，巴萨是世界上最好的球队；当梅西出场时，他们来自另一个星球。”

没有什么可以补充的了。

只剩下12月19日的决赛了。只剩下大学生队这一个对手了。这支阿根廷球队在半决赛中2比1淘汰了韩国球队浦项制铁。这支“小巫师”的球队，胡安·塞巴斯蒂安·贝隆这个光头球员曾经在2007年美洲杯时成为梅西的“导师”，这个环游世界的球员是球队之魂，他渴望复制父亲“巫师”胡安·拉蒙·贝隆的光辉业绩。1968年，在老特拉福德球场，这位大学生前锋带领球队战胜曼联，获得了洲际杯冠军。

从场上表现来看，大学生队再次捧杯的梦想持续了89分钟，几乎是一整场比赛的长度，已经是一个里程碑了。阿根廷人在上半场第37分钟取得进球，建立了领先优势，依靠波塞利干脆的头球，他抓住了普约尔和阿比达尔之间的空当，接到迪亚斯传中后破门。巴萨面对着可能最差的境况：落后一球，没有一次射正，梅西吃到一张黄牌，最重要的是，这是一支落后而且在中场和最后一传中都没有觅得空间的球队。大学生的三后腰覆盖了所有的空当。梅西没有出现，亨利不存在，伊布除了争夺外什么也没有。相反，大学生完美地知道该做什么：杀死比赛，让出控球和主动权给巴萨，收缩后场，不给巴萨哪怕一次最小的机会，运用所有可以利用的方式（一次犯规，一次阻挡，一次将球送出界，一次换人，一次踩踏）来拖延时间，让比赛来到第 90 分钟，为了第二次赢得世俱杯冠军。巴萨没有被征服，他们展现了所有特质，所有决心，一次次尝试，直到距离比赛结束仅 1 分钟，哈维将球送入禁区，皮克为佩德罗做球，后者成功头球破门，双方战平。加时赛来了，胜利也来了。阿根廷人知道这些，阿根廷人的脸色说明了一切。他们无法再坚持了，无法再阻挡梅西，这位将比赛视作在牧场上进行的球员用胸部，用心脏，用队徽将球打入。他抢在朋友胡安·塞巴斯蒂安·贝隆之前，在第 110 分钟接到阿尔维斯的传中之后，用人们没有期待的方式完成进球。

为什么梅西用胸部而不是用头部完成进球？“我要确保（进球）。我看到门将的位置不佳，”梅西在一天后接受《国家报》采访时说道，“我认为只要用触球部分轻轻一碰，就能完成进球了。很幸运，结果很好。”

一如既往的简单，“跳蚤”依然望着天空，将球献给他的外婆塞莉娅和那位给予了他一切的老师。然后就是巴萨的盛宴了，还有泪水，那些属于瓜迪奥拉的；这一次，情感将他征服。莱奥是第一个拥抱他的人，向他表示感谢，但他没有忘记那些对手。梅西过去向大学生的球员们一个个打招呼。“因为他们踢得很好，因为他们是阿根廷人，因为他们很悲伤”。

第三次，取得胜利。在 1992 年和 2006 年的失利之后，巴萨征服了球队百年历史中从未获得过的一项冠军。他们加冕世界之王。另外，从未有球队能在一年中夺得六项冠军。

“现在我认为我们没有意识到已经取得的东西——梅西对《加泰罗尼亚日报》坦白——随着时间的流逝，这样的伟业其他球队非常难重复，将来我们的价值还会更大。”

巴萨登上了世界之巅，而梅西也在12月21日落雪的苏黎世再次达到人生的巅峰。

刚过9点之后，欧足联主席普拉蒂尼在国际足联主席布拉特的陪伴下登上主席台。在打开那个金色信封之前，他最后一次看着那些候选人们。接连播放的视频短片中出现了那些候选人的面庞：克里斯蒂亚诺·罗纳尔多、伊涅斯塔、卡卡、梅西和哈维。

普拉蒂尼说话了，他说非常骄傲的是所有获奖者都能在欧洲球队踢球。最重要的时刻到了，普拉蒂尼宣布：“2009年国际足联世界足球先生是莱奥·梅西。”

事不过三。经历了2007年和2008年的第三和第二之后，这一次，梅西成为第一。他离席而起，扣好杰尼亚夹克，调整了一下蓝色领带，然后走上主席台。普拉蒂尼亲自向其颁奖，并邀请他发言。

“晚上好，首先我要感谢那些为我投票的同伴们。对我来说，能够接受这样的奖项是一种荣耀，因为选票来自其他球队和其他国家队的同伴们，这非常美妙。我希望感谢并且和我的队友分享（电视摄像机开始寻找伊涅斯塔的座位），同时这也是结束这一年的最好方式，对巴萨，对我的队友和我来说都是如此。非常感谢。”

莱奥用颤抖的声音发言，并且以从未有过的方式微笑。他赢了，又一次，大比分胜利：1073分，是第二位克里斯蒂亚诺·罗纳尔多352分的3倍。第三位哈维196分，第四位卡卡190分，第五位伊涅斯塔134分。来自147个国家队的教练和队长将选票投给了他，梅西取得了压倒性胜利。

“这是无价的，这是无价的，”豪尔赫·梅西在塞莉娅、马蒂亚斯、罗德里格和玛利亚·索尔的陪伴下说道，“赢得一个奖项，球队赢得一项冠军已经是可以预见的事情了，”“跳蚤”的父亲说道。这位激动的人解释道：“完美的一年完美收尾，不可能有更多的祝贺了。”

地球已经被梅西的双脚征服了，那些报纸在一天之后这样取标题，但梅西依然需要征服一个国家的心跳，他的祖国，阿根廷。因为莱奥“会恼怒，他在国家队的成就还没有达到加德尔（探戈的象征）的高度”。确实如此，在沉重的惩罚之后，阿根廷才获得了南非世界杯的入场券，梅西从未在国家队闪光。“为什么在巴萨梅西能够进球，而在阿根廷就不能呢？”是的，这是事实，在阿根廷，人们控诉他对祖国的冷漠“就像他的效率下降是因为缺乏激励，而不是因为一个球员的平庸化，他跟随阿根廷国家队比赛时摸彩票中奖的概率甚至大于接到一个体面传球的概率。马拉多纳施加了一种救世主模式。”大卫·吉斯塔乌在《世界报》写道，“梅西无法融入那里，他是另一段时间的孩子，另外，他很快就离开了阿根廷，就像是为了嵌入一种明确的大众偶像崇拜。”他们没有意识到问题不在梅西身上，而在于国家队身上。他们将其看作外国人，写道“梅西不是阿根廷人”，因为他为巴萨奉献所有，他在欧洲奉献所有，另外，他还摧毁了大学生的梦想，这支球队的背后几乎是一个国家的全部。是的，梅西和阿根廷人之间有一个问题，更确切地说，阿根廷人和梅西之间有一个问题。莱奥（或者里奥，就像阿根廷人称呼他的方式）知道这些，大家说他没有感到自己是阿根廷人，这会让他发火。没有什么事情比别人说他不是阿根廷人更烦人的了。“他们怎么知道我的感情！”他感叹道。但这个问题可以得到解决，在世界杯上。

23. 眼泪成海

2010年7月3日

第89分钟。德国进攻。米罗斯拉夫·克洛泽用进球结束了这次反击，将比分锁定在4比0。在球场彼端，梅西从对方半场往回走。他走到中圈，叉腰站了几秒钟，弯下腰，用手撑着膝盖。想哭的冲动。阿根廷10号低着头，目光失焦，难以置信，再无气力，而他面前，走过欣喜若狂的克洛泽。

当值主裁伊尔马托夫吹响终场哨声的那刻，里奥内尔倒在球场上。无论是“小巫师”贝隆、蓝白军团的体能师费尔南多·西格诺里尼或是抱着他亲吻他的迭戈·马拉多纳，任何安慰都是徒劳。后来马拉多纳在新闻发布会上这样讲述莱奥无可安慰的哭泣：“那些跟我说他不爱身上这件国家队球衣的人都是笨蛋。”

西格诺里尼说：“在更衣室里看到梅西绝望的样子真是很难受。有的人也许会以为他生命中已经拥有了那么多，这次不该会这样。所以我很想安慰这样的孩子，有着百万身家却在更衣室里哭得眼泪成海，表达自己心中的感情。”

梅西的世界杯之旅就这样在失败、无能为力而痛苦的泪水中结束了。他两手空空地离开了南非，甚至没有带走1粒进球，更没有做到所有阿根廷人对他的期待：做1986年墨西哥世界杯时的马拉多纳，没能在阿根廷球迷中得到认可和祝圣。他就这样离开了他的世界杯，完全没能做他自己：那个得金球奖的梅西，那个在巴塞罗那令人目眩神迷的梅西。这届杯赛，他只是又一颗陨落的巨星，和韦恩·鲁尼、克里斯蒂亚诺·罗纳尔多、卡卡和里贝里一样。这个完全以另一种样子开端的故事最终却走向悲伤的结局。我们来看看……

2009至2010赛季梅西以47球捧走欧洲金靴奖，纵观欧陆无人能敌，遥遥领先于西甲、英超、德甲或意甲的其他前锋：伊瓜因27球，德罗巴29球，罗本23球，迪纳塔莱29球。在联赛中，梅西以前所未有的超级状态收获了自己升入一队6年来成绩最佳的一个赛季。他是当赛季的西甲射手王，九番梅开二度，四次上演帽子戏法，以34球的单赛季联赛进球数追平了罗纳尔多在1996至1997赛季创下的历史纪录。他还打破了巴萨的俱乐部纪录，成为球队历史上打入个人联赛100球最年轻的球员，超越了里瓦尔多、罗马里奥、埃托奥等伟大前锋。沉甸甸的34球为巴萨带来了联赛冠军。联赛最后一轮，巴萨4比0大胜比利亚雷亚尔，梅西独中两元。就这样，巴萨在与克里斯蒂亚诺·罗纳尔多领衔的皇家马德里苦战到最后一轮终是成功卫冕西甲冠军。在可能的114分里红蓝军团豪取99分，西甲联赛历史最高分。这是一支激昂神奇的冠军球队，整个赛季打入98球只失24球。在诺坎普和伯纳乌的两场国家德比他们都战胜了弗洛伦蒂诺重金打造的皇马。而里奥内尔也击败克里斯蒂亚诺·罗纳尔多，这位2008年金球奖得主是足球世界历史上最昂贵的球员，“弗家军”阵中的巨星。罗萨里奥男孩长大了，在自己征战的6个西甲赛季里拿到4座联赛冠军奖杯，而更重要的，无论是作为个人还是球员，他都展现出一种伟大的成熟和平静。巴萨主教练佩普·瓜迪奥拉的副手蒂托·比拉诺瓦说：“现在他已经不想每脚球都踢得像那个世纪进球那样。他更多地触球，更好地融入球队。他在团队配合方面成长很快。现在他的杀伤力更强，也更难阻挡他。”

整个赛季对里奥内尔而言光辉夺目，但是也有两次意外的急转直下。一次是2010年1月13日在拉蒙·桑切斯·皮斯胡安球场。巴萨踢了一场如有神助的精彩比赛，创造了无数进球机会，却都被对方门将帕洛普悉数没收，只有一次洞穿塞维利亚队的球门。而塞维利亚凭借第一回合的结果（在诺坎普客场 2 比 1 胜）将巴萨淘汰出国王杯的争夺。这是瓜迪奥拉接手巴萨以来球队丢掉的第一座奖杯。梅西非常伤心，队友们包括他的阿根廷朋友加比·米利托鼓励的话语都是徒劳。瓜迪奥拉说："其他人可能会说'没事儿，我已经是世界冠军了，而且还有联赛呢！'他不是这样。他比任何人都更受影响。"而另一次是 2010 年 4 月 28 日在诺坎普。何塞·穆里尼奥麾下的国际米兰用一场完美的防守之战结束了巴萨的欧冠征程。卫冕冠军止步半决赛，没能进军他们梦寐以求的伯纳乌决赛。所有巴萨球迷翘首以待的翻盘终成泡影。第一回合，皮克在第 84 分钟的进球无法扭转球队在圣西罗球场 1 比 3 落败的结果，一切都不足以让他们抓住那张通往马德里的机票。国际米兰从 11 人到 10 人（莫塔被罚下场）作战，让巴萨足球完全失效。对阵温格执教的阿森纳上演大四喜的梅西还从未在对阵穆里尼奥执教的球队时取得进球（无论是切尔西还是国际米兰）。他的表现并非能载入史册，但是瓜迪奥拉认为"没有什么可指责他的。对方六人防守，总有两人跟着他，无论他在中路还是边路"。这位教练这样评价他的球员们："在这场比赛之后，在他们做了这么多之后，他们完全没什么可抱歉的。我为他们所有人感到骄傲。"他给所有巴萨人传递的信息很清楚：抱怨并不能带巴萨去决赛，他们承诺在来年继续努力，而当下他们会"休整球队，重整旗鼓"。的确如此：5 月 16 日，整座巴塞罗那城都在高唱"喝彩！喝彩！巴萨是冠军！"在联赛冠军的庆典上，里奥内尔拿起麦克风喊着"阿根廷！阿根廷！"巴萨球迷开心地鼓着掌，他们都希望梅西和他的国家队好运。整个阿根廷也都这样期待着。

里奥内尔在抵达阿根廷队在布宜诺斯艾利斯的集训地埃塞伊萨时

说："我们所有人都梦想着捧起大力神杯。不是因为这会让我们的球员生涯更伟大，而是因为根本没有比那更美好的事。2006 年我们输给德国以后，我哭着离开的。但愿这次我也会在南非流泪，不过是幸福的泪水。"他补充说："因为缺乏在一起训练的机会，在国家队踢球的感觉和在巴萨完全不同。但是这并不意味着国家队的球员们不好，他们是世界上最好的球员，只是我们没有时间一起训练，一切都太快了：集合两天然后就比赛。等我们作为一支球队一起训练和生活，给点时间事情就会改变。这次大赛我们状态都很好，很沉默，不是大热门，这很好因为我们将奉献给大家巨大的惊喜。"

"小跳蚤"这次吸引了全世界媒体和球迷的目光。以至于因为身体原因四年没有公开露面的古巴领袖菲德尔·卡斯特罗都为里奥内尔的天资折服。他在揭露美国帝国主义行径的文章《悲剧的开端》中这样描写阿根廷前锋："他像闪电一般出现，用腿或头射门，速度罕见。"在阿根廷，里奥内尔也在自己与马拉多纳的永恒比较中赚得一些分数，就算整个民族的心依旧为伟大的迭戈跳动。梅西有一次彻底跳出当马拉多纳的影子的机会，那就是和阿根廷一起爆发，捧起那座阿根廷人自 1986 年以来魂牵梦绕的奖杯。马拉多纳——梅西，梅西——马拉多纳：这种关系在经历了那么多沉浮，那么多批评和相互矛盾的声明，在经历那么多关于俄狄浦斯情结[①]的思考之后，似乎终于找到了平衡。里奥内尔在迭戈到任成为阿根廷主教练之后踢过 11 场比赛只打入 3 球。他经历了自己最糟糕的时刻，2009 年 10 月 14 日，马里奥·博拉蒂攻破乌拉圭的大门，将阿根廷在最后时刻送进世界杯决赛圈，赛后梅西被指责在博拉蒂进球后没有去庆祝。他的母亲塞莉娅站出来回护自己的孩子："人们

① 心理学中用来比喻有恋母情结的人，有跟父亲作对以竞争母亲的倾向，同时又因为道德伦理的压力，而有自我毁灭以解除痛苦的倾向。

说他坏话的时候他都很伤心。为什么大家总要这样针对他？他承受了很多，需要时间恢复。”的确如此，里奥内尔在这场危机中感觉很糟糕，他在巴萨的队友对此心知肚明，而他又没有得到马拉多纳的支持。受够了的他给主教练打电话说自己不想再回蓝白军团踢球了。迭戈理解当时的情况很艰难，立刻飞往巴塞罗那。在那里他们两人第一次推心置腹地交谈，主教练让他不要担心，一切都会好的。那一刻，里奥和迭戈的关系有了质的转变。迭戈十分宠爱自己的弟子，世界杯前的最后一场友谊赛阿根廷主场迎战加拿大，主教练说：“我不知道人们怎么想里奥，但我能说说我是怎么想的。我认为他是世界上最好的球员。而且他是阿根廷人。我已经和小伙子们说了：拿球了就传给里奥，我们就会有多得多的可能。我要让他们时刻记着他们是一个团队，我们有梅西，要让他在这里也能做在巴萨的自己。梅西知道队友们期待他成为万众瞩目的核心，他得成为皮球的主人。他可以在训练场上沉默寡言，我们只需要他在比赛中独领风骚。踢球的时候如果球不传给梅西，那就传给我，而我是不能懂的……那样我们就错了。”马拉多纳宠爱他，支持他，信任他，但是与此同时，他也向他发出挑战，用自己的故事作为例子。马拉多纳说：“比起1986年世界杯之前的我，梅西有更多的支持，但是他需要踢比赛。在墨西哥世界杯上，我一直很主动，要成为足球的主人，成为整支球队的领袖。我逐渐成熟，队友们都跟随我。现在我把这些都讲给里奥听，让他在南非做同样的事。他听懂了。我和他说了很多，希望他一切都好。”在集训一开始，马拉多纳就和队里几位大佬说：“让他发挥出最好的状态。”为了更好地照顾梅西，教练为他的房间分配了“小巫师”胡安·塞巴斯蒂安·贝隆。贝隆在2007年美洲杯期间就已经担当了梅西导师的角色，两人相处甚欢。马拉多纳在《号角报》的一次采访中坦言：“我偷偷观察了他们，小巫师是个足球智者，很了解里奥，他们扭打嬉闹着说话，那小子会用‘哈哈哈’回应他。置身于这样的对话中很美好。”总而言之，马拉多纳眼中的里奥内尔平静、快乐，有无限的意愿踢球和破门。就这样到了对阵尼日利亚的世界杯首战。在赛前的新闻发布会上，马拉多纳送出了第二天的报纸标题：“阿根廷仍是那辆劳斯莱斯，不过现在开车的是梅西”。好像这样说还不够一般，他又说希望梅西能成为绝对的主角，成为史上最佳。

6 月 12 日周六，约翰内斯堡埃利斯公园球场，里奥内尔在那里展现出配得上各种赞誉的表现。他是阿根廷表现最好的球员，是点亮蓝白军团的人，是理解球队需要的人，是阿根廷进攻中参与度最高最积极的人，他做了所有的事：串联、助攻、拉边、射门。他是传球最多的人（被特维斯和伊瓜因肆意浪费），是过人最多的人，是射门次数最多的人：8 次射门，其中有 4 次都射中门框范围，只是对方守门员维森特·恩雅马用真正神奇的扑救拒绝了他的进球。这位门将赛后被评为全场最佳，他说：“获得这个荣誉我得感谢上帝和梅西，因为那些扑救都是上帝的作品。我虔信上帝，尽管我研究过梅西在西甲的进球，但是如果没有上帝相助我什么都做不成。而感谢梅西是因为如果面对我的不是世界上最好的球员，我也不会得到这样的认可。”

最终阿根廷依靠海因策的头球取胜，比赛一结束，马拉多纳就冲向里奥内尔，紧紧抱紧他亲吻他，让他贴着自己足以出演昆汀·塔伦蒂诺电影的领带西装。马拉多纳是世界杯历史上唯一在每场比赛和每次换人之后都亲吻自己队员的主教练，但是这次给梅西的吻是一种致敬和认可，给这个为球队付出所有的人。后来马拉多纳在赛后新闻发布会上咬着苹果说：“今天梅西一直离球很近。有球的里奥自得其乐，也让我们所有人都十分享受。”迭戈不是唯一表扬“小跳蚤”神奇表现的人。阿根廷和西班牙媒体都很一致地表示：里奥内尔踢了另一场比赛，凌驾于整支阿根廷队之上的一场比赛，他领导球队取得了一场本该比分更大的胜利。他很喜欢马拉多纳为他打造的埋伏在前锋身后的串联角色，他也更接近自己的理想偶像：球员时代的马拉多纳。所有的评论员都深知球队的后防大患、中场疲软以及主教练的换人不力让阿根廷队在最后阶段吃尽苦头，但是有了梅西和最后的胜利，所有这些都不再是焦点。第二天，阿根廷满意地醒来。6 月 13 日，里奥内尔带着一如既往的平静和冈萨洛·伊瓜因一起走进阿根廷队在比勒陀利亚驻地的新闻发布厅。“那是一场好比赛。我有很大的自由度，和队友们配合也很流畅，有更多的机会触球。我比自己惯常的位置稍稍后撤了一点，我很喜欢，因为与此同时我也有机会取得进球”。记者问及球队可能患上“梅西依赖症”，回答是这样的：“这支球队并不依赖我，恰恰相反，是我依赖于中场球员为我传球。”和往常一样他永远没有什么巨星派头：“我只是球队的一员。”他强调说。很显然，里奥内尔很喜欢这支国家队，他很快乐。“在这里我和在巴萨一样舒服，我相信如果没有晋级淘汰的压力我们会踢得更好。对阵尼日利亚的比赛我很享受。”一切的确改变了，过去的那些都可以任其过去了，正如梅西对 TYC 体育台记者说的那样：“在国家队我不是在巴萨的自己，这一点我明白。不过我永远有迭戈的支持，因为队友们的信任一切都改变了。我已经抹去了预选赛时的那些，知道在世界杯一切从零开始。我要抓住这次机会，展现出我自己，沿着这条路走下去。我爱我的祖国，我希望在我的祖国也能像在巴萨那样被人们喜爱。我要继续努力，感谢上帝，我们开局很好。”的确，在所有球队悉数亮相之后，梅西的价值凸显无疑。在各队小组赛第一场中没有比他表现更好的球员，他的表演还在继续。对阵韩国的比赛中，他身兼数职，扮演了球队指挥官、串联和前锋的角色。马拉多纳将他置于马斯切拉诺身前，活动范围覆盖整个中场，他的身前是四位攻击手：马克西、特维斯、伊瓜因和迪马利亚。“小跳蚤”组织了整场比赛，出球，主罚任意球和角球，为前锋输送炮弹。最终阿根廷的 4 球里每一球他都是主角。

他主罚的任意球造成朴周永自摆乌龙；伊瓜因的第一球来自他的传中；他的马赛回旋戏耍了韩国防线，射门，守门员李云在用脚挡出，梅西再补一脚打中门柱折射到伊瓜因脚下，后者打入个人第二球。最后一球也是梅西起球为阿圭罗送出完美传球，帮助伊瓜因完成帽子戏法，暂时登上射手榜首位。阿根廷从等着被看笑话的对象摇身一变成为无可辩驳的大热门。《国家报》写道：梅西“也可以是哈维”。他只缺进球，但是所有人都确信进球很快会到来，最相信的人就是马拉多纳。6 月 22 日阿根廷在波罗瓜尼对阵希腊。1994 年美国世界杯上马拉多纳在因为禁药被停赛之前踢得最后一场国家队比赛正是对阵希腊。已经手握八强门票的迭戈派上以替补球员为主的首发 11 人，但是里奥还是首发出场了，因为“有一个这样的球员却不让他上场简直是犯罪……我不能对球队、对我们自己的人民犯这种罪”——马拉多纳如是说。主教练为他的 10 号保留了一个巨大的惊喜，直到比赛前一天才揭晓。梅西很激动，这将是他第一次戴上国家队的队长袖标。受到寒冷天气的影响，阿根廷在波罗瓜尼的彼得·莫卡巴球场踢了一场艰难的比赛，不过还是以 2 比 0 淘汰了希腊，三战全胜晋级 16 强。作为队长的梅西遭到帕帕斯塔索普洛斯的一对一盯人防守。这位希腊 19 号队员简直全场都贴在梅西背上，从第 1 分钟到第 90 分钟。而当里奥内尔想起脚射门时就会发现另外三位希腊队员围上来。教练席上的马拉多纳看到自己的弟子遭到的犯规心急如焚却无能为力。直到德米凯利斯进球打破僵局之后，里奥内尔开始找到空间，展现出自己最好的一面。他在奔袭中甩开两名防守队员，左脚射门打中后门柱。第 88 分钟，他从右路启动突破，和迪马利亚撞墙配合后再次打中门柱，措尔瓦斯扑出，“光荣的老将”马丁·帕勒莫[①]补

① 2010 年南非世界杯南美预选赛倒数第 2 轮，阿根廷在第 92 分钟凭借帕勒莫的进球暂时逃过了预选赛被淘汰的厄运，帕勒莫堪称本场比赛的英雄人物。主帅马拉多纳更是称他为“圣帕勒莫”。

射得手为阿根廷锁定胜局，让马拉多纳欣喜若狂。

6月24日，里奥内尔度过了自己的23岁生日，他说："我现在的状态是因为迭戈和我说的一切。"马拉多纳则回应说："我感谢他这样说，但是里奥内尔能达到现在的高度是因为他想。我看到他很开心，很享受。他找着我想上场踢球。对那些说梅西不唱国歌的人，他们觉得他不开心……谁会喜欢输球呢？我们输掉了预选赛。如今一切都改变了，能让梅西开心是所有人的骄傲，包括他的队友们。"迭戈又一次盛赞梅西说："世界杯赛场上没人及得上里奥的30%。没人够得上他的级别。"

八分之一决赛。阿根廷对阵墨西哥，6月27日，约翰内斯堡足球城体育场。梅西让马拉多纳的赌局泡汤。他没能进球，比赛结束后，阿根廷10号开玩笑说"我得在对阵德国的时候进两球，不然就一无所获了"。在特维斯用一记越位球首开纪录之后，阿根廷依靠球队的熟练和经验3比1战胜了哈维尔·阿吉雷率领的墨西哥队。为特维斯的头球送出助攻的梅西说："我以为这球会吹掉，因为大家都在看球场上方大屏幕的回放。很幸运没有，那是个进球。"对里奥内尔而言，那不是一场轻松的比赛。他很不舒服，不得不后退到中圈去拿球。蓝白军团的中场运转失灵，"小跳蚤"必须承担所有，也就远离了自己最能发挥杀伤力的区域。关于梅西场上位置、中场人员调配和马拉多纳的排兵布阵的争论又开始了。"球队已经晋级四分之一决赛，但是他们最好的球员却不能像首秀时那样闪光。他是在自己最有杀伤力的位置踢球吗？与他配合的球员是最合适的吗？"《号角报》提出这样的问题，呼吁更换中场球员好解放梅西，因为他没法在距离对方球门太远的地方进球，因为不能浪费这位世界上最好的球员。

然而四分之一决赛中等待他们的是德国。日耳曼战车是横扫法比奥·卡佩罗的英格兰晋级的，在穆勒、厄齐尔、赫迪拉和克洛斯这样的技术球员的努力下，勒夫的机器踢出了年轻而令人享受的足球。德国为阿根廷留下的记忆喜乐参半。有1986年墨西哥世界杯决赛的3比2险胜捧杯的狂喜，也有1990年意大利世界杯决赛负于德国后马拉多纳的泪水，还有2006年世界杯点球大战被德国淘汰的不甘。而这一次，将只会是惨痛的回忆。德国战车碾碎了阿根廷人全部的希望，他们踢得像一个团队，赢得清楚而轻松。这是由施魏因施泰格领衔的集体对一支只有前压的意愿和杂乱无章的战术的一群个人组成的蓝白军团的胜利，马拉多纳曾被誉为变革性的预定战术在最重要的一战里一败涂地。梅西用了15分钟时间才第一次碰到皮球。他试图组织进攻，解决比赛，然而除了那些毫无作用的闪身过人，一些定位球和界外球的细节和两脚草率的射门之外，没什么值得铭记的。而施魏因施泰格和他的队友们在防守梅西的时候甚至没有一次犯规。在远离球门的地方，里奥内尔丢球12次，没有一次抢回来。他很失望因为队友们在少数几次德国人留给自己空间的时候都没能传球给他。最终他身处荒芜之地，坠入深渊。

他的世界杯成绩单是悲伤的。出战5场比赛，他的射门次数无人能及：30次（12脚命中门框范围，两脚打中门柱）但是却始终没能进球。而这还不是最重要的，在对阵尼日利亚的首战之后，他的星光逐渐黯淡，直到对阵德国时已经泯然众人，当所有人以为他是超人无所不能的时候。这场灾难谁之过？这是他的错，没能踢出一场值得铭记的比赛，也是马拉多纳安排给他的串联角色的错，这让他远离了对方禁区。但最主要的过错来自迭戈的排兵布阵：4-1-5非常大胆，但是对阵德国完全失效。过错在于缺乏一位中场大将能激发出里奥内尔最好的踢球状态。

第二天阿根廷媒体的标题：

“国家队在世界杯受辱，1974年以来最大惨败”——《号角报》

“德国剥光阿根廷”——《民族报》

“梅西没进球没荣誉”——《奥莱报》

“梅西的泪。阿根廷的泪”——《侧影报》

是的，里奥内尔在赛后一语不发，他没有像马拉多纳那样说“这是我经历过的最痛苦的时刻”，这样的打击“只剩下泪水”。几天后，他在被翻译成中文的腾讯博客上留下这样几行：“我真的感觉很糟糕，我想回家。我们没踢好比赛，没有完成很多人的期待，我们得从头开始。”当他的巴萨队友安德烈斯·伊涅斯塔用绝杀球为西班牙捧得国家历史上第一座大力神杯，里奥内尔在距离南非很远的地方。狗仔队拍到他和女友在巴西里约热内卢的海滩上度假。那座城市正是 2014 年世界杯的举办地。到时候梅西已经 26 岁，和马拉多纳 1986 年称王时一般年纪。谁知道……也许梅西也会在那一年加冕。

24. 意外之奖
2011 年 1 月 10 日

佩普·瓜迪奥拉的脸简直就是一首诗，表情胜过千言万语，描绘着那一刻的激动和惊喜，或者也可能是一个人或一整个国家的失望之情。虽然《法国足球》杂志本希望由约翰·克鲁伊夫来揭晓答案，而国际足联提出的人选是大卫·贝克汉姆，最终打开装有金球奖得主名字的信封宣布结果的是这位巴萨主帅。在以“女士们，先生们”开场后，出于礼节瓜迪奥拉先后用加泰罗尼亚语、卡斯蒂利亚语和英语说：“国际足联金球奖获得者是……”照相机镜头对准了 3 位候选人，也是他麾下的 3 名球员：安德烈斯·伊涅斯塔、里奥内尔·梅西和哈维·埃尔南德斯。他们是巴萨历史上的新三叉戟。同一家俱乐部 3 名球员同时入围金球奖三甲，这是对一种比赛风格和足球流派的认可，是 20 世纪 80 年代末之后再也没出现过的情形。当时阿里戈·萨基率领的 AC 米兰曾经连续完成两次这样的壮举：1988 年马尔科·范·巴斯滕、路德·古力特和弗兰克·里杰卡尔德位列前三；1 年后依然是范·巴斯滕夺魁，这次领奖台上站在他身边的仍然有里杰卡尔德，再加上巴雷西。

瓜迪奥拉拆开信封取出写有结果的卡片却拿反了面，金球奖得主的名字首先暴露在了公众眼前。巴萨少帅愣了一下，终于找到了正确的一面，宣布道：“里奥内尔·梅西”。

几天前，记者就小道消息称安德烈斯·伊涅斯塔将获金球奖的事询问瓜迪奥拉时，后者回应道：“我认为梅西是最好的。”而苏黎世议会大厦的颁奖现场，最终的结果太过出乎意料，引发了一片震惊，甚至连里奥内尔本人也没想到。罗萨里奥男孩带着一脸的疑惑和难以置信，扣上

D&G 牌西装上衣的纽扣，整了整领结，像迈克尔·乔丹投进一记漂亮的投篮之后一样吐了吐舌头，走上了领奖台。佩普与他握手，拍着他的后背将奖杯交给了他，并领着他走向国际足联主席约瑟夫·布拉特。此时，摄像机对准了在台下手握着手的梅西父母：塞莉娅和豪尔赫，以及微笑着的巴塞罗那俱乐部主席桑德罗·罗塞尔。到了获奖者发表感言的时间："晚上好，感谢大家的掌声。"梅西倚靠在讲台上说："其实我完全没想到今天会获奖。和我的队友一起站在这里非常开心，当然更高兴的是我赢得了金球。今天对我来说是特殊的一天，我要把它与队友们分享，感谢他们，没有他们我不可能站在这里。我也要把它和所有的巴萨人以及阿根廷人一起分享。"

虽然一切预测都把伊涅斯塔和哈维当作最大热门，梅西仍然荣膺国际足联 2010 年金球奖，这是 1956 年由《法国足球》杂志创立的金球奖和 1991 年由国际足联评选的世界足球先生两奖合并后的首次颁奖，综合考虑过去一年中的球员个人成就，获得的荣誉，球队参加的赛事的影响力以及公平竞赛等方面，参与投票的包括世界各国的足球记者，加上 208 支国家队的主教练和队长。阿根廷人获得了 853 分（22.65% 的选票），战胜了伊涅斯塔的 677 分（17.36% 的选票）和哈维的 637 分（16.48% 的选票）。在 23 岁时，梅西成为最年轻的拿下第二座金球奖的球员（阿尔弗雷多·迪·斯蒂法诺在 1959 年第二次获奖时已经 33 岁；米歇尔·普拉蒂尼 29 岁；约翰·克鲁伊夫 26 岁，罗纳尔多在 2002 年韩日世界杯后拿到第二座金球时也是这个年龄；马尔科·范·巴斯滕拿到第二座金球奖时则是 25 岁）。

"梅西配得上这个奖。没有什么借口，他就是最佳。我非常高兴，能站在这里本身就是一种奖励。"颁奖仪式后伊涅斯塔这么说。他对能够如此接近金球奖感到十分激动，即使最终没能获奖。铜球得主哈维则说："什么都可能发生。其实我们三个都不知道谁会赢，而当梅西脱颖而出的时候，从足球角度来说我觉得很公平，因为他是世界上最好的球员，是一个在每场比赛中都能发挥决定性作用的人。对我来说没有拿奖没什么。在足球圈子里，任何个人奖项都是不公平的，因为足球是集体的运动；比如劳尔、卡西利亚斯和普约尔都没拿过金球，但他们都配得上它。值得高兴的是金球最终还是被我们巴塞罗那，被拉玛西亚收入囊中。”

他们三人真的都不知道谁能最终夺魁吗？从梅西的表现来看似乎是这样。颁奖典礼前几小时罗萨里奥男孩都很平静，他比 2009 年在同样的地点领取国际足联世界足球先生时更加放松。在君悦大酒店他像往常一样参加了巴萨的派对，看不出一丁点他已经知道了金球奖投票结果的痕迹。他相信如果西班牙夺得了世界杯冠军，西班牙队的球员将会拿到金球奖。他说：“对我来说哈维和伊涅斯塔谁拿到金球都一样，他们都配得上。”这与皇马主帅穆里尼奥不同，后者已经提前知道自己战胜西班牙国家队主教练博斯克和佩普·瓜迪奥拉获得了最佳教练。梅西从没想过他将赢得第二个金球奖，他以为由于他在世界杯上的平庸表现，将与金球失之交臂。因此，当他首次作为 2010 年年度最佳阵容（卡西利亚斯、普约尔、皮克、卢西奥、麦孔、伊涅斯塔、哈维、斯内德、克里斯蒂亚诺·罗纳尔多、比利亚、梅西）中的一员亮相苏黎世议会大厦时，他显得很放松，没有在其他场合下体现出的紧张。而当 20 点 05 分瓜迪奥拉念出他的名字时，莱奥才意识到意料之外的事变成了现实，就像圣诞老人给他带来了他最想要却不敢写在纸片上的礼物一样。在接过奖杯的时候他甚至感到羞愧，因此在麦克风和摄像机前他几乎是在向领奖台上的俱乐部队友请求原谅。在返回巴塞罗那的航班上，摘去领结脱掉外套的梅西穿着西装衬衫从座位上举起酒杯说：“我要敬哈维和伊涅斯塔一杯。虽然我赢得了金球，但他们同样配得上，甚至比我更加配得上它。所以金球也是给他们的。”

除了惊讶之外，梅西的获奖似乎没有引发任何获奖者和落选者之间的问题。比如，何塞·穆里尼奥说："对我而言，梅西，伊涅斯塔和哈维像是另一个世界中的球员。当一个像梅西一样来自其他世界的球员获奖时，理应得到所有人尊重。显然我希望斯内德获奖，因为他过去一年表现出色，或者是克里斯蒂亚诺·罗纳尔多，他现在是我手下的球员，抑或迭戈·米利托。但是我应该尊重当选者。"

而所有人眼中最佳教练的大热门博斯克则回应记者时说："在这里没有失败者。选出最佳非常困难，但我认为无论是穆里尼奥或者是梅西都配得上获奖。"

但伊戈尔·卡西利亚斯，皇马和西班牙国家队的双料队长持有不同的看法："如果我要给金球奖评选找个基本的依据的话……世界杯成绩在这样的奖项中总是占有很大的比重，除了西班牙捧杯的这一年。我只能说我们不够走运。所有的西班牙人都感到小小的失望。我本希望伊涅斯塔或哈维获奖，但我们会继续努力争取有一天金球奖能属于我们。"（值得一提的是历史上只有一位西班牙人获得过金球奖，路易斯·苏亚雷斯在1960年赢得了这个奖项。）

第二天争论仍没有停止。

"西班牙生气了。金球奖给了梅西是对西班牙的戏弄"，《阿斯报》以此为标题。这家马德里报纸在报道中指出："获得世界杯冠军的球队在冬天包揽国际足联各项奖项的范例没有重演。尤其是今年西班牙球员获奖本来似乎是铁板钉钉的。"而且这家报纸还补充道："梅西，没有了他们（哈维和伊涅斯塔），只是个渺小的梅西。"

"两个巨人（梅西和穆里尼奥）以及一个反西班牙者"，《马卡报》头条如此写道。"布拉特1个月以来两次扇了西班牙足球的耳光：12月他使西班牙失去了2018年世界杯主办权而现在他让哈维、伊涅斯塔和博斯克空手而归"。在网络主页上《马卡报》发布了一项调查：梅西获得 2010 年金球奖是否公平？12 小时内收到了 80000 余份投票，68.2% 的投票者的意见与《法国足球》杂志和国际足联的选择并不相同。

但是对国际足联表示失望的并不仅仅是网民和马德里的体育媒体；西班牙《国家报》发表了署名为何塞·萨玛诺的文章，分析了西班牙在投票箱中拥有的地位与分量：“在那么多条揭开金球奖谜底的捷径中，南非世界杯应该是最好的晴雨表。不仅仅因为它是展示足球的最好的窗口，而是因为它是评判昨天 3 位候选人的标准。梅西和哈维、伊涅斯塔一起赢得了联赛冠军，但在南非没有他们俩梅西失败了；而那两位西班牙球员没有那个阿根廷人的帮助却站到了最终领奖台上。与梅西一样，哈维和伊涅斯塔代表着一种使足球更美丽的风格，但他们更代表一支连续获得两项大赛冠军的国家队。从 1995 年该奖项开始颁发给非欧洲球员开始，在世界杯年获奖的都是世界冠军：齐达内（1998）、罗纳尔多（2002）、卡纳瓦罗（2006）。也许应该问一问为什么西班牙在所有的国际体育投票中失利：2016 年奥运会、2018 年世界杯和 2010 年金球奖……对巴萨来说这是难忘的一天，梅西配得上这个奖项，但西班牙足球却不应受到这样的漠视。”

如果说在马德里失望和“民族主义”的评论占了上风，在法国和意大利则都在讨论评奖的准则。几乎没有人赞同梅西当选。“梅西？不！”《米兰体育报》以此为标题，概括了意大利媒体的普遍感受。《玫瑰报》曾预言伊涅斯塔将成为胜利者，对他们来说“小跳蚤”连续第二年夺得金球是“难以置信的”，“不公平的”，因为这“完完全全地”没有奖励 2010 年度的世界最佳球员。都灵的日报《新闻报》写道：“足球迷失了方向”，因为“梅西参加的比赛中他什么都没能赢下”。上赛季梅西打入 47 粒入球，帮助巴萨连续第二次夺得联赛冠军并战胜塞维利亚夺得西班牙超级杯冠军，但这并不意味什么。阿根廷人赛季初的惊艳表现（26 场打入 28 球）也不意味什么。真正具有价值的是世界杯和欧洲冠军联赛。比起公正评判梅西的个人能力，媒体更多地争论国际足联的新标准。10 月 26 日，当 23 人候选名单公布时，最初的争议就已经产生了：为什么帮助国际米兰征服意甲和欧冠的迭戈·米利托没能入围？或者相反地，为什么阿萨莫阿·吉安（效力于雷恩和桑德兰）仅仅因为他在世界杯上为加纳队打入 3 粒进球就可以入围？ 12 月 5 日金球奖前三名名单公布后，争论变得愈发激烈。比如，意大利人无法理解为什么国际米兰的荷兰球员斯内德，作为三冠王（意甲、欧冠和意大利杯）和世界杯亚军成员，在世界杯上攻入 5 球，却无缘领奖台（随后得知在记者投票中斯内德排名首位而梅西仅排名第四）。无论如何，没有人期待阿根廷人能站上最高领奖台；所有人都认为打入关键进球帮助西班牙首夺世界冠军的伊涅斯塔将获得金球奖。欧足联主席普拉蒂尼表示："这不是一桩丑闻，但是在世界杯年，金球奖理应颁给世界杯上的主角，就像 1982 年的保罗·罗西一样（该年意大利在西班牙世界杯上夺冠）。"

但是在巴塞罗那人们不这么想。《世界体育报》写道："无可争议的世界第一不需要世界杯就能赢得金球。""梅西的进球，巴萨的荣耀"，《每日体育报》的标题强调了在个人之上有一个唯一的胜利者——巴塞罗那。唯一的不同声音来自《足球先生》，在他们的报道中写道："梅西是世界第一这没有什么争议，但是在 2010 年，承蒙伊涅斯塔允许，哈维由于他的贡献才应该获得这样的荣耀。"

在阿根廷这次没有争议；所有媒体一致为梅西高唱赞歌："梅西，再次成为最佳"——《号角报》；"全世界臣服于梅西"——《民族报》；"纯金的梅西"——《12 页》；"金球的秘密"——体育日报《奥莱报》在封面上如此写道，借用了胡安·何塞·坎帕内拉执导，里卡多·达林主演的电影的名字。

"如果有 3 个金球，就能发给他们 3 个人，但是金球只有 1 个，不管多么热门，只有最好的那个人能获得它。哈维是球场上的权威，但进球的是梅西。伊涅斯塔在世界杯决赛上进球，这很好，他是一个出色的天才球员。我想让他加盟我的队伍。但是在这三人中，我选择我的10号梅西。”迭戈·马拉多纳肯定地说。当问他关于西班牙人对梅西夺魁的“愤怒”时，马拉多纳回应：“虽然他们是世界冠军，但我们有世界上最好的球员。”

针对国际足联金球评选广受批评和许多人认为罗萨里奥男孩抢走了西班牙足球的荣誉，瓜迪奥拉在颁奖典礼次日发表回应，重申梅西是最佳球员。“怎么能说梅西偷走金球！梅西给了我们许多，他让我们周末能坐着享受比赛，他在最好和最受尊重的联赛踢球。哈维和伊涅斯塔本来可以赢得金球？当然，但是梅西赢了因为超过400人投票给他。如果有人认为这不公平，那是因为他们的喜好不同。先生们，”巴萨主帅呼吁道：“这是一门艺术。人们坐下看一场比赛，然后说‘我喜欢这场比赛，等等’，然后在每年年底闭上眼睛，找一个这一年踢得最好家伙把票投给他。不用多绕圈子。西班牙是世界冠军，这点已经很好地体现出来了，他们有6个人入选年度世界最佳11人。我不知道西班牙足球还能得到什么其他褒奖了！”

尽管有这么两大“辩护人”，梅西必须自己承担责任，向全世界解释自己没有“偷窃什么”，解释自己为了赢得金球立下了功劳。在新闻发布会上，以及之后，《法国足球》颁奖典礼后在他家中进行的长篇采访时，他都这么做了。他并不把那些认为他获奖不公平的人放在心上。“对我来说都一样，”他说，“我感谢、尊重我的队友和我的家人朋友们。所有的队友都为我感到高兴，这很重要。西班牙足球应该感到高兴，他们是世界冠军，是欧洲冠军，而且拥有最好的联赛。”在谈到队友时他解释说：“我们之间没有嫉妒。我们在更衣室里很团结。我们不仅仅是同事，更是朋友。我们清楚我们之间的关系，我们知道如何相处，我们之间不需要相互解释什么。我们唯一应该学会的是保持一切如常。”他还补充说哈维和伊涅斯塔在他们的位置上都是世界最佳。他很遗憾当听到金球奖颁给他时没有去拥抱他们，但他解释说当时自己吓了一大跳，腿都颤抖了。他对再夺金球有什么感受？“我很开心，很自豪。在我这个年龄拿到两个金球奖是很有说服力的。或者说，难以想象的。”

2011 年 1 月 12 日星期三，诺坎普，国王杯四分之一决赛第一回合对阵贝蒂斯赛前。球场的中圈里金色的气球组成了一只巨大的金球。梅西、哈维和伊涅斯塔在场上通过扩音器倾听着他们各自的父母给他们的话。红蓝队长卡莱斯·普约尔走上前去，把奖杯交给巴萨 10 号。梅西举起金球，向观众致意并摆好姿势照相。与此同时全体队员和教练组为他喝彩，看台上爆发出阵阵掌声。85 分钟后，“梅西！梅西！梅西！”的喊声更加震耳欲聋。“小跳蚤”用他的方式来庆祝自己勇夺金球，那是又一次的帽子戏法。

25. 就是最好

2011 年 5 月 28 日

还能说什么呢？在温布利的决赛之后关于莱奥还能说什么呢？唯一能说的就是梅西就是最好的。这是公认的。以至于英国媒体和阿根廷媒体第一次取得了共识，使用了同样的词语：国王。布宜诺斯艾利斯的《奥莱报》的标题“上帝保佑国王”戏耍了英国人最爱的国歌名“上帝保佑女王”，而伦敦的《泰晤士报》在周日特刊中说“梅西王统治全场”。此前梅西已经在 2009 年的罗马加冕欧洲之王，而球迷们在巴伦西亚的国王杯之夜也敢当着西班牙国王胡安·卡洛斯一世的面给“小跳蚤”国王的名分。不过，这一次，在温布利大球场这座伦敦足球圣殿，“小跳蚤”领衔了一场足球的绝妙表演，其快乐、共鸣与精巧让现场观战的英国球迷都为之折服，确信他们看到的是最美丽的比赛。这是一场他们都会讲给自己孙辈们听的较量，一场值得嘉奖的表演。梅西作为全场最佳球员耗尽了所有媒体的溢美之词，《卫报》甚至将他与南多尔·希代古提 ① 相提并论，1953 年一个秋天的午后南多尔在老温布利球场上演帽子戏法帮助匈牙利队 6 比 3 战胜英格兰。整场比赛，梅西以球队为上，为整支队伍浴血奋战。他寻找空间，无处不在，不断帮助球队形成区域人数优势，拆散了曼联的三线。他一个人上演了全套：过人、有威胁的直塞、助攻、射门。他让曼联后防忙得团团转，简直是维迪奇和埃弗拉最大的噩梦。赛后红魔主帅弗格森爵士在新闻发布会上这样评

① 南多尔·希代古提（Nándor Hidegkuti），匈牙利足球名宿，司职中锋，曾和普斯卡什一起帮助匈牙利队在 1954 年世界杯上获得亚军。职业生涯代表匈牙利国家队出场 65 次打入 39 球，而他的成名战就是 1953 年匈牙利 6 比 3 大胜英格兰的比赛中独中三元。

价道："说真的，尽管我们一直对梅西保持警惕，却从来没能控制住他。我们没能很好地守住中场也没能抵抗他们。"

在比赛最初的 9 分钟里，"小跳蚤"似乎和巴萨全队一样迷失在曼联各个击破的战术里，朴智星甚至从他脚下连续抢断了 3 次，然而梅西在第四次送出精妙短传，巴萨开始构筑他们的大师之作，始终恪守有质量的运动战，用一场伟大的表演摧毁了曼联。这样的欧冠决赛是罕见的，弗格森说："我们从没这样输过。"

里奥内尔和哈维、伊涅斯塔连成的魔幻三角主宰了足球，阻挡了红魔的任何努力，为观众呈现了创造力、精确度和速度的榜样。所有人一起。

韦恩·鲁尼打出一记石破天惊的射门，球从门将维克多·巴尔德斯的右边飞进球网，为曼联追平了比分（此前佩德罗为巴萨首开纪录），让梦剧场球迷们又看到了希望。但是红蓝军团整个上半场的表现和他们即将在下半场做出的一切都证明这只是一场海市蜃楼的愿景。巴萨只需要重新开始无止境的短传配合，只需要一个可能一次性解决战斗的人。这一点上，没人比梅西做得更好。梅西再次和中场的两位魔术师配合作战，哈维传给伊涅斯塔，伊涅斯塔将球送给莱奥。这脚传球看似毫无威胁，似乎只是巴萨全场 812 脚传球（726 脚成功 86 脚失败）中的一脚。莱奥距离球门 30 米，经过三次触球，在曼联后卫注意到危险来临之前，梅西已经移动到中路距离球门 20 米处。他闪过迎上来抢断的埃弗拉起脚射门。干净利落，势大力沉。禁区外的左脚射门。这是 40 岁的曼联门将范德萨漫长而光辉的职业生涯的最后一战，然而在告别之日，他看见梅西的射门时已经太晚了。他没有时间反应，努力伸长手臂，却只能看着皮球蹦跳着入网。赛后梅西说："我有足够空间射门，守门员已经出来了，很幸运球进了。"这不是巴萨 10 号打进的最漂亮的进球，他却从没有这样疯狂地尖叫庆祝过。因为这一球出现在巴萨最需要的时刻，为球队再次取得领先。就这样，在大卫·比利亚以一记精确制导的完美射门结束这场盛宴之前，梅西已经终结了红魔的全部希望。

进球后的莱奥像个小疯子一样大喊大叫冲向角旗，路上踢翻了一支话筒；如果不是队友们团团围住拥抱疯狂地踩着广告牌的梅西，他肯定直接爬上看台和巴萨球迷一起庆祝。这一球是“小跳蚤”当赛季出场的比赛中打入的第 53 球（联赛 31 球，欧冠 12 球，国王杯 7 球，西班牙超级杯 3 球），追平了以 40 球捧走联赛金靴奖的克里斯蒂亚诺·罗纳尔多，这个奖对“小跳蚤”来说似乎已经不重要了。相比那些靠数据堆积起来的个人荣誉，巴萨 10 号还是更喜欢冠军奖杯。无论如何，欧冠赛场完全是他的领地：单赛季 12 球的成绩追平了路德·范·尼斯特鲁伊在 2002 至 2003 赛季身披曼联球衣创下的纪录。就这样，梅西连续第三个赛季荣膺欧冠最佳射手，此前 2008 至 2009 赛季他打入 9 球，2009 至 2010 赛季尽管未能进入决赛，他仍以 8 球登顶。这样的成绩只有德国“轰炸机”盖德·穆勒和法国人帕潘做到过。莱奥在 59 场欧冠比赛中打入 39 球，近乎野蛮。这还不是全部，他还终结了一个魔咒：此前他在英国土地上踢过的 8 场比赛都未能取得进球。这一次，他终于可以在英国土地上为自己的进球欢唱。“加比·米利托赛前跟我说这场比赛我会打破此前在英国无进球的厄运，所以我把这粒进球献给他。又一次在欧冠决赛中进球，为球队赢得这么重要的奖杯，这是一个所有巴萨球迷都享受的巨大喜悦。”赛后 23 岁的“小跳蚤”这样说。这是他个人的第三个欧冠冠军，第 14 座冠军奖杯。抛开数据和奖杯不谈，关于梅西最重要的、最值得强调的是，在所有的大场面里，他永远都在那里，永远都会灵光闪现，永远都是决定性的，永远都倾其所有奉献出最好的自己。让我们来听听佩普·瓜迪奥拉在决赛后被问及阿根廷人时是怎么说的：“他是我见过的最优秀的球员，我是来这儿看他表演的。如果没有他，也许我们还是可以拥有很高的竞技水平，但是永远不会完成质的飞跃。我们的能力很强，比赛证明了这一点，我们有天分，我们有梅西。他是独一无二的，不可复制的。我希望他不会厌倦，希望我们有能力让他感觉舒服，希望俱乐部给他合适的队友与之配合，希望他能继续这种均衡的个人生活，因为只要这一切都发生，莱奥势不可挡，永不失败。”是的，梅西从未失败，在温布利，或是整个 2010 至 2011 赛季，他 1 分钟也没感到厌倦。那一年的标志是与皇马永恒的较量、与克里斯蒂亚诺・罗纳尔多无休止的比拼。所有一切都在五次国家德比中发生——其中四次集中在 1 个月之内。

这场国家德比系列战的第一枪在 2010 年 11 月 29 日打响。巴萨和皇马的重量级对决在一个周一上演显得很奇怪，不过当周周日恰逢加泰罗尼亚大区普选，所以最好还是不要掺和到政治里。新闻里说这是多年来双方实力最势均力敌的一场国家德比，马德里媒体信心满满地声称终于到了巴萨皇马权力交替的时刻。为什么？因为——他们说——克里斯蒂亚诺比梅西强大，因为厄齐尔是天才，因为迪马利亚和本泽马是两个伟大的前锋。因为穆里尼奥不是佩莱格里尼，不是舒斯特尔，不是胡安德・拉莫斯，也不是法比奥・卡佩罗。6 个月前，正是这位葡萄牙人指挥国际米兰很好地限制了红蓝军团的团队踢法，阻挡了瓜迪奥拉的球队进军在马德里举办的欧冠决赛。皇马选择这位主教练就是将他视为对付加泰罗尼亚魔法的解药。而这场德比之前，穆里尼奥率领皇马在联赛中保持不败，以领先巴萨 1 分的 32 分位居积分榜首位。他指责巴萨此前的战绩，认为裁判和各队教练是红蓝霸权的帮凶。这是“特别的一位”经典的挑衅宣传，这样虚张声势的大话将逼他付出昂贵代价。诺坎普冰冷的大雨夜，皇马净吞五弹，而且他们就算输掉 6 球、7 球、8 球也不会有任何人说这是丑闻。巴萨在各方面完全压制住皇马，克里斯蒂亚诺・罗纳尔多的表现只有一脚 40 米外任意球划过巴尔德斯镇守的外门柱，为了争抢界外球推搡瓜迪奥拉引发双方球员冲突，还有和他的葡萄牙籍主教练之间进行了一场蠢货间的对话，除此之外，他完全从球场上消失了。这是他个人对阵巴萨的第6场比赛，又一次他两手空空地离开巴塞罗那城。梅西也没能进球，此前他已经连续10场比赛有所斩获。但是他很慷慨地为大卫·比利亚送出手术刀般精准的传球让后者打入了球队的第3和第4球。“小跳蚤”让卡瓦略、拉斯·迪亚拉、佩佩和塞尔吉奥·拉莫斯几乎精神失常，最后这位在第92分钟对梅西犯下不必要的犯规，并在对普约尔和哈维大打出手后被红牌罚下场。拉莫斯会在这场比赛中如此失态并无奇怪之处，皇马球员不得不承认穆里尼奥的球队尚未建成，从锋线到防线都仍然需要完善，他们发现自己根本不知道该如何摧毁永远的对手踢出的足球。要知道，穆里尼奥率领的球队从来没有输过0比5。在新闻发布会上，葡萄牙主帅很平静地总结道：“这是一场很容易接受的失利，不是那种你本该赢却输了的比赛，不是那种你打中很多次门柱却输了的比赛。今天只有一支发挥到极致的球队和一支踢得很糟糕的球队。在你得到重要奖杯的时候要保持性格，有理由喜极而泣。而当你像今天这样输掉的时候你没有权利哭泣，你要赶紧去努力训练。我真希望明天就和他们再踢一场。”但是“特殊的一位”要等到2011年4月16日才能与巴萨再战。那是国家德比马拉松之月的第一幕。

自从11月29日之后，佩普的球队再没有让出联赛积分榜第一的宝座。他们超越了皇马在1960至1961赛季创下的16连胜纪录（当时的皇马拥有普斯卡什、迪斯蒂法诺、亨托和桑塔马利亚四员大将），遥遥领先皇马8分之多。与皇马再战4天之前，他们刚刚客场1比0战胜了顿涅茨克矿工队（首回合主场5比1胜[①]）晋级欧冠四强。3月瑞士尼翁的抽签仪式已经决定了他们将在半决赛中对阵皇家马德里。后者在八分之一决赛中战胜了黑野兽里昂，四分之一决赛则轻松战胜了托特纳姆

---

① 此处原文为5比0，但是实际结果是5比1。

热刺（主场 4 比 0、客场 1 比 0 双杀）。4 月 27 日和 5 月 3 日将上演的西班牙德比被视为提前的欧冠决赛，此外还要加上 4 月 20 日的西班牙国王杯决赛。

我们从联赛第 32 轮的国家德比讲起。这是“穆家军”从加泰罗尼亚大军手中争夺联赛冠军奖杯的最后机会。8 分的确很多，但是谁知道呢……一场胜利也许能让白衣军团获得心理优势继而影响此后比赛的结果。4 月 3 日皇马在主场迎战希洪竞技的比赛中遭到意想不到的失利，距离榜首又远了一步，穆里尼奥也遭受了自己 9 年联赛执教生涯的主场首败，但国家德比是另一回事。穆里尼奥准备在这场试金石般的关键比赛中大干一场。德比前日在巴尔德贝巴斯的新闻发布厅，穆里尼奥拒绝开口，让他的副手卡兰卡出席。记者们怒而离场集体抗议。面对皇马主教练的沉默，瓜迪奥拉用赞美对手的足球予以回应：“我从没见过像现在的皇马这样的球队。他们从卡西利亚斯那里发动进攻到出现在你的门前只用上 4 到 5 秒的时间。他们比我们去年相遇时强大了很多，更有实力，射门更多，高球更多，到现在他们有更多的时间磨合，就更难控制他们。”他还补充说：“穆里尼奥有很多优点，他懂得用各种不同的方式踢球。我们要非常小心，因为这决定了你进攻和防守的方式。”葡萄牙人点燃了整个气氛，毫无疑问是球场外国家德比的绝对主角。梅西则是球场上的主角。当时 10 号小个子已经在 45 场比赛中打入 48 球，是巴萨单赛季进球最多的球员，打破了罗纳尔多·纳萨里奥·达·利马在 1996 至 1997 赛季创下的个人单赛季进球纪录。在联赛射手榜上，梅西甩开了自己的直接竞争者克里斯蒂亚诺·罗纳尔多 13 球。他对球队的贡献绝不仅仅是这些细节。巴尔德斯说：“梅西带给我们的不仅仅是进球。他在球队的防守和进攻中都做出了很大贡献，他在场上对所有人都是有益的。”梅西越踢越好，和队友的磨合也日趋完美，在场上他越来越收放自如，拿捏得当，知道在同一场比赛中何时加速何时休息。瓜迪奥拉说："他已经把超凡卓越变成了家常便饭。"但是对阵穆里尼奥执教过的各支球队梅西还从未破门得分。这一次，对阵"穆家军"的第九战，他终于得手。第 52 分钟，阿尔比奥尔对单刀突入禁区的比利亚犯规被出示红牌，梅西主罚点球命中。12 码线上梅西从不失败，他的对手克里斯蒂亚诺·罗纳尔多也是如此。第 82 分钟，罗纳尔多也用点球扳平了比分，在对阵巴萨的第 7 场比赛中葡萄牙人终于攻破了对方球门。最终这场乏善可陈的丑陋比赛以 1 比 1 告终。马德里因为害怕又一次大比分的打击而摆出纯防守阵形，几乎是意大利式的 4-3-3 试图阻断对手的进攻。赢球？只能靠定位球、界外球发动进攻，或者反击。巴萨方面，他们拥有比分和人数上的优势却没有把握住。这场平局让巴萨将俱乐部历史上的第 21 座顶级联赛奖杯收入囊中，也给了皇马迎战剩下三场国家德比的信心。伯纳乌的球迷甚至把这场平局当作胜利一般庆祝。这场粗鲁的比赛开启了各种争吵，一开始是穆里尼奥在赛后新闻发布会上指责裁判，编造出一套隐藏的权力阴谋，认为他的队伍无论是切尔西、国际米兰还是皇马都成了这套阴谋的受害者："我很烦每次我的队伍对巴萨都只剩下 10 个人。这场比赛我们 11 打 11 的时候很势均力敌。然后，就像无数次发生的那样，巴萨 11 打 10，那再想赢这支世界上控球最好的球队简直是不可能的任务。又一次，我注意到裁判的判罚尺度偏颇简直让人难以置信。"

除了穆里尼奥，还有另一场难以想象的争端，这一次莱奥·梅西是中心人物。在比赛快结束的时候，他向着看台的方向大力射门，球从看台上被扔回之后梅西又一次将球踢向一群球迷。裁判没有发出警告，观众则发出巨大的斥责声。佩佩冲着梅西大喊："你疯了吗？"球迷们则完全被这一脚球惊呆了，难以置信。罗萨里奥男孩怎么了？他是个很少在球场上失去理智的孩子。为什么会做出这么丑陋的行为？直接责任人没有给出解释，也没有请求原谅的意思。他的队友们站出来维护他，说起球场上的恼怒，莱奥在佩佩的盯人防守之下无能为力，抱怨马德里中后卫对巴萨10号连续5次严重犯规却一张牌都没有吃到。这样的主题在这部电视剧的后续几集中又不断重演。

4月20日，国王杯决赛在巴伦西亚上演。在梅斯塔利亚球场，比赛可以被分成三节：上半场是皇马的华丽表演，下半场是巴萨的合唱时间，而加时赛，克里斯蒂亚诺·罗纳尔多和穆里尼奥赢得了比赛。葡萄牙7号力压阿德里亚诺接到迪马利亚的传中破门。致胜球。让马德里时隔18年又一次捧起国王杯。而梅西呢？《国家报》赛后是这样评价他的努力的：梅西“绝望地从所有可能的位置尝试进攻，永远都会陷入8名对方球员组成的深巷里，没法突破。他的带球和过人最后总是落入皇马球员组成的防守网里。‘小跳蚤’跑动更多，因为他的球队在上半场传给他的球比以往都要少。中场休息之后，一切改变了，他送给佩德罗的直塞堪称完美，尽管边线裁判以越位为由吹掉了那粒进球。然而球队肆意浪费了自己下半场的场面优势，这给了皇马反击的机会”。这段话对莱奥本人以及瓜迪奥拉率领的巴萨输掉的第一场决赛都是极为公正的。

7天后到了欧冠半决赛第一回合。赛前一天在伯纳乌的新闻发布厅，佩普·瓜迪奥拉爆发了。此前穆里尼奥又对梅斯塔利亚一战的裁判工作提出异议，并质疑半决赛的裁判人选，这一次，佩普发火了，在新闻发布会上说了足足两分多钟的独白。从没见过巴萨主帅这样做过：“既然穆里尼奥先生对我以‘你’相称，他叫我‘佩普’，那我就叫他‘何塞’。明天，晚上8点45分，我们要踢一场比赛。整整这一年，他赢了球场外的所有较量，我送他一个场外冠军。让他把这冠军拿回家吧。我们是来踢比赛的，我们赢球或者输球。他那些伟大的战绩让他总能在场外取胜，这很正常。而我们，只要拥有场上那些受人尊敬的小胜利就很满足了。在这个新闻发布厅，他是该死的头儿，该死的主人，都是他。他是全世界懂得最多的人，我一秒钟都不想和他争。”

一天之后，在球场上，“该死的头儿，该死的主人”是里奥内尔·梅西，而在新闻发布厅，又一次，还是穆里尼奥。阿根廷人梅开二度击垮了又一次龟缩防守、保守地盘踞在自己禁区的皇家马德里。简而言之皇马忙着阻止巴萨踢出自己的足球，根本没在踢球。这样消极的态度让克里斯蒂亚诺·罗纳尔多在上半场过半时冲着自己的队友做出绝望的手势，希望他们能从洞里出动，能策应他，能为他送出反击的球。正是罗纳尔多在上半场即将结束时创造了皇马整场比赛最有威胁的机会，他的远射和厄齐尔跟上的补射都让巴尔德斯难以招架，然而这是他们唯一的壮举。而梅西在另一边以中场的角色出现，远离了自己最有杀伤力的区域，只能忙于毫无意义的过人。下半场第 60 分钟佩佩对达尼·阿尔维斯右腿的恶意犯规改变了比赛。一张颇有争议的直接红牌，但是当值主裁斯塔克没有丝毫犹豫。紧接着他又毫不犹豫地将穆里尼奥罚上了看台，因为皇马主教练反应过激、言行过于夸张。巴萨 11 打 10，莱奥扎根在对方禁区。第 77 分钟，他像发疯的马蜂一样在禁区线上戏耍皇马后卫起脚射门，这次尝试未果，哈维抢断后将球传给阿费莱从边路突进。荷兰人传中到点球点附近，速度最快地抢在塞尔吉奥·拉莫斯解围之前赶到的是梅西。他用脚尖一捅，皮球入网。1 比 0。10 分钟之后，“小跳蚤”梅开二度。这一球进得豪华至极：进攻从中圈发起，布斯克斯从旁侧应，梅西带球将拉莫斯甩在身后，闪过阿尔比奥尔，变线突入禁区，施展脚下功夫跃过马塞洛，在拉莫斯来得及补防之前一锤定音，奇迹般的进球。

一切到此结束。这场比赛“该死的主人”是梅西。穆里尼奥则又一次在挑衅上完成了自我超越，他继续当新闻发布厅“该死的主人”，说：“皇马已经被淘汰出了欧冠，我们是骄傲地离开诺坎普的，我们赢得了属于我们的世界——也就是足球——的尊重，尽管有时候足球让我觉得恶心。我为活在这样的世界感到恶心，但是这就是我们的世界。我们下一场比赛没有了佩佩，他什么都没做；也没有拉莫斯，同样什么都没做；甚至都没有主教练，我不能在教练席上坐着……这样的结果逆转几乎是不可能的。而要是万一我们进了一球赢得了一线生机，一定又会被以这样的方式杀死。我的疑问是：为什么？为什么不让其他球队踢他们？我不理解！如果我对裁判和欧足联说出自己对已经发生的事的想法，我的职业生涯就此结束。我不知道是因为他们赞助了联合国儿童基金会，还是因为他们更友善，还是因为比亚尔（西班牙足协主席，欧足联副主席）对欧足联的事务有巨大影响力。事实就是他们拥有一样非常难得到的东西：权力。为什么罚下佩佩？为什么不吹对切尔西有利的那 4 个点球？为什么罚下范佩西？为什么罚下莫塔？这样的权力从何而来？他们的权力本该是足球方面的，他们的确有。他们本应该靠足球的实力赢球，那样赢球的滋味会完全不同。瓜迪奥拉是位出色的教练，但是他赢了一个我不齿于赢的欧冠冠军，因为他是依靠斯坦福桥丑闻夺冠的。如果今年他们又一次捧杯，那是依靠在伯纳乌的这次丑闻。所以我希望，因为瓜迪奥拉配得上，巴萨有一天能有机会得一座正直的、干净的欧冠冠军奖杯。”

穆里尼奥演完了，这一串话将让他付出昂贵代价。5 月 6 日，欧足联纪律委员会宣布对葡萄牙人罚款 5 万欧元并禁赛 5 场。其中一场禁赛他已经在 5 月 3 日的欧冠半决赛第二回合比赛中完成了。穆里尼奥甚至不在诺坎普的看台上，他从酒店的电视上收看了比赛。他看到自己的球队比此前的任何 3 场比赛都更加大胆、更有雄心，对巴萨造成的威胁也是前所未有，在比赛最初的 15 分钟里，红蓝军团甚至很难突出本方半场。慢慢地巴萨开始演示自己一直以来的踢法，只是梅西面对的是卡西利亚斯，后者在 5 分钟里用 3 次世界级的扑救拒绝了他的进球，救了皇马一命。是的，这一次梅西没能进球，但是他奔跑了 8000 米，为对方施压，造成卡瓦略得到一次口头警告，哈维 · 阿隆索、马塞洛和阿德巴约都因为他吃到黄牌。他受到了 12 次恶意犯规，完场时满身是伤。无论有没有进球，他都是比赛中决定性的人物。最终比赛以 1 比 1 的比分收场，决赛举办地温布利球场的大门向巴萨敞开。当巴萨疯狂庆祝这个精疲力竭的 1 个月的结束时，皇马在抱怨同僚的相助，和那个又一次帮了对手的隐秘阴谋。他们申诉伊瓜因被吹掉的进球（因为克里斯蒂亚诺犯规在先）。所有人，从卡兰卡到伊克尔・卡西利亚斯都将穆里尼奥的教诲熟记于心。克里斯蒂亚诺・罗纳尔多不假思索地说："这是不可能的任务第四代。巴萨是一支伟大的球队但是他们背后也有人。我不想看到一只黑手但是它惹到我了。"与此同时，梅西沉浸在诺坎普的气氛里，而心中的感情几乎要决堤而出的瞬间，是当佩普・瓜迪奥拉拥他入怀，将这个神奇的孩子锁在双臂间的时候。

5 月 11 日又是一场盛大的狂欢。在巴伦西亚市政球场，巴塞罗那 1 比 1 战平莱万特，连续第三年捧起联赛冠军奖杯。里奥内尔说："这是很艰难的一年，我们努力迎战像皇马这样的伟大对手。我们经历过非常糟糕的景况，但是我们知道如何一路向前。"不过在那个周五诺坎普的联赛冠军庆典上，当麦克风递到莱奥手中，他喊道："庆祝又一个联赛冠军是很快乐，但是我要把话留到 29 号说，等我们从伦敦回来。到时候我再说感言。"他提前一天兑现了诺言。在温布利大球场，他用脚下的球说了自己要说的话。颁奖仪式上，卡洛斯・普约尔做出了令人心生敬意的行为，让阿比达尔戴上队长袖标捧起大耳朵杯。以此向这位战胜肝脏肿瘤回归球队的勇士致敬。阿比达尔是在 3 月被诊断出肿瘤，他接受了手术，并在温布利大球场复出。梅西抱着大耳朵杯开心地笑着，用手指比出数字三，这是他拥有的欧冠奖杯数量。他对所有人说这是一场值得铭记的比赛："今天我们占尽优势，配得上夺冠。这支球队做到的事是恐怖的。我想至少在今天我们自己都不知道自己在做什么。我想继续赢奖杯。现在我们要去度假了。好吧，我得去美洲杯，不过我们会回来的，到时候一切都不会变。"

26. 一梦成空
2011 年 7 月 16 日

守门员扑向右边，皮球飞向左边。阿根廷 10 号没有失手。他是这场点球大战中第一个主罚的球员；起脚前等待裁判示意的漫长几分钟里，面对试图干扰自己的乌拉圭门将穆斯莱拉，梅西没有分心。射失点球的是“阿帕奇”特维斯，所谓“人民的球员”。穆斯莱拉在第三次运气的赌博中扑出了他的射门，乌拉圭在阿根廷的主场将对手淘汰出局，淘汰出这届本该属于阿根廷的美洲杯。距离 1950 年世界杯上巴西遭受的“马拉卡纳打击”[①] 已经过去 61 年，2011 年美洲杯上，天蓝军团再次在东道主的场地上重演了当年的一幕。这场胜利属于一支成熟坚固的队伍，一支组织高效、团结一心的队伍，一支踢最纯粹足球的队伍。7 月 24 日，在布宜诺斯艾利斯纪念碑体育场，乌拉圭战胜了巴拉圭捧起美洲杯。

与 2006 年世界杯相仿，一场点球大战将莱奥·梅西送回家。那时的对手是德国；而在圣塔菲，则是迎战乌拉圭的美洲杯四分之一决赛。面对乌拉圭，“小跳蚤”一脚如有神助的传中将球完美地送到冈萨洛·伊瓜因的头顶，皇马球星头球扳平比分，此前乌拉圭依靠佩雷斯的进球首开纪录。上半场梅西表现出色，而下半场和加时赛则时好时坏起伏不定，求胜欲望和动力被逐渐耗尽。是的，他在自己的轮次罚入了点

---

① 马拉卡纳打击（Maracanazo），是指 1950 年世界杯决赛上发生的事。这场比赛在巴西里约热内卢的马拉卡纳球场举行，对阵双方是东道主巴西和乌拉圭。此前乌拉圭 1 胜 1 平，巴西只要战平就可夺魁。最终，乌拉圭 2∶1 逆转获胜抢走冠军，获得他们第二个世界杯冠军。巴西功败垂成，甚至有球迷为此开枪自杀。据不完全统计，当场就有 4 名球迷猝死，而在比赛结束后，里约有 10 人为此自杀。由此，马拉卡纳打击也成为东道主决赛败北的代名词。

球，但是和2010年世界杯一样，在本届美洲杯阿根廷的全部4场比赛中他一球未进。而且，他在国家队的正式比赛中已经有16场没有进球了。这场比赛，他曾距离进球很近，很近，却没能破门，没能有所作为。马斯切拉诺被罚下场之后，梅西成为场上队长，赛后他也担当起了队长袖标赋予的责任，第一个去安慰了卡洛斯·特维斯，直到回更衣室一个人待着的时候才哭出来。对这个罗萨里奥男孩来说，他的队友和这个国家，就像"小将军"马斯切拉诺所言，"是他永远的痛"。又一次"国家的失利"，就像阿根廷体育报刊《奥莱报》的标题一样。

阿根廷成年国家队上一次夺得任何冠军奖杯要追溯1993年的厄瓜多尔美洲杯。当时教练席上坐着"椰子"阿尔菲奥·巴西莱，球队队长是奥斯卡·鲁杰里，阿根廷队在决赛中击败了墨西哥夺冠。"小跳蚤"当时只有5岁。

这一次一切似乎会有改变，历史似乎不再重演，由世界上最好的球员领衔的蓝白军团似乎有可能在家门口重夺冠军。对阿根廷足球而言，这是一场救赎。此前河床队110年历史上首次降入乙级引发了大骚乱，河床球迷对纪念碑球场造成了破坏性的后果。而现在，事情似乎变得不一样了，因为"小跳蚤"强烈渴望在本土捧杯，因为他非常乐意为国家队效力。因为这一届美洲杯阿根廷队主教练是"切乔"塞尔吉奥·巴蒂斯塔，此前梅西已经跟随他为阿根廷拿到北京奥运会的金牌，此后在这位教练麾下他7场比赛打入4球（迭戈·马拉多纳执教时梅西在16场比赛中只有3球入账）。这还不是全部，似乎报纸、电视和网络媒体也终于不再站在他的对立面，虽然他们毫不犹豫地宣传着臆想中马德罗港的套房里上演的狂欢。梅西似乎还得到了阿根廷球迷的好感。所有这些"似乎"都是从2010年9月开始的。当时在纪念碑球场，梅西率领阿根廷队狠狠教训了新科世界杯冠军西班牙队，主场球迷们第一次在看台上齐声吟唱他的名字。这种关系最终在美洲杯前最后一场与阿尔巴尼亚的热身赛上得到了巩固，至少看起来是这样。“过去我在国家队总是备受争议。我随巴萨一路走来赢得的一切是全世界都承认的，但是我在阿根廷队却缺少这种感觉。那天打阿尔巴尼亚的时候我在国家队也有了这样的感觉，希望一切都有好结局。”梅西如是说。

可惜这个故事并没有好的结局……甚至连好的开始都没有。7 月 1 日星期五，第 34 届美洲杯揭幕战，东道主阿根廷在拉普拉塔迎战玻利维亚。这场首演最终以平局收场（1 比 1，阿奎罗临近完场前才扳平比分），而对阿根廷人和梅西而言，这场平局相当于失利。赛后梅西说：“这不是我们希望的样子，我们本该获胜。不过我们马上就要迎来下一场比赛，不能失去理智。现在我们要继续成长，继续进步，尽全力赢下剩下的两场小组赛。”随后，他又补充道：“我们做了一切尝试和努力，却没有得到好结果。这是一场奇怪的比赛。”莱奥当选当场比赛最佳球员，但这对他来说显然并不足够。领奖时他脸色不佳，很不情愿。“他发脾气了，因为不喜欢失败。”一位熟识他的人这么说。

这一次媒体把平局归咎于巴蒂斯塔和发挥不佳的整支球队，在报道中，他们说这支阿根廷队“平淡无奇”，“严重倒退”，是一个“未成熟的集体”，同时也没忘再次挖苦“小跳蚤”。《奥莱报》写道：“梅西在那么多条腿之间迷失了。他不是一个领袖…… 他距离展现出自己的实力还很远，非常远。”《民族报》火上浇油地说：“梅西四处游走但毫无意义。”而关于他和全队之间的配合，媒体纷纷表示“他一直很别扭，仅做出了零星的贡献。梅西被囚禁在无规则的打法中”。阿根廷此番首演唯一的英雄不是预想中的那个人，而是效力于曼城的阿奎罗。第 76 分钟时，他的进球扭转了局势。

7 月 6 日星期三，在圣塔菲对阵哥伦比亚，阿根廷背水一战，除了赢还是赢。然而 0 比 0 的僵局却始终未被打破，而且考虑到阿根廷人整场毫无建树的表现，应该说这显然是个不坏的结果。最好的进球机会都是哥伦比亚人创造的。眼前所见令人不得不相信这是一支愚蠢的、可悲的蓝白军团。巴蒂斯塔的小纸条毫无作用，让手下球员像瓜迪奥拉的巴萨一样踢球的想法在这一刻不过是幻想。太多人堆积在中场，皮球无法运转，边路无法施展，前锋没有射门，而后防处处是漏洞。罗梅罗不得不一次次救球队于水火，力保城门不失。梅西呢？销声匿迹了。整个上半场他仅仅触球 3 次，因为根本没人给他传球，教练又让他自己不断去要球。他的账上只有一记给拉维奇的妙传，落点之佳让那不勒斯前锋接球后直面哥伦比亚门将马丁内斯，但是他却射失了。下半场更多这样的镜头重复上演……一点小小的改进是梅西能和加戈、阿奎罗连接起来了，但这并没有创造出太多闪光点。球队的无能使场上和看台上都发生了口角。

梅西在场上两次和尼古拉斯·布尔迪索争吵。罗马后卫指责梅西没有盯住哥伦比亚中场任其状态爆发。球场上的争论直到悲伤的更衣室里还在延续，马斯切拉诺和特维斯大声为国家队的糟糕表现寻找借口。看台上，圣塔菲的球迷们已经忍无可忍。他们用歌声问候球员们的母亲，呼求马拉多纳来拯救祖国。比赛结束时，一声极具纪念意味的长哨，夹杂着各种咒骂，送走了这支阿根廷队。而与球迷们交相呼应的是……媒体。耐心已经耗尽了，同样耗尽的还有给巴蒂斯塔的试验期。一支“疯癫的队伍”，“无头苍蝇”，已是最隐忍的表达。人们没有忘记那个世界最佳。他们说起梅西在国家队扮演的角色，说这就像杰奇医生和海德先生的故事[①]，他们历数他在诺坎普的优异和在阿根廷队的拙劣，重提他的“巴萨依赖症”。看看《号角报》是怎么写的：“‘小跳蚤’也是该为阿根廷的悲惨之夜负责的大人物中的一个。为什么这场失望的部分责任

① 杰奇医生和海德先生是罗伯特·路易斯·史蒂文森的小说《化身博士》的主人公，大善人、医学博士杰奇医生喝了自己发明的药水之后晚上会变成海德先生四处作恶，所以他终日徘徊在杰奇和海德两个角色之间，后来“杰奇医生和海德先生”成为心理学“双重人格”的代名词。

落在他身上？因为不仅教练交给他主导球队的职责，他的队友也同样这么做，而他没有发挥出与之相称的表现。事与愿违，因为他在这里找不到他的伊涅斯塔和他的哈维，也就没法像在巴萨一样踢球。”

对这位2010年金球奖得主而言，日子很艰难。他要承受球迷的批评和惯常批评他的人们的攻击。到处都有人指责他不唱国歌，说他太闷太沉默，不像马拉多纳会用行动反击，不懂得背负整支球队，有个疯子甚至想把他大卸八块……他的父亲在10号广播电台①的节目里回护自己的儿子说：“马拉多纳是无人可比的，而且他和莱奥性格不同，我的儿子在走自己的路。我不清楚什么才叫背负起整支球队，是朝其他所有队友大喊大叫，诅咒谩骂吗？莱奥不是那种人，但是他很坚强很硬汉，虽然很多人都不知道这一点。”豪尔赫·梅西认为这样的攻击很多是出于嫉妒，而媒体只会添油加醋，哗众取宠。谈到莱奥，他解释说：“他现在很不好。这是他第一次遭到自己球迷的嘘声，完全出乎意料，这对他来说很艰难。”

而迭戈·马拉多纳正经历生命中最悲伤的时刻，他的母亲在医院里挣扎在生死之间。尽管如此，他也想为国家队10号辩护。“当我去医院看望老妈的时候，无法相信那些蠢蛋在电台里喋喋不休地攻击里奥。他在任何时候都毫无疑问地献出所有。我这么说是因为我了解他，因为他一直在踢球，因为他深爱着阿根廷国家队的球衣。我们拥有世界上最好的球员。一个与众不同的男孩……”马拉多纳请求大家给巴萨球星多一点耐心，“我想告诉他平静一点。我在86年世界杯前也踢过几场很糟糕的比赛，简直是一场灾难，八成记者都批评我，但世界杯后他们没有一个不来请求采访我的。所以我知道事情都是怎么来的。他应该保持冷静，直接和教练交流，对他说：‘听着，在我身边放一个能给我传球的

① 10号广播电台是总部位于阿根廷布宜诺斯艾利斯的广播电台，创办于1940年，而2011年美洲杯是该电台半个世纪历史上第一次现场直播足球赛事。

人，我们就能击败对手。’”

就这样，在批评和辩护之中，阿根廷迎来决定性的一战。7 月 11 日星期一，科尔多巴，阿根廷迎战哥斯达黎加。生死战当前，马里奥·阿尔贝托·肯佩斯球场的观众们都因此暂时抛开所有的批评，对阿根廷队，尤其是对梅西的态度发生了大转变。球迷们将他视为偶像，整场比赛高唱他的名字，并用横幅和海报传递着支持他的信息，挂在看台上的两面横幅上这样写着：“梅西，我们相信你。”“莱奥，感谢你为我们做了那么多，请原谅我们为你做得太少。”而梅西在这一天找回了与足球的心电感应，奉献了一场伟大的比赛，上演了他在国家队最出色的表演之一。有意思的是，恰是 4 年前的同一天，他在 2007 年委内瑞拉美洲杯一记惊世吊射攻破墨西哥队的城池。4 年后的这一天，梅西单枪匹马闯入哥斯达黎加腹地，率领阿根廷 3 比 0 完胜对手闯入四分之一决赛（阿奎罗打入两球，其中第二球来自梅西的助攻。迪马利亚打入一球，同样来自梅西的传球）。“小跳蚤”做到了人们需要他做的，担起了球队的责任。在最艰难的时刻，他不断拿球为前锋输送炮弹，成为所有人期待的球场领袖。一连串天才的表演堵住了批评家们的嘴。第二天《奥莱报》这样评论他的表现：“梅西只有一个，而且就是这一个。他是那个将成百上千个球送进门的人，是那个在右路启动势不可挡的人，是那个及时出现接球的人，是那个踢自己的足球同时也为别人创造机会的人，是那个球队发挥得越好他的表现也越出众的人。这个夜晚他得到的欢呼让马里奥·肯佩斯球场像是坐落在加泰罗尼亚广场[①]。”是役，巴蒂斯塔在保留门将、后卫线和中场马斯切拉诺不变的基础上，攻击线上派出加戈、迪玛利亚、伊瓜因和阿奎罗，这是梅西最喜欢的阵容配置，这样

① 加泰罗尼亚广场是巴塞罗那市中心兰布拉斯大街一端的大广场，每当巴萨夺得冠军（或者在国家德比中战胜皇马）都会有大批红蓝球迷涌入加泰罗尼亚广场并挤满整条兰布拉斯大街欢呼庆祝，梅西的名字当然是球迷们最经常呼喊吟唱的。

的变阵因而对阿根廷10号产生了奇效。球迷的热爱也让梅西心情非常好，赛后新闻发布会上他甚至罕见地拿起麦克风说了一段20秒的独白："我要感谢科尔多巴的球迷，他们待我们很好，尤其是对我……一路走来，我需要这样的支持。我们开局很糟糕，但现在已经重新开始，我们所有人都希望阿根廷更进一步。"梅西这么说不仅仅是为了表达感激，他需要在拉普拉塔河德比[①]前拔掉背上一天天积攒的芒刺，没人喜欢这种刺痛。

似乎梅西和阿根廷队间的隔阂到此为止了。似乎"小跳蚤"找到了自己在巴萨的感觉：亲密无间的关系和给他传球的人。然而这不过是一场持续五天的幻觉，在拉普拉塔河德比中一切都碎成千万片。这一次，没有人把被淘汰归咎于梅西。莱奥没有再因为国家队的失败而承受怀疑的目光和对他场上态度的恶意评价。所有人都公认这是全队和教练的错，也有人谈到阿根廷足球的没落。但对梅西而言，所有这些都不是安慰；这是又一次梦想成空，这是又一次的铩羽失望。回到罗萨里奥后，他和家人共度了几天的时光，从美洲杯上他唯一的收获是阿根廷球迷们的爱。输掉的最后一战上，在那座纪念"杀手"肯佩斯的球场，乌拉圭球迷挑衅地高唱"梅西来自西班牙，梅西是西班牙人"，而圣塔菲的球迷们齐声反驳："梅西，感谢你是阿根廷人。"是的，阿根廷人都喜欢他，相信他能带来未来；"梅西 + 国家队 + 死忠球迷 =2014 年世界杯冠军"，一张标语牌上这么写道。这句话，正是梅西多年来的梦想。

① 此处"拉普拉塔河德比"指阿根廷对阵乌拉圭，两国都位于拉普拉塔河流域。

27. 杯赛之王

2011年8月14日，17日和26日

8天前，人们看见他在福门特拉岛[①]海域的一艘游艇上乘风破浪。

他在甲板上散步，胡子蓄得像海狮一样，皮肤被太阳晒得发红。一艘高速前进的摩托艇从背后拍下他的照片。莱奥·梅西正在女友安东内拉·罗库佐和达尼·阿尔维斯的陪伴下享受假期。

8天后，8月14日，他已经出现在伯纳乌球场，参加西班牙超级杯首回合客场挑战皇马的比赛。没有夏季热身，没有友谊赛，也没有参加球队的美国行……对梅西而言5天的高强度训练就足以让他调整到最佳状态。其实这个夏天在美洲杯失利之后，莱奥丝毫没有放松追逐胜利的脚步。美洲杯期间一直陪伴他的体能师胡安霍·布劳帮助他舒缓疲劳、调理伤病，保持身体状态。就这样，一个夏天的时间，梅西的肌肉弹性和速度都得到了恢复，消除了此前一个赛季55场高强度比赛留下的影响。莱奥已经准备好了，对踢球和胜利满怀一如既往的渴望。遗憾的是在伯纳乌发生了过去5年的国家德比中都不曾一见的事：皇马控制了皮球，也就是说，皇马的控球时间超过了巴萨。

普约尔、哈维、布斯克茨和皮克这4位球员的缺阵让佩普的球队遇到了麻烦，他们都是巴萨控球体系运转的关键零件。巴尔德斯面对本泽马的头球做出神奇扑救，但是当法国人卷土重来从右路突破阿比达尔为厄齐尔送出传中时，巴萨门将已经无能为力。球从他的左侧滚入球门。巴萨比分落后，球队防线承受着前所未有的压力。而且发生了罕见的情

① 福门特拉岛是地中海西部一岛屿，属西班牙巴利阿里群岛的一部分。

况，瓜迪奥拉授意伊涅斯塔组织球队打长传送球，在厄齐尔和本泽马组成的疯狂二人组围抢干扰之前尽快出球。

开场前 30 分钟，梅西仅尝试了一次给比利亚的直塞球。球完美地落在塞尔吉奥·拉莫斯身后却被裁判吹罚了越位。第 35 分钟时阿根廷人再次尝试出球……将球漂亮地从中路分到左边路，交给比利亚。后者面对拉莫斯虚晃一下，在皇马后卫回位时出人意料地起脚射门，卡西利亚斯鞭长莫及。

扳平比分重新点燃了观众的热情，也唤醒了梅西，10 分钟后他抓住对手防线的片刻松懈再度发动攻势。梅西将一脚看似没有威胁的任意球送给蒂亚戈。随后，桑切斯登场了，这位巴萨新援为梅西送出了一记半高传球，罗萨里奥男孩稳稳卸下皮球控制住。

赫迪拉冲向梅西试图铲断，没有考虑到身后的卡瓦略和佩佩可以协力阻断梅西前进的道路。梅西和高大的德国人迎面相撞却没有摔倒而是继续带球。迎上来的佩佩在变向时倒地，就这样“小跳蚤”单挑卡西利亚斯破门得分。1 比 2 的比分让整个局势峰回路转。最终皇马依靠哈维·阿隆索的进球勉强收获一场平局，但显然穆里尼奥和皇马球迷们都不满意：他们表现得更好却没有得到回报，造成这一切的又是那个 1 米 69 的小个子。8 月 17 日，西班牙超级杯次回合在诺坎普打响，这将决定谁能捧起本赛季的第一座奖杯。因为梅西，皇马又失败了。穆里尼奥的战舰在对手的地盘上扬帆破浪却无济于事，“小跳蚤”又做到了自己做过的事。这一次，梅西扮演了哈维的角色，精确计算了传球路线，完美地把金子般的破门良机交给了安德烈斯·伊涅斯塔。这位南非世界杯的英雄与自己的国家队队友卡西利亚斯面对面，毫无争议地战胜了他。

让皇马重整旗鼓的任务落在克里斯蒂亚诺·罗纳尔多肩上，他在这片充满敌意的场地上不顾一切地表现。仅仅 6 分钟之后，他面对巴尔德斯补射佩佩的射门得手，让比分回到平局，紧接着又以一记重炮轰门击中横梁。皇马掌控了比赛却没能取得领先优势，没能发挥出自己的足球潜力将想法转变为现实。而巴萨方面，整体团队失常时总会出现凭一己之力力挽狂澜的独行者，具体到这场比赛，就是梅西。他在小禁区内接到皮克如有神助的脚后跟传球，毫无问题地完成了腾出射门空间、摆脱克里斯蒂亚诺·罗纳尔多的跟防、击败卡西利亚斯的过程。而正当人们都认为比赛即将被拖入加时（此前本泽马扳平了比分），又是梅西改写了预言。他的进球将比分锁定为 3 比 2，为瓜迪奥拉夺下西班牙超级杯，这位少帅由此以 11 座冠军奖杯超越了克鲁伊夫成为麾下冠军最多的巴萨主教练。

梅西的绝杀得益于阿德里亚诺和首次穿上巴萨成年队球衣的前阿森纳队长法布雷加斯。当时距离比赛结束只剩 3 分钟，塞斯克将球分给梅西，梅西将球塞到居右路的阿德里亚诺脚下……阿德里亚诺传中，阿根廷精灵突然出现，一击中的。

比赛在一场冲突中结束：马塞洛因为对法布雷加斯的严重犯规被红牌罚下。厄齐尔和比利亚之间发生了肢体冲撞，穆里尼奥用手指戳向巴萨助教蒂托·比拉诺瓦的眼睛，尽管在赛后新闻发布会上，葡萄牙人说自己根本不认识他。

8 月 25 日，摩纳哥的蒙特卡洛，梅西将又一座闪闪发光的奖杯收入囊中，他以 38 票战胜了哈维的 11 票和克里斯蒂亚诺·罗纳尔多的 3 票摘得欧足联评选的 2010 至 2011 赛季欧洲最佳球员。在感谢大家对他的投票和支持时，梅西说："我把这些奖杯存放在家里，不过我还有地方放下更多。"

说到做到，第二天他就为自己的陈列室增加了一座欧洲超级杯奖杯。欧洲超级杯是他之前唯一没能取得进球的两项决赛之一，而这一次，梅西用攻破葡萄牙波尔图队球门弥补了遗憾。哥伦比亚人瓜林心不在焉的回传，没有意识到巴萨 10 号正站在中路。这样的大礼对"小跳蚤”而言简直是天上掉下的馅饼：他只需晃过葡萄牙球队的门将埃尔顿即可。面对波尔图这条“巨龙”，梅西轻松破门，而2003年11月16日，他正是在对阵波尔图时上演了自己的巴萨首秀。而这一次，梅西打入身披红蓝战袍的第184粒进球并助攻法布雷加斯将最终比分锁定为2比0。两人之间的默契早在多年前的拉玛西亚青训营就已悄然而生，而当时他们的教练正是蒂托·比拉诺瓦。

算上这座欧洲超级杯，梅西已经拥有了17个冠军头衔，其中包括5次联赛冠军、3次欧冠冠军、5次西班牙超级杯、1次国王杯、1次世俱杯和2次欧洲超级杯。

既然梅西想的只有不断赢球赢球，我确信在他卡斯特尔德菲斯的家中，橱窗里还能放下更多的奖杯。比如2011年的金球奖。

28. 金球帽子

2012年1月9日

没有任何意外。当以创纪录的短时间从登革热中康复的罗纳尔多·纳萨里奥·达·利马打开装有2011年金球奖得主名字的信封时，没遇到任何麻烦。这次一切都如预想一般揭晓。里奥内尔·梅西连续第3年荣膺世界最佳球员，追平了米歇尔·普拉蒂尼（1983年、1984年和1985年获奖）、约翰·克鲁伊夫（1971年、1972年和1974年）和马尔科·范·巴斯滕（1988年、1989年和1992年）的得奖次数。由此，他已然跻身传奇俱乐部。这是一场24年来无人完成的特殊帽子戏法。在瑞士苏黎世议会大厦的颁奖典礼现场，"小跳蚤"听到自己名字后起身拥抱了坐在身边的哈维·埃尔南德斯，走上了舞台。比起2011年登台领奖时激动的情绪外露，这一次一袭光亮衣着——黑色领带、暗红色天鹅绒质地的西装上衣和背心，一如既往是D&G牌——的梅西脚步轻快了很多。他向约瑟夫·布拉特问好，拥抱了罗纳尔多（夏天时达尼·阿尔维斯引荐他们认识），与欧足联主席普拉蒂尼握手接过金球奖奖杯，然后走向这场盛会的主持人路德·古力特和女记者凯伊·穆雷。

这一次，梅西不必再像1年前那样临场演说了——那次他没想到自己会获得金球奖第一名。而这一次，尽管没有写下演说词，他的确在典礼前考虑过要说些什么。这一次，他不必再倚靠在讲台上好使自己双腿的颤抖不被察觉了。这一次，在感谢完所有为他投票的人、感谢完巴萨和阿根廷的队友之后，他没有忘记巴萨6号。"特别是，"他说，"我要把这个金球奖和我的朋友哈维分享。这是我们第4次一起来到这里。哈维，你也同样配得上这座奖杯。无论是这里还是球场上，能在你身边是我的荣幸。”

“我没想到他会说这些话。我们是很好的朋友。他是一个伟大的人，”哈维说：“但对他来说，表达自己的感受并不容易。我十分感激。那是一个伟大的细节，莱奥所做的比任何奖项都更有价值。”捧着沉重的奖杯，里奥内尔在颁奖典礼后说道：“以前我甚至没有梦想过拿到哪怕一个金球奖，现在我已经拿了 3 个……天哪！这简直不可思议。我感到很荣幸，没有我那些无与伦比的队友我不可能拿得到它们，所以我和哈维分享了这个奖杯。希望我们能让这一幕重演很多年，虽然这很困难。最重要的是保持高水平。”

内马尔顶着精心梳理的鸡冠头从梅西身边走过，这位桑托斯球星因为对阵弗拉门戈队时绝妙的进球而获奖。他看看莱奥，简单说了句“幸会”。要对巴萨、对梅西说的话，他早在 12 月 18 日的横滨说过了。在那场世俱杯决赛（桑托斯 0∶4 巴塞罗那）赛后，内马尔承认说：“今天他们教会了我们什么是踢球。”而来自里约热内卢的中场球员甘索补充道：“今天这场比赛让我见识了世界上最好的两位球员：梅西和哈维，要从他们脚下抢下皮球简直是不可能的，没有球你就没法踢球。”是役，梅西独中两元，哈维贡献一球，巴萨全队的表现令人目眩神迷，赢得一片赞誉之声，就连对手和挑剔的评论家们都送上恭维之言。在苏黎世，这一场景再次上演。因执教曼联 25 年间为世界足球做出的贡献而获得国际足联主席特别贡献奖的弗格森爵士在谈到梅西时毫不吝惜溢美之词：“伟大的球员能在任何时代踢球。里奥内尔・梅西能在 50 年代大放异彩，而迪・斯蒂法诺、迭戈・马拉多纳、贝利和克鲁伊夫在我们这个时代也能所向披靡，梅西已经步入他们的行列。”在同当选年度最佳教练的瓜迪奥拉交谈时，苏格兰人承认：“巴塞罗那是最好的，他们遥遥领先其他球队，这是我的亲身经历。退一步承认别人更好这没什么，不是犯罪也不是示弱。”

何塞·穆里尼奥和克里斯蒂亚诺·罗纳尔多没有出现在颁奖现场。皇家马德里将在第二天的国王杯比赛中与马拉加交手。在2011年最佳教练的评选中，穆里尼奥在瓜迪奥拉和弗格森之后位列第三位，获得了12.43%的选票。克里斯蒂亚诺·罗纳尔多时隔一年再次入围金球奖三甲，以21.60%的选票不敌金球奖得主梅西的47.88%，领先于得票9.23%的哈维排名第二。此前的一个联赛，克里斯蒂亚诺的40粒联赛进球助他荣膺欧洲金靴，也正是他的进球帮助皇马在国王杯决赛中击败巴萨。但是即便如此，葡萄牙人仍然无法在金球奖评选中超越“小跳蚤”，因为当年捧得世俱杯的莱奥攒齐了5个重量级的冠军奖杯。在12月10日上演的国家德比中，他再次证明了自己是头号球星。这是他第9次造访伯纳乌球场，尽管没有进球，他也可以笑着离开，因为当所有人都看好“穆家军”时，巴萨以3比1带走胜利。在这场比赛中，梅西又奉献了一堂典范的足球课，而克里斯蒂亚诺·罗纳尔多却没有。赛后何塞·穆里尼奥在谈及失利原因时为皇马7号开脱说：“每场比赛中都有决定胜负的关键细节。本场比赛1比0领先时我们有机会把比分扩大到2比0，而通常情况下我们本可以做到，因为有克里斯蒂亚诺这样梦幻般的球员源源不断地进球。”诚然，通常情况下克里斯蒂亚诺是一台进球机器，但是一面对梅西和巴萨时他就变得渺小，甚至有阿根廷评论员建议他去看心理医生来解决他面对“小跳蚤”时出现的障碍。无论如何，故事不会在这里结束，争斗仍在继续。不过，此时此刻，享受这场盛宴的是梅西，身边有女友安东内拉、父母以及巴萨队友的陪伴，前方是依旧值得期待的未来。正如米歇尔·普拉蒂尼所言：“梅西是一位真正的杀手，他有强大的精神力，所以赢得了这么多东西。他很年轻，我们该让他回顾一下自己的职业生涯，让他确切地知道自己已经到达了怎样的高度。不知道他能否超越我，但是他还能踢很多年，并继续赢得更多。”两天后，在接受《法国足球》杂志采访时，莱奥回应普拉蒂尼的评论说："我是一个杀手？我觉得这个说法有点太富攻击性。我更喜欢他说的精神力，因为保持状态必须付出努力。每天都更加艰难，比赛将更加艰苦。我不是一台机器，在情绪低落的时候，我要努力让自己重整旗鼓。"关于未来，他说："我愿意在今后两年里都不得金球奖，用它们来交换一个世界杯冠军。直到 2014 年[①]，如果能赢得那年的金球奖将是最重要美妙的事，因为那意味着阿根廷国家队已经成为世界冠军。那就是最后的大结局，一切圆满了。"

① 指 2014 年巴西世界杯。

29. 纪录

2013年1月7日

“我不觉得这是我最好的一年”。是的，很难相信但这是事实。2013年1月7日，瑞士苏黎世，在金球奖颁奖典礼前的新闻发布会上，梅西确定地这样说道。他不满意自己的2012年。为什么？阿根廷人解释说：“因为有比这更好的年份，那些年里我们得到的更多。”他穿着一件灰色毛衣坐在一大群记者面前，身旁是金球奖奖杯。的确，巴萨在2011至2012赛季只赢得了一座国王杯，对红蓝将士们而言勉强算是安慰奖。更有分量的奖杯有的被皇马夺走（联赛冠军和西班牙超级杯）；有的花落伦敦（切尔西夺得欧冠冠军），还有的去了巴西圣保罗（科林蒂安夺得世俱杯冠军）。但是对“小跳蚤”个人而言，2012年确实是真正疯狂的一年，充溢着满足、幸福和纪录。

梅西的2012年大戏在1月9日的苏黎世拉开帷幕，那个寒冷潮湿的周一，他捧起了自己的第三座金球奖奖杯，并紧接着在联赛对阵贝蒂斯和马拉加的两场比赛中一共打进五球。另外，他还在1月4日国王杯对阵奥萨苏纳的比赛中独中两元。到了2月，他的新年进球数已经上升到10个。2月19日这个周日，梅西在对阵瓦伦西亚的比赛中上演大四喜，巴萨主场5比1大胜。而当这个罗萨里奥男孩被问起他的大四喜时，回答一如既往：“重要的不是我的进球，而是整支球队的胜利。今天全队都踢得很好，这才是重要的，这让我很开心。”

仅仅16天之后，梅西做得更好。冠军杯八分之一决赛，对手是勒沃库森。在德国的首回合瓜迪奥拉的球队3比1客场取胜，这样次回合的比赛似乎很容易。不过众所周知，梅西并不关心一场比赛容易还是困难，是友谊赛还是正式比赛，是大局已定还是尚无定论，是周日上演还是周三开球，天冷天热，比赛艰难还是轻而易举，主场还是客场，对梅西而言，他保持的强度都是一样的，求胜、进球和闪光的欲望都是一样的，他渴望在足球盛宴中大放异彩。2012 年 3 月 7 日（周三）在迎战勒沃库森的比赛中，梅西正是这样做的。第 26 分钟，梅西接到哈维的长传后控制皮球，沿左侧突入禁区后勺子挑射得手，人球结合之完美让勒沃库森门将莱诺目瞪口呆。这是第一球。

第 43 分钟，梅西与伊涅斯塔做配合，后者将球传到大禁区右侧的阿根廷人脚下。梅西接球后横切到禁区中央，甩开五名防守队员，四脚触球后找到空当，一脚射门将球送入莱诺把守的球门右侧。梅开二度。

第 50 分钟。来自法布雷加斯的传球，梅西用左脚控球，面对施瓦布的盯人防守，用并不擅长的右脚将球打进。这粒完美的进球对勒沃库森门将来说非常残酷。第三球。

第 55 分钟。莱诺扑球脱手，梅西反抢之后毫无怜悯地将球送入球门。他用左脚将球送入远门柱，德国门将鞭长莫及。第四球。

第 84 分钟。凯塔为梅西做球，莱奥弧顶劲射得手，皮球正好从门将右侧飞入球门。莱诺无法触及。梅西的第五球。一个真正英雄般的成绩。要知道上一位在欧冠中单场打进五球的球员是丹麦人索伦·莱尔比，在 1979 至 1980 赛季跟随阿贾克斯面对尼科西亚奥莫尼亚[①]。欧冠改制[②]以来，从没有人做到这一点。

勒沃库森主教练罗宾·杜特绝望地说：“他是另一个级别的球员。”而韦恩·鲁尼在推特上写道：“他是所有时代最好的球员。”梅西在巴萨和阿根廷国家队最好的朋友之一哈维·马斯切拉诺在 Rac 1 电台[③]的采

① 塞浦路斯球队。

② 1992 至 1993 赛季开始。

③ 巴塞罗那当地电台。

访中这样评价道："从足球的角度上来说，莱奥是个杀手。他上场就是为了收集受害者。这是他巨大的优点。他喜欢踢球，对手是谁对他来说并不重要。他是在和自己比赛。他已经达到了这个级别。他更像是个高尔夫选手而不是足球运动员，因为他每天都像高尔夫运动员那样努力减小与标准杆之间的差距。梅西已经做到了控制比赛；而其他的足球运动员都是被比赛控制。"

3月对"小跳蚤"而言是他2012年最多产的1个月。个人进球账户上又多了13球。除了对阵勒沃库森的四球，他还在对阵桑坦德竞技、塞维利亚、马洛卡和毕尔巴鄂竞技的比赛中有所斩获。3月20日联赛第29轮对阵格拉纳达，梅西上演帽子戏法，创造个人当年的第二个纪录。315场比赛打入234粒进球，梅西超越前辈塞萨尔·罗德里格斯成为巴萨俱乐部历史上的最佳射手，罗德里格斯在20世纪40至50年代的14个赛季里为巴萨出战348场，打入232球。在疯狂的进球中，4月到来——神话般的2012年里最悲情的1个月。

4月21日晚八时，诺坎普球场。巴塞罗那迎战皇家马德里。这是2008至2009赛季以来白衣军团第一次在赛季末期仍领跑积分榜。皇马比佩普的球队多积4分（85分对81分），足以在死敌的主场解决整个赛季的争斗，让巴萨蝉联三届联赛冠军的传奇一代告终。而对巴萨而言，这是他们争取联赛冠军的最后一战。这是历史上的第184场国家德比，也是最势均力敌的一次，此前双方的交锋纪录恰好是：巴萨86胜，皇马86胜，平局12场。毫无疑问，莱奥·梅西和克里斯蒂亚诺·罗纳尔多是绝对的主角。《每日体育报》甚至在社论中这样写道："西甲联赛不是两支球队的争斗，而是两位球员的较量。"原因很容易解释：梅西和罗纳尔多分别用自己的进球确保各自球队的前进。在当赛季前32轮联赛中，两人均打入41球。"小跳蚤"的进球中包括五个帽子戏法，一次大四喜和六次梅开二度。葡萄牙人则有七次帽子戏法和五次梅开二度。《每日体育报》总结道："这样的事闻所未闻。西甲联赛从来没有同时拥有过两位达到如此级别的球员。"而这两位现象级的球员在国家德比的夜晚不仅是为联赛冠军而战，也是为联赛最佳射手、欧洲金靴奖和金球奖而战。这场比赛的赢家是克里斯蒂亚诺·罗纳尔多。他是决定比赛的球员，在最终2比1的比分中打入锁定胜利的一球。那粒进球在第72分钟到来，当时桑切斯刚刚为巴萨扳平比分。这粒进球的关键之处在于抑制了巴萨的反扑，击垮了红蓝军团。厄齐尔在中场线靠前位置接到迪马利亚的传球，德国人接着为克里斯蒂亚诺·罗纳尔多送出了纵深直传。皇马7号甩开马斯切拉诺之后直接面对巴尔德斯。他用右脚将球射出，皮球越过出击的巴尔德斯从近门柱入网。在这样一记精彩的进球之后，克里斯蒂亚诺做出了噤声的手势——劳尔曾经在属于他的时代做过同样的庆祝——"安静，安静，我是这里的主宰"，他在球场上这样说，很清楚这粒进球的意义。克里斯蒂亚诺终于又在诺坎普进球了，成了终结皇马三年联赛无冠干旱期的关键先生。同时，正如马德里报纸赛后写道的那样，他废黜了梅西。是的，阿根廷人比赛中风范全无。这场比赛，在他自己的主场，从初次亮相就担当主角的那个人不见了。那是他自己的影子。梅西在此前连续10轮联赛进球，迎战皇马却无一斩获，整个上半场他甚至连一脚射门都没有，这对他而言出奇地罕见。比赛进行到第30分钟时，他传了一脚好球给哈维；下半场第23分钟他完成了一次标志性的长途奔袭最终成就了桑切斯的进球。除此之外，再无其他。他没有突入禁区，没有射门，没有过人没有配合，没有寻找压力。他显得很不舒服。穆里尼奥的排兵布阵让梅西失效了。总之，这场比赛是用来遗忘的。佩普·瓜迪奥拉在失利后的新闻发布会上祝贺了皇马取得比赛胜利并锁定联赛冠军。"我们一直努力到最后，但是已经不可能。"

国家德比之后，巴萨落后皇马7分，联赛冠军已经无望。剩下的是欧冠。三天之后，4月24日（周二），切尔西造访诺坎普。首回合在斯坦福桥球场的较量中，德罗巴的进球摧毁了巴萨，红蓝军团不知道该如何翻盘。而现在，他们必须反扑。所有人一如既往地指望梅西，可是他在此前 7 次与蓝军的较量中从未取得过进球。这个诅咒必须在此刻终结，在主场，因为那意味着巴萨能晋级慕尼黑的决赛。那将是连续四个赛季里的第三次欧冠决赛。当比赛进行到第 43 分钟，安德烈斯·伊涅斯塔接到梅西的传球为主队打入第二球时，所有人都以为比赛已经结束。红蓝军团 2 比 0 领先，而且 11 人打 10 人（约翰·特里被罚下），晋级似乎已经板上钉钉。任务完成，他们扳回了首回合 0 比 1 的劣势。然而从美梦到噩梦仅仅一步之遥。仅仅两分钟后，就在中场休息哨响之前，兰帕德送出一记精准直传，拉米雷斯插上之后甩开布斯克茨和普约尔，面对出击的巴尔德斯巧射得分。历史重演了。和首回合一样，切尔西只需要一次机会就能取得进球。下半场双方异地再战，德罗巴在禁区里勾倒了法布雷加斯的脚，裁判判给巴萨 1 粒点球。切赫伸出长臂，希望覆盖整个球网。12 码外，是莱奥·梅西，点球的操刀者。他的面部表情很严肃，且知道自己尚未达到最佳状态，上半场曾经在与捷克门将一对一的较量中错失单刀。他知道自己从未攻破过切赫的球门。射门。切赫扑向左边。但是“小跳蚤”把球踢高了，以至于皮球砸到横梁后弹出。他在最关键的时刻失手了。这是他在当赛季已经主罚的 13 个点球中踢丢的第三个，也是他进入一线队以来主罚的 34 个点球中踢丢的第八个。梅西崩溃了，而整支巴萨也跟随他一道崩盘了。幸运女神在第 83 分钟为他保留了第二次机会，梅西尝试渗透，从禁区外就起脚。一记有力的射门以理想的角度飞向球门左侧，不过切赫还是扑到了，捷克人的指尖触到了皮球，而门柱内侧最终帮他解围。那一晚好运没有降临在巴萨身上。这场大戏的终结篇由费尔南多·托雷斯书写。第 91 分钟，西班牙金童在与巴尔德斯一对一的较量中取得进球，将比分锁定在 2 比 2。巴萨 81% 的控球率没有换来胜利，两回合总计 47 脚射门也显得毫无作用。切尔西总共只有 4 脚射门打正，却取得了 3 粒进球，在链式防守的帮助下，英格兰球队闯进决赛。莱奥·梅西用球衣捂脸，毋庸置疑这是很久以来他最糟糕的一夜。尽管莱奥连续四年都是欧冠最佳射手，追平了盖德·穆勒在 20 世纪 70 年代创下的纪录，尽管他以 56 个欧冠总进球数排在劳尔（71 球）之后位列欧冠历史射手榜第二，尽管他这个赛季的 14 粒欧冠进球追平了何塞·阿尔塔菲尼在 1966 至 1967 赛季创下的单赛季进球纪录，可是巴萨被淘汰了，他们不能去慕尼黑为卫冕而战了。法布雷加斯说："他被摧毁了，就像更衣室里的每个人一样，但是我们一点都不会责怪莱奥的，不是吗？"瓜迪奥拉则表示："我们能走到这一步是因为莱奥，我比任何时候都更想感谢他给我们的一切。毫无疑问他会经历一段很难过的时间，但这就是体育之美。有时候让你哭泣，有时候轮到你笑。"

欧冠之梦终结之后，5 月 13 日联赛也结束了。穆里尼奥和罗纳尔多的皇家马德里在毕尔巴鄂庆祝球队提前两轮夺得联赛冠军。积分榜上，皇马积 100 分，比巴萨多 9 分。莱奥·梅西在 5 月 12 日（周六）提前进行的对阵皇家贝蒂斯一役中没有取得进球，赛季总进球达到 50 粒。他是这个赛季的联赛最佳射手，紧随其后的是 46 球的克里斯蒂亚诺·罗纳尔多和 24 球的法尔考（效力于马德里竞技）。葡萄牙人在 2010 至 2011 赛季创下的单赛季联赛 40 球纪录已经作古。但是巴萨却没有受到幸运女神的眷顾，没能得到更多奖杯。他们当赛季唯一的冠军是国王杯。5 月 25 日，巴萨在马德里卡尔德隆球场的 55000 名观众面前对阵毕尔巴鄂竞技。贝尔萨执教的这支队伍在整个赛季闪耀欧洲，对阵曼联、沙尔克 04 和里斯本竞技的比赛中都展现出了真正的高水准。不过国王杯决赛时，巴斯克球队的思绪似乎还停留在欧洲联赛决赛地布加勒斯特。5 月 9 日他们在那里输给马德里竞技，错失欧洲联赛冠军。那场残酷的决赛 3 比 0 的比分在卡尔德隆球场重演。开场仅两分钟佩德罗就利用毕尔巴鄂的解围失误首开纪录，第20分钟梅西用进球宣告自己的到来，5分钟之后佩德罗再入一球，锁定胜局。

莱奥的2011至2012赛季以73粒总进球结束，其中联赛50球、国王杯3球、欧冠14球、西班牙超级杯2球、欧洲超级杯1球、世俱杯3球。瓜迪奥拉也结束了在巴萨的执教生涯，4个赛季里他共为俱乐部夺得了14座冠军奖杯。巴萨俱乐部历史上赢得奖杯数最多的主教练在4月27日宣布赛季末离任的消息，当时距离他们欧冠被淘汰刚刚过去两天。助理教练蒂托·比拉诺瓦从6月30日起接替主教练一职。瓜迪奥拉在发布会上这样解释他告别的原因："我已经耗尽了，被掏空了，需要重新充电。"发布会现场坐着四位队长普约尔、哈维、伊涅斯塔和巴尔德斯，法布雷加斯、皮克、布斯克茨和佩德罗也都在场。莱奥没有出现在新闻发布厅，当各方的疑问纷至沓来，他下午第一时间在Facebook上为自己正名："我全心感谢佩普为我的职业生涯和个人生活做出的一切。但是因为个人的情绪，我选择不出席佩普的新闻发布会。我尤其想离媒体远一些，因为我知道他们会特地捕捉球员们难过的脸，而我决定不要把自己的感情示人。"梅西不想让公众看见他的眼泪。不过那天早上，在新闻发布会之前的训练中，佩普刚向全体球员宣布完自己不再续约的决定，莱奥就紧紧地抱住了佩普。这个拥抱在国王杯决赛场上重演，那是球员们与这位主教练一起庆祝的最后一座奖杯。佩普·瓜迪奥拉携家人前往纽约享受一年的休养生息。莱奥也飞去了美国，阿根廷国家队在那里等待着他。6月9日，当全欧洲的都在聚焦波兰和乌克兰联合举办的欧洲杯时，在新泽西州东鲁特福德的梅特莱夫球场，巴西和阿根廷踢了一场没有"友谊"可言的友谊赛。梅西表现惊人，他在上半场就已梅开二度，下半场又为阿根廷打入了制胜球，锁定了4比3的胜利。最后那粒进球令人印象深刻。梅西长途奔袭45米之后左脚大力射门得手，皮球直挂巴西门将拉斐尔的上角飞入网窝。一记精彩的进球，他在国家队的第 26 球。莱奥·梅西已经是阿根廷国家队历史射手榜的第四名，在他的前面是巴蒂斯图塔（56 球）、克雷斯波（35 球）和马拉多纳（34 球）。2012 年 10 月 16 日，阿根廷对阵智利，这是 2014 年世界杯南美区预选赛中的重量级较量。梅西在那场比赛中打入了自己最近 9 场国家队比赛中的第 12 粒进球。追平了巴蒂斯图塔在 1998 年创下的阿根廷国家队自然年进球纪录，他在国家队的总进球数也达到了 31 粒。毫无疑问，前拉普拉塔大学生队主教练阿莱杭德罗·萨韦利亚在 2011 年美洲杯后执起蓝白军团的教鞭后，梅西在球队中的景况越来越好。他戴上了队长袖标，拥有极高的场上自由度，而且攻击线上有非常奢侈的攻击球员可供配合：迪玛利亚、阿圭罗、伊瓜因。总而言之，他在国家队也展现出了自己的价值，他终于在自己的祖国成为先知。对此他很开心："阿根廷国家队改变了。我们得到了我们想要的结果，我们不再输球，而且踢得也很漂亮。我们动力十足，需要继续成长。"巴西对阵阿根廷是梅西去度假之前的最后一场比赛。然后，就是墨西哥的里维拉玛雅、迈阿密和伊比萨的阳光、沙滩和大海。梅西的假期仅仅穿插了一场慈善赛，对阵双方是"梅西朋友队"和"墨西哥明星队"。8 月他又回到了训练场，国家德比也如期归来。西班牙超级杯，皇家马德里对阵巴塞罗那。8 月 23 日在诺坎普的首回合，红蓝军团 3 比 2 险胜。克里斯蒂亚诺·罗纳尔多头球首开纪录，佩德罗、梅西（点球）和哈维连入三球做出回应。第 95 分钟时，3 比 1 的比分几成定局，然而巴尔德斯一个令人哗然的失误让迪玛利亚将比分扳成 3 比 2，这让最终的结果悬念再起。一切都在 8 月 29 日伯纳乌上演的次回合中尘埃落定。开场第 9 分钟皇马就取得进球。佩佩的长传，马斯切拉诺没有及时赶到，伊瓜因面对巴尔德斯穿裆破门。第二球是罗纳尔多打进的。又是巴萨防线的一次失误，这一次犯错的是皮克，巴尔德斯又一次看着皮球从两腿间经过应声入网。梅西直到这时都不见踪影，但是在中场休息前出现了。他罚入 1 粒任意球，出乎意料地重启了比赛悬念。巴萨因为阿德里亚诺被罚出场而只能 10 人应战，他们似乎更脆弱，且怀疑自己的风格。不过还是创造了机会。皇马备受折磨，但是被卡西利亚斯的圣手挽救，他扑出了梅西的一次射门。就这样，皇马夺得了新赛季的第一座冠军奖杯。不到 40 天之后，国家德比烽烟再起，这一次是在诺坎普开战的联赛德比。尽管比赛早早到来（第 7 轮），残酷却丝毫未减。联赛激战正酣，巴萨前 6 轮以 8 分的优势领先皇马，稳坐积分榜第一。“特别的一个”① 和他的球队亟须缩短与老对手之间的距离。而一场失败就可能毁掉整个联赛冠军的争夺。新赛季以来，莱奥已有 10 球入账（联赛 6 球、欧冠 2 球、超级杯 2 球）但是最近三场比赛中他都没有进球。克里斯蒂亚诺已经打入 12 球，其中 8 球都是在最近 4 场比赛中进的。另外一个有趣的数据是，梅西在他参加的 21 次国家德比中已经打入了 15 球，距离迪斯蒂法诺创造的国家德比历史进球纪录只有 3 球之遥。蒂托・比拉诺瓦坐上教练席以来，阿根廷人巩固了他的领袖地位，更加积极地参与比赛的各个环节，他对比赛的阅读能力得到了提高，展现出不俗的足球智慧以及寻找新选择和与队友配合的能力。他学会了比任何人都更注意自己的身体，有的放矢地努力。更衣室的队友说他比以往更加平静，更加成熟，话变多了，也更像领袖了。他的性格并没有变，这一点在对阵格拉纳达的比赛时他和大卫・比利亚的口角中可见一斑，当时西班牙人射门未果，而且没有抬头把球传向梅西所在的后门柱。不过，现在的梅西懂得接受俱乐部的建议，他甚至出现在巴萨电视台的节目中解释这次和葫芦娃在场上的不和，澄清他不认为比利亚是“小独裁者”或者“独食者”。唯一会惹他生气的事情依旧只有输球。而 2012 年 10 月 7 日的这场国家德比，他没有输。这场比赛踢出了美丽的

① 指皇马主帅穆里尼奥。当初执教切尔西伊始就放出豪言自己是特别的一个（the special one）。

足球，激情，强度十足，没有让全世界电视机前4亿观众失望，而梅西和罗纳尔多是这场表演的主角。两支球队的射门准确率都很高。首先是葡萄牙人第22分钟面对巴尔德斯用左脚将球送入大门。阿根廷人第29分钟做出回应。佩佩解围佩德罗的传中失误，皮球落在皇马门前，巴萨10号面对卡西将球打进。他在下半场同样没有宽恕卡西。阿隆索在禁区前对“小跳蚤”犯规，裁判放过了皇马中场应得的红牌，吹罚任意球。梅西将球摆好，左脚主罚，皮球越过人墙并且从皇马门将的左侧飞入球门。又过了5分钟，这次罗纳尔多让诺坎普沉默了。厄齐尔的传球，罗纳尔多摆脱盯人防守之后面对巴尔德斯准确施射破门。“梅西和罗纳尔多分别用梅开二度展示了他们来自另一个星球”。赛后《马卡报》的标题赫然是：“一场2比2让西甲悬念犹在”。

10月进入尾声，梅西家中的奖杯陈列室又多了一项个人荣誉。10月29日他领取了自己个人的第二座欧洲金靴奖，他是2011至2012赛季欧洲各大联赛的最佳射手，积分是100分，罗纳尔多以92分位列第二，阿森纳前锋范佩西以60分排名第三。1960年的金球奖得主路易斯·苏亚雷斯在巴塞罗那的“达姆之星啤酒工厂”原址上为梅西颁奖。马卡主编奥斯卡·坎皮略在现场拿出了一个盒子——“小金靴”，里面装有小金鞋和金奶嘴，他将这份礼物送给梅西。这是给小蒂亚戈的礼物——安东内拉和莱奥的孩子，几天后即将出生。

11月2日周五下午5点14分，位于诺坎普球场旁边的德克塞伍斯吉隆大学附属医院，小蒂亚戈出生了。梅西的妹妹玛利亚·索尔负责将消息公之于众。半小时后她在推特上写道“欢迎小蒂亚戈！！”梅西做爸爸了。他的伴侣安东内拉·罗库佐在当天早上9点进入产房。那是位于医院7楼的一间套房，完全留给梅西一家，以保证最大限度的私密和安静。豪尔赫、塞莉娅、马蒂亚斯、罗德里格和玛利亚·索尔都在接近下午3点半的时候到达，前来陪伴这对伴侣。莱奥很牵挂安东内拉，他辅助分娩。一切繁忙而顺利，母子平安。下午 6 点 20 分，莱奥在 Facebook 上写道："今天我是全世界最幸福的男人，我的儿子出生了，感谢上帝赐给我这份礼物！谢谢全家人的支持！拥抱所有人！"

为了协助与自己相伴四年的安东内拉，莱奥缺席了训练，不过一天之后，他就在主场迎战塞尔塔的联赛中首发登场。对阿根廷人而言，这场比赛有特别的动力。他想送 1 粒进球给蒂亚戈。他在巴塞罗那领取欧洲金靴奖时就说过："我会在（孩子出生后）打入的第一球时做点特别的庆祝，后面就会恢复平常了。"不过，尽管他在对阵塞尔塔的比赛中非常努力，进球的路线还是只能停留在欲望中。他左边球袜里藏着的奶嘴没能用上。佩德罗遗憾地说："我们都努力帮他，平时也如此，但今天是特别的，可惜他没能进球。"伊涅斯塔说："原本他如果进球了，对他对我们而言都是十分美妙的。不过周三还有机会。"11 月 7 日（周三）对阵凯尔特人，巴萨 1 比 2 败北，不过莱奥打入了球队唯一的进球。进球后他用嘴吸吮大拇指，献给他的孩子。当被问到为什么庆祝如此简单时，他回答道："这个进球没有用（巴萨还是输了）。还有很多比赛可以献给他更多进球。"的确如此。11 月 11 日（周日）对阵马洛卡的联赛中，他终于等到最好的机会和足够的时间来庆祝自己的两个进球，那是一场如上帝所愿的胜利。11 月 25 日对阵莱万特的比赛，他的护腕很闪亮，上面写着"我爱你蒂亚戈"。他每次进球后都会亲吻这个护腕。

12 月 5 日（周三）：欧冠小组赛最后一场巴萨迎战本菲卡。红蓝军团作为 G 组头名已经晋级 16 强。这场比赛并非意义重大，唯一的意义就是梅西可以冲击自然年最佳射手的纪录。1972 年盖德·穆勒以全年各项赛事共 85 球的成绩创下这个纪录，而梅西在 2012 年已经打入 84 球。这也许会成为他打破纪录的一天。比拉诺瓦说："全世界都在谈论这个话题，只有梅西不谈。"巴萨曾经向欧足联提出申请，如果梅西打入两球刷新纪录，就在电子记分牌上祝贺阿根廷人。欧足联拒绝了这一请求，不过要求巴萨 10 号如果达到 86 球就出席发布会。莱奥并没有首发，直到下半场第 12 分钟才出场。他有半个小时时间超越德国前锋的纪录。尽管巴萨教练否认了这一点，但让梅西踢最后半小时确实就像日常训练的一部分。比赛进行到第 84 分钟，梅西接到皮克的直传，单刀面对本菲卡门将阿图尔，阿根廷人试图躲开他，但没能成功，阿图尔撞到了他的膝盖。梅西完成了这次进攻，射出一记弧线球，但最终被阿图尔扑住。然后他倒在地上，手捂住膝盖，因疼痛而不断扭动身体，无法起身。他被担架抬下场，整个诺坎普鸦雀无声。所有人都忧心忡忡，队友、教练、球迷。梅西上一次严重受伤还是 2006 年 3 月对阵切尔西的比赛。当时他右腿近侧股骨二头肌撕裂，导致他错过了 8 场比赛，包括当赛季在巴黎对阵阿森纳的欧冠决赛。人们担心类似的情况会重演。好在第一时间传来的消息令人振奋。俱乐部的医疗公告宣布这位前锋左膝外部骨挫伤，并且提醒道，只有根据伤势情况来决定他是否具备重新出场的条件，所有人都受到了惊吓。一天后，在为土耳其航空做完宣传之后的新闻发布会上，莱奥讲述了自己在场上受伤那一刻的想法。“当时因为疼痛，我想到了最坏的情况。我用射门结束了最后一次触球，因为我以为这会是未来很长时间里我最后一次碰球了。幸运的是那只是一次撞击。”当被问及周日是否会出现在塞维利亚城，客场挑战皇家贝蒂斯时，他说不知道，但是并不显得担心，他也不担心自己没能超越穆勒的纪录，“对我来说，这不是一种执念，尽管如果能做到当然很美好，毕竟那个纪录已经保持了这么多年。”12 月 9 日（周日），塞维利亚，莱奥・梅西登场比赛，独中两元征服贝蒂斯，并以全年 86 球的成绩打破了“鱼雷”穆勒的纪录。他没有带走比赛用球，也没有大肆庆祝，离开球场的时候就好像什么都没发生。赛后他说：“当然我很高兴，那是个很美的纪录。我会努力把这个纪录更进一步好让以后的人更难打破。我说过很多次创造一个纪录并不能给你什么，只是它本身有很美好的意义，但是最重要的还是胜利，能够拉开与其他球队的距离。”而当被问到赛前是否紧张的时候，他这样回答：“是你们在谈论纪录的事，我没有说。我很平静，在那天的惊吓之后我想踢球。很幸运我打破了这个纪录，这样大家就不会说那么多关于这件事的话了，我们可以专注于下一场对阵科尔多瓦的比赛了。”就这样，比赛继续。

除了进球之外，梅西和穆勒没什么相似之处。德国人身高 1 米 76，体重 84 公斤；阿根廷人身高 1 米 69，体重 67 公斤。莱奥是全能球员，穆勒是禁区之王。“鱼雷”穆勒是抢点型射手，而梅西是完整的球员。一家德国报纸在梅西打破纪录之后找到穆勒想请他与梅西小聚，但是前拜仁“鱼雷”多年来经受抑郁和酗酒的折磨，身体状况并不好，谢绝了这次邀请。不过他在德国接受采访说：“那个纪录我已经保持了 40 年，现在世界上最好的球员打破了它。我与莱奥·梅西分享这样的喜悦，他是不可思议的球员，是足球场上的巨人，而且是很可爱而内敛的小伙子。”但是，马德里亲皇马的媒体却表示纪录不属于梅西，而应该属于戈德弗雷·奇塔卢。这位球员 1947 年出生于卢安夏，北罗德西亚也就是现在的赞比亚。他在 1993 年 4 月 27 日的一次空难中不幸遇难，那场发生在加蓬大西洋海岸的惨剧夺走了 18 名赞比亚国家队球员、赞比亚足协主席和 3 名教练的生命，其中就包括担任国家队主教练的奇塔卢。正是穆勒创造纪录的 1972 年，奇塔卢代表他的球队卡布威勇士队在联赛、赞比亚杯、非洲杯和国家队的比赛中共打入 107 球。证据是一张这位非洲球员举着象征纪录皮球的照片。这导致了争议的爆发，赞比亚足协呼吁自己的球员应该得到这项纪录。而巴西的弗拉门戈队坚持认为济科在 1979 年全年打入 89 球，更别说贝利在 1961 年打入 110 球。阿根廷则提出了路易斯·阿尔蒂梅的名字，这位阿根廷前锋在 60 年代到 70 年代初在独立队、河床队和国家队闪光。根据乌拉圭数据统计专家爱德华多·古铁雷斯·科尔蒂纳的说法，阿尔蒂梅在一年中的进球数达到过

148 球。而这些争议的结果是：国际足联没有承认任何一个人的纪录为官方纪录，无论是奇塔卢、梅西、济科、贝利还是阿尔蒂梅。

“这没关系……莱奥的纪录已经成为重温旧历史甚至发掘其他东西的最好理由。”曾经先后效力于河床、马德里竞技、皇家马德里和国际米兰的圣地亚哥·索拉里在《国家报》中这样写道。可以确定的是，进球机器梅西的故事还在继续。2012 年 12 月 18 日，巴塞罗那俱乐部宣布他们与梅西成功续约，“小跳蚤”原先的合同到 2016 年到期，此次续约之后将延长至 2018 年结束，届时阿根廷人年满 31 岁。据称，他的年薪达到了 1600 万欧元。

2012 年 12 月 22 日做客巴拉多利德，莱奥打入了他 69 场比赛中的第 91 粒进球。场均 1.32 球的效率位列世界足坛第一。这些进球中，80 球是用左脚打进的，8 球用右脚，3 球是头球。其中有 14 粒是点球，7 粒是任意球。他在所有的赛事中都有斩获，而他的进球直接为巴萨赢得了 53 个积分。在 2012 年一年里他超越或追平了一项又一项纪录。现在只缺最重要的一项。2013 年 1 月 7 日，瑞士苏黎世。莱奥·梅西成为足球史上第一位四次夺得象征世界最佳球员荣誉的金球奖的球员。他超越了像克鲁伊夫、范·巴斯滕和米歇尔·普拉蒂尼这样曾经三次问鼎的传奇。巴萨 10 号获得了 41.6% 的选票，克里斯蒂亚诺·罗纳尔多（23.68%）和伊涅斯塔（10.91%）分别位列二、三位。“小跳蚤”91 粒进球的分量超过了克里斯蒂亚诺的西甲冠军和西班牙超级杯冠军，或者安德烈斯·伊涅斯塔随西班牙国家队夺得的欧洲杯冠军。当天晚上 7 点 55 分，2006 年金球奖得主法比奥·卡纳瓦罗打开了信封。镜头全部对准三位入围前三名的球员。罗纳尔多、伊涅斯塔，还有梅西。这一次梅西是在哥哥和父亲的陪伴下来到苏黎世的。安东内拉、儿子蒂亚戈，母亲塞莉娅和妹妹玛利亚·索尔则在罗萨里奥巴拉那河边的阿罗约·塞科庄园里，通过电视机收看颁奖典礼的盛况。梅西穿着杜嘉班纳设计的并非很正式的圆形斑点黑色礼服，这又延伸出了很多话题（西班牙媒体公布了一张马拉多纳在上世纪 90 年代初拍摄于塞维利亚的照片，球王穿着一件运动服和一条白色圆点的裤子）。莱奥等待着宣判。一瞬间的停顿之后，前意大利国家队队长宣布："里奥内尔·梅西。"

安德烈斯·伊涅斯塔转过身祝贺自己的队友并鼓起掌来，克里斯蒂亚诺·罗纳尔多则面色不悦。"小跳蚤"站起身，在掌声中激动地走上舞台。卡纳瓦罗将金球奖奖杯颁发给他；国际足联主席布拉特向他表示了祝贺。巴萨 10 号把奖杯放在台上，开始发表感言："嗯……大家晚上好。事实上，我觉得又一次得到这个奖有些不可思议。能够得到第四次，而且是连续四次的确让人印象深刻。我想与我在巴塞罗那的队友一起分享这个荣誉，并衷心感谢他们。尤其是安德烈斯（伊涅斯塔）。对我而言，今天能够坐在你身边，每天都能和你一起训练、比赛是我莫大的荣幸。我也想与我在阿根廷国家队的队友们分享这个荣誉。还有所有为我投票的人，队长们以及主教练们。我不知道……我很紧张。当然我还要感谢我的家人，我的朋友，最后，特别要感谢我的妻子和我的儿子，他是上帝给我的最美好的恩赐。谢谢大家。"

整个大厅起立向这位纪录创造者鼓掌致敬。一走下舞台莱奥就说："我还是没有缓过神来。我很开心。就像我说的，我太激动也太紧张了，都不会说话了。"他说自己事先完全不知道："我们三个能来到这里就已经觉得自己是胜利者了。"他承认自己把票投给了伊涅斯塔、哈维和阿奎罗。"我可以投票给 C 罗，当然了，因为他是非常伟大的球员，但是我更愿意投给我的队友。"无论如何，他都在撇清和罗纳尔多之间的竞争关系。葡萄牙人说："我们之间没有竞争，这只是足球。"莱奥也赞同这一点："他说得有道理，我们只是努力做到最好来让我们的球队赢球。"他继续感谢这个奖杯，并将它与蒂托·比拉诺瓦和阿比达尔分享。前者在 2011 年 11 月再次被查出腮腺肿瘤而接受手术，后者则经历了肝脏移植手术。“希望他们都尽快康复。那是很大的打击，但是现在看到他们好转了让我们觉得开心，这是能给我们的最大奖赏。”梅西这样谈起自己的教练和队友，而其他的教练和队友们则在谈论他。西班牙国家队主教练维森特·德尔·博斯克也到场领取了最佳教练的殊荣（战胜了何塞·穆里尼奥和佩普·瓜迪奥拉），他对梅西的获奖没有丝毫置疑：“梅西太牛了，就是这样。他在任何位置都踢得好，无论身边是谁与他搭档。他是踢街头足球长大的小家伙，他夺取一切，就像我们以前说的。而我不是个怀旧的人。”而皮克坚持说：“没什么好说的，只要享受他带来的足球就好，我希望他能在我们的球队终老，希望我们能一起为巴塞罗那赢得更多的冠军。”伊涅斯塔则预测：“如果梅西继续保持这样的状态，他明年还会赢得金球奖。”

30. 梅西依赖症

2013 年 5 月 19 日

嘴里衔着奶嘴，怀里抱着儿子蒂亚戈：这就是莱奥·梅西在联赛冠军庆典尾声时的样子。那天是 2013 年 5 月 19 日，巴萨在一场无关紧要的比赛中战胜巴拉多利德，捧得 2012 至 2013 赛季西甲联赛冠军。时间安排、天降大雨和电视转播的缘故，现场气氛不甚热烈，此前已有太多庆祝活动，5 月 13 日（周一）举行的游街见证了超过 50 万球迷聚集在巴塞罗那城。红蓝军团历史上的第 22 座联赛奖杯具有很高的竞技价值和象征意义。巴萨在整个赛季都保持着霸主地位，从 8 月 19 日联赛第一轮 5 比 1 横扫皇家社会以来（梅西独中两元）就雄踞积分榜榜首，此后再未将领头羊地位让出，直到赛季末提前四轮夺冠。此前，只有 1984 至 1985 赛季的巴萨和 1987 至 1988 赛季的皇马曾经做到整个赛季领跑积分榜。而这个赛季，蒂托·比拉诺瓦的队伍所向无敌。从赛季伊始，皇家马德里就走得跌跌撞撞。9 月 19 日联赛第四轮，巴萨战胜赫塔菲同时穆里尼奥的皇马败走塞维利亚，巴萨此时已领先皇马 8 分之多。对一支连破纪录的球队而言，这样的差距深不可测。这支巴萨创造了俱乐部联赛历史最佳连续不败战绩：14 轮比赛 13 胜 1 平；他们还收获了西甲联赛历史最佳上半程：18 场胜利（只在诺坎普迎战皇马时收获 1 场平局）。冬歇期前可能 57 分联赛积分中他们拿足 55 分，赛季最后一轮他们的总积分更是达到 100 分追平皇马在 2011 至 2012 赛季创造的纪录。巴萨号巡洋舰高速破浪前行，而皇马的主教练穆里尼奥在 12 月就已经丢失了联赛冠军。2013 年 1 月 13 日的半程积分榜上，皇马屈居第三，距离巴萨 13 分之遥，排名第二的马竞也落后榜首 11 分，可以说联赛冠军已是巴萨的囊中之物。但是恰恰是在1月，红蓝军团遭遇了整个赛季最艰难的时刻。1月19日，巴萨在圣塞巴斯蒂安城负于皇家社会，带回联赛首败。蒂托·比拉诺瓦飞往纽约接受治疗咽喉癌的最后几个疗程放化疗，直到4月2日才会回归教练席。他的助理教练鲁拉肩负起管理球队的重任，又或许像外界猜测的那样，更衣室开始自治。联赛下半程巴萨面对皇家社会、瓦伦西亚、皇马、塞尔塔、毕尔巴鄂竞技一路磕磕绊绊，2负4平，被进37球净失12分。有了上半程战绩的保障，这样的失利对他们领跑积分榜并无多少影响。庆祝联赛冠军只是时间问题。终于，在5月11日（周三）午夜，皇马客场战平西班牙人，将奖杯拱手交予巴萨。这是他们五年里的第四个联赛冠军。这个冠军属于蒂托·比拉诺瓦，属于阿比达尔，当然，也属于莱奥·梅西。蒂托的执教至关重要。他在教练席和在纽约治疗时球队的差异十分明显。面对一个像穆里尼奥这样令人如坐针毡的对手，最后的胜利也是对蒂托个人的肯定（比照过去佩普·瓜迪奥拉的胜利者形象）。2013年4月6日巴萨主场迎战马洛卡。比赛最后20分钟，阿比达尔替换皮克出场。2012年4月10日这个法国人因肿瘤进行了肝移植手术，402天之后他重回球场。他已经赢得了一生中最重要的比赛，整座诺坎普起立鼓掌欢呼迎接他的回归。很遗憾最终俱乐部决定不与他续约。他想继续踢球，高层却只愿意给他球队代理的职位。莱奥·梅西则在2013年2月6日与巴塞罗那俱乐部续约至2018年6月30日。3月，“小跳蚤”当上了幸福的父亲，在玻利维亚的赫尔南多西列斯球场，他首次秀出左脚上的一对文身——儿子的双手图印和名字。他也是一个幸福的足球运动员，家中的玻璃柜里多了第六座联赛冠军奖杯。毫无疑问，他对球队的贡献至关重要。巴萨10号在他出场的32场比赛中打入46球。受到伤病影响他没能出战联赛最后三轮，因而没有超越自己2011至2012赛季50球的进球纪录，但是他依旧创造了一系列纪录。2013年1月27日梅西在对阵奥萨苏纳的比赛中收获大四喜，个人西甲联赛总进球数达到 202 球，成为超越 200 球大关最年轻的球员。自 1951 年统治个人西甲联赛总进球纪录的特尔莫·萨拉在毕尔巴鄂竞技打入第 200 球时 29 岁零 352 天。“小跳蚤”比这个年龄小了 4 岁。这个联赛冠军入账之后，阿根廷人也成为同巴萨一起捧起 20 座冠军的最年轻球员。莱奥是联赛上半程进球最多的球员（18 球）。而 2013 年 3 月 30 日客场对阵塞尔塔时的进球之后，梅西完成了连续面对西甲所有对手球队都取得进球的壮举——连续 19 场联赛共打入 29 球。西甲联赛历史上从未有球员能企及这样的数据。此前的纪录保持者是 1996 至 1997 赛季罗纳尔多在巴萨创下的连续 10 场联赛 12 球。对塞尔塔的比赛之后，鲁拉评价说：“这是闻所未闻的纪录，这说明他有多伟大。”而第一次在正式比赛中戴上巴萨队长袖标的梅西一如既往地轻描淡写：“这场比赛我们打平了，纪录没有意义。”他反复强调“打破纪录不是我的目标”。不过凭着他对进球不竭的渴望，似乎没有什么纪录不会被打破。纪录接踵而至：24 球创造了西甲联赛历史主场进球纪录，超过 2011 至 2012 赛季的克里斯蒂亚诺·罗纳尔多一球。他也以 15 轮超越了此前由古伊萨在 2007 至 2008 赛季创造的主场进球轮数纪录（14 轮）。联赛中连续 21 场进球更是让莱奥超越了波兰前锋特奥多·佩特里克在 1937 至 1938 年间连续 16 场联赛破门的成绩，创造了足球史上的绝对纪录。最后还有他追平了两位巨星的进球账户：迪斯蒂法诺和马拉多纳。4 月 1 日梅西在伯纳乌打入扳平比赛的一球，以 18 球与迪斯蒂法诺比肩成为国家德比进球最多的球员。5 月 5 日对阵皇家贝蒂斯，“小跳蚤”打入了个人职业生涯第 345 球，追平了马拉多纳职业生涯的全部进球数。球王用了 679 场比赛打入 345 球（俱乐部比赛 588 场 311 球，国家队 91 场 34 球）。莱奥则用了 457 场比赛，其中代表巴萨参加 378 场比赛打入 313 球，在阿根廷国家队参加 79 场比赛打入 32 球。

疯狂的数据。人们已经开始讨论下一个挑战，讨论为数不多的那些有待他打破的纪录。不过且把个人成就搁置一边，来看看莱奥对球队的贡献。阿根廷人整个赛季各项赛事相加打入 60 球，占到巴萨全队进球数的 40.5%。这个引人注目的数据凸显了其他前锋与梅西之间的差距。埃托奥、罗纳尔迪尼奥、亨利、伊布拉西诺维奇都没有过类似的主导地位。莱奥在巴萨的队友也没有：大卫·比利亚一共打入 15 球，桑切斯 11 球，小法 13 球，佩德罗 10 球。队友的进球下降，而“小跳蚤”对球队的贡献明显增加，尤其是在最近几年：2008 至 2009 赛季他的进球数是全队的 24%，2011 至 2012 赛季提高到 38.6%，2012 至 2013 赛季达到 40.5%。佩普·瓜迪奥拉的朋友、努涅斯和拉波尔塔担任俱乐部主席时代的体育总监艾瓦利斯特·穆尔特拉对《国家报》说：“梅西的巴萨依赖症已经变成了巴萨的梅西依赖症。”这是个巨大的真相，而且不止因为他的进球。如果说几年前梅西的成就很大程度上依靠哈维、伊涅斯塔、布斯克茨和阿尔维斯的支持，他自己也反复强调这一点（“我的幸运是能与这样一支巴萨共同战斗”），那么今天，巴萨 10 号已经成为毫无争议的绝对主角。他出场与否、状态好坏决定了比赛、结果、队友、对手和球迷。最震撼的例子是对阵巴黎圣日耳曼队的欧冠四分之一决赛第二回合。莱奥在之前第一回合王子公园球场之战里如常地贡献 1 粒进球，接着右腿股二头肌拉伤，这是最近几年都没发生过的事。中场休息后小法将梅西替下。巴萨 1 比 0 领先进入下半场，但是伊布的进球让安切洛蒂的球队最终收获 2 比 2 的平局。第二回合变得情势严峻，梅西伤停三周的消息更是让红蓝军团上下焦躁不安。4 月 10 日（周三）的诺坎普，梅西并没有首发。他坐在替补席上咬着指甲，直到比拉诺瓦在第 62 分钟派他上场。赛前的约定很明了，除非必要，不轻易冒险。“小跳蚤”触球 13 次，传了两脚好球，奔跑 2822 米，终结了直到彼刻持续折磨主队的巴黎圣日耳曼，就这样为巴萨打开了连续第六次欧冠半决赛的大门。次日，《国家报》通栏标题："对梅西而言一条腿就足够"。拉蒙·贝萨这样写道："世界上有这样一名球员，他上场就是为了解决球队最糟糕的境况。在欧冠这样高规格的比赛中，他哪怕瘸了一条腿仍然起到决定性作用。现在对梅西的权威和力量已再无质疑。巴萨 10 号淘汰了巴黎圣日耳曼，让自己球队晋级，一箭双雕，他只用了一次进攻，一次触球，腰部用力的一击，一脚传球，一次良机。怎样都能进球，他昨天的反应出众且极具震慑力。法国人在前一个小时里君临球场，却在看见梅西后臣服在地。而一溃千里、晕头转向、筋疲力尽的巴萨，有了梅西，在最后半小时里变得所向披靡、不可战胜。"

是记者的夸张？并非如此。"小跳蚤"的队友们也这样想。伊涅斯塔说："莱奥上场后一切都改变。"进球功臣佩德罗补充说："他是头号球员，他在场，比赛立刻彻底改变。"皮克总结说："莱奥一出场，他们全吓了一跳。"阿尔维斯最后说："他就有这种力量。他在场上，比赛的精神面貌就不同了。"

这不是梅西第一次也不会是他最后一次"改变比赛的精神面貌"。想想欧冠八分之一决赛对阵 AC 米兰的第二回合。巴萨和莱奥当时正处在非常艰难的时刻，此前在圣西罗球场的第一回合他们遭遇溃败。红蓝军团知道他们完全无力超越米兰的防线，不得不吞下 0 比 2 败北的苦果。梅西面对对方守门员阿比亚蒂也无能为力，仿佛游离场外不在状态。七天之后，2 月 26 日，面对一支拥有罗纳尔多的皇家之师马德里，葡萄牙人在统领全局方面比"小跳蚤"更有效率，皇马在诺坎普 3 比 1 摧毁巴萨晋级国王杯决赛。梅西又一次不在状态。3 月 2 日历史重演。在联赛中，自 2007 至 2008 赛季以来，皇马第一次在伯纳乌战胜巴萨（2 比 1）。莱奥打入巴萨的唯一进球，追平了迪斯蒂法诺的纪录，但是输球让这一历史性进球的意义退居次席。从阿根廷到西班牙，人们都在问，巴萨怎么了？梅西怎么了？阿根廷《奥莱报》的记者马塞洛·索迪乐坚持说："巴萨看上去像一支情绪低落的球队。如今我们看到不止11张没精打采的脸，场上几乎没有个人闪光的瞬间，替补席上也没有技战术的讨论，甚至几乎没有体能——无论是双腿还是可悲的头脑产生的——改变比赛节奏，突破米兰和皇马的战术，对手用有条不紊的足球赢得了比赛。莱奥的低迷不仅因为自己的熄火，因为无法打破自己的桎梏，也因为没有整支球队的支持帮助。今天他就是没能做到。"报道里说到的这支巴萨在球场上精神备受折磨，而熄火的梅西郁郁不快、不住发怒，他被孤立了，和这支不复从前的球队完全脱节。那场比赛中巴萨状态的倒退程度让人们一如从前地开始议论是否一个时代即将终结，那支用美丽足球征服全世界的队伍是否走到尽头。所以，3月12日对阵AC米兰的这场欧冠八分之一决赛第二回合成为衡量莱奥和红蓝军团的重要战役。关键词是"大逆转"。赛前，哈维·埃尔南德斯说："这一代球员缺少史诗般的大逆转。在过去四五年里我们都不需要逆转取胜。尽管知道难度很大，知道带着0比2的败绩回到主场是可能遇见的最差情况，我们还是会尽全力实现逆转。"他确信诺坎普一战剧情会有转变。这一次，在自己的地盘上，巴萨中场预言成真。因为这一次，大逆转真的来临。莱奥觉醒了，开赛半小时已梅开二度将总比分扳成平局。比利亚和阿尔巴为这场大戏添上重彩：4比0，晋级八强。这一次没有出现像从前半决赛对阵穆里尼奥的国际米兰或者2012年对阵切尔西的情况。赛后意大利媒体形容梅西大放异彩恐怖如外星人，把他突出五人包围中打入的第一球与马拉多纳在1994年世界杯对阵希腊的入球相提并论。左路的突袭切直角插入禁区，对方门将阿比亚蒂来不及反应，无能为力。加泰罗尼亚媒体更是不吝溢美之词。《世界体育报》的标题用来自阿根廷布宜诺斯艾利斯的新教皇方济各玩了文字游戏："教皇降临，梅西就是教皇。"似乎一切都各归各位，或如《共和报》所言，"巴萨的外星人回来了"。只是没想到4月2日，梅西再遭厄运，在巴黎的比赛中受伤。从那天起，“小跳蚤”和巴萨共同踏上坎坷的前路。阿根廷人在随后两场轻量级的比赛中没有出场，紧接着用32分钟47秒的上场时间淘汰了巴黎圣日耳曼。俱乐部队医在比赛次日的检查后保证梅西的右腿股二头肌恢复没有受影响，所以“他将继续医疗团队划定的康复日程”。之后联赛对阵萨拉戈萨和莱万特的比赛梅西都无法出战。阿根廷人表示“我希望能赶上（欧冠）半决赛”，这句话让球队和球迷都松了一口气。因为在半决赛等待巴萨的是一支魔鬼之师：拜仁慕尼黑。一支无比坚定而强大的球队，拥有非凡的个人能力和团队作战力。拜仁和巴萨是过去四届欧冠比赛的绝对主角：巴萨两次捧杯（2009年和2011年）而拜仁在另两次决赛中错失冠军（2010年负于国际米兰，2012年惜败切尔西）。德国人和加泰罗尼亚人的上一次相遇（2009年的欧冠四分之一决赛）实力悬殊：巴萨在诺坎普4比0大胜，在慕尼黑守住1比1平局。不过时过境迁，那次交手之后发生了很多事，现在这支2013至2014赛季将由佩普·瓜迪奥拉执掌教鞭的拜仁引领着欧洲的足球风尚。经过打法改革的他们如今拥有雄厚的板凳深度，面对不同对手能自如变换技战术，加上像罗本、里贝里、戈麦斯和穆勒这样的一线球星，拜仁在德甲联赛中以进球和积分的双纪录证明了自己的统治力。此番欧冠交锋，拜仁成为大热门，巴萨在客场挑战AC米兰和巴黎圣日耳曼的比赛中已经暴露了防守的孱弱和进攻的疲软，那是一种集体的弹尽粮绝，不见平日的速度与快乐。此外，整支队伍似乎都不在状态，他们失去了赛季上半程的耀眼气势，队里最关键的几位球员能否出战成疑。最重要的是梅西，一切都取决于这个已经远离球场12天的阿根廷人。4月23日（周二），慕尼黑的安联球场，蒂托·比拉诺瓦的首发名单中莱奥赫然在列。他的确上了场，却几乎没踢球。比赛数据显示全场他射门1次，传球57脚，触球76次——这是他整个赛季最差的数据。11次过人他只成功了两次。其实无需从数据中得出这是莱奥冠军杯赛场上最糟糕的表现，任何看过那场比赛的球迷都有这种感觉。欧冠最近四届赛事的最佳射手在那场比赛中只是象征性地在场。再无其他作用。梅西不是梅西，或者说拜仁完全压制了他的发挥，不让他成为梅西。巴萨遭到全面压制，最终毫无借口地0比4惨败。通往温布利决赛的大门就此对红蓝军团关闭，球迷们记起了球队历史上另一场惨痛的失利：1994年欧冠决赛在雅典四球负于AC米兰。赛后阿尔维斯在混合区被问到巴萨的梅西依赖症，巴西人怒气冲冲地回答："总是这样。我们一输球就提这个。这不是梅西踢得好不好、是不是关键先生的问题。我们全队都输了。莱奥是世界上最好的球员，当然他对我们来说是决定性的，这又不是新鲜事。一直这样。"助理教练鲁拉也挺身而出回护梅西，他代表教练组表示："莱奥为了能出战这场比赛付出了极大的努力，他已做了所有他能做的。"可是他做得太少，几乎什么都没做，以至比赛次日争议不断升级。

很多人都在问：莱奥现在的身体状态能踢球吗？他的父亲豪尔赫说所有的医疗检查都显示正常。可是尽管医学的角度梅西已经可以踢球了，很明显他无法在场上发挥自己的实力。还有一场半决赛次回合，一次"大逆转"……但是这一次，不可能。于是人们开始讨论为了保持立足世界足坛顶峰，球队是否需要大换血、是否需要签新援。莱奥小心地保护着自己，指望可以出战那场不可能的逆转战。他在4月27日（周六）客场挑战毕尔巴鄂竞技的比赛中亮相了一小会。第59分钟他替补哈维出场，扭转了比赛局势——一脚劲射破门扳平比分并助攻桑切斯打入巴萨的第二球。但是比赛第90分钟巴斯克雄狮坚强扳平，巴萨联赛提前夺冠的庆祝被迫推迟。不过看上去梅西状态正佳，已经重新找回最好的身体状态。也就是说5月1日劳动节那天迎战拜仁的半决赛第二回合他能在诺坎普出场，而且梅西本人看上去也对能出场充满期待。在中国的微博上他更新了一句十分积极的话："现在开始准备（欧冠）翻盘。"看来他是一定会出战。赛前皮克甚至说："但愿这次梅西多多参与进比赛。”如果说逆转这样糟糕的比分还有一点可能性，那就只能依靠10号的伟大一击。赛前一小时，所有人都被泼了一桶凉水。消息传来，震动了诺坎普，打击了队友，惊讶了对手：梅西不会首发。他将在替补席上。拜仁中场哈维·马丁内斯承认：“他不踢让我们松了一口气。”拜仁主教练海因克斯也表示：“没有梅西就是另外一回事了，他是巴萨最重要的人。”没有梅西，巴萨举起白旗，0比3败北。那么阿根廷人怎么了？比拉诺瓦解释说：“他如果冒险上场，肌肉可能会撕裂。他感觉很不适，觉得这样也没法帮助球队。”阿尔维斯说：“打完毕尔巴鄂他就跟我说他感觉不好。他试了，但是还是没法上场踢球。”蒂托把他放进替补名单是想看看“如果球队踢得好也许最后需要用他冒险一试。但是罗本进球后就没有冒险的意义了”。就这样，巴萨的冠军杯之旅以两回合0比7的惊人比分终结。毫无疑问，短期内这都是历史性的鸿沟。媒体说这是一次耻辱的出局。惨败让俱乐部必须下决心重新规划球队的未来。与此同时他们还得解决尚未到手的联赛冠军。5月5日巴萨在诺坎普迎来皇家贝蒂斯。比赛进行到54分钟，客队已经2比1领先。巴萨找不到办法进球，无法改变比分牌。整座球场都沉默，情节开始向更坏的方向发展。这时，梅西从替补席上露出头开始在球场一角热身。球迷的气氛完全变了，球队的精神面貌、比赛的最终结果也相继改变。比利亚扳平比分，梅西独中两元，还因为对方守门员封住了他的第三球而恼火。又一次切实地证明了阿根廷人不竭的渴望和巴萨的梅西依赖症。一周后，5月12日，卡尔德隆球场，马竞列队欢迎联赛冠军巴萨入场。梅西首发出场（他上一次首发还是19天前在慕尼黑），但是刚刚踢满一小时就直接离场，甚至没有召唤队医上场。三个换人名额已经用尽，巴萨只得10人应战，而梅西未发一言直接走向更衣室，直到换了运动裤出来才和替补席上的人说了几句。

赛后比拉诺瓦在新闻发布会上说：“梅西离场是因为他感到几周前

受伤的部位不适。他注意到伤处又有奇怪的感觉。明天我们会给他做检查，看看是不是会缺阵几天或者几周。”而对于这个有些神秘的伤（4月2日以来因为这个伤，梅西只能偶尔踢球，且状态很不规律），比拉诺瓦解释道：“就算你们很难理解我们为莱奥的伤势付出的努力，至少可以说，这一点都不容易。赛前他一切都很好，这一周都正常来训练。比赛开始后他也没有感觉到不适，直到突然不得不离场。你们都知道肌肉伤是没有预警的。”对阵马竞的67分钟是莱奥2012至2013赛季踢的最后一场球。此后他全力投入康复进程，并完成广告邀约。5月31日（周五），巴萨与马洛卡的联赛最后一轮前一天，梅西飞往布宜诺斯艾利斯。他需要参加阿根廷国家队备战2014年世界杯的集训。临走之前，虽然巴萨签下内马尔的运作尚未最终敲定，“小跳蚤”已经在接受卡塔尔阿尔塔斯体育台采访时表示对桑托斯明珠加盟巴萨充满期待：“（在比赛中）他能为球队贡献许多独特的个人解局法。”人们已经开始热烈讨论巴西人是否与梅西合拍，两位巨星是否兼容，一山二虎是否太多，一个阿根廷人和一个巴西人能否和睦相处，是否梅西将成国王而内马尔是王子，以及，这一对也许是足球场上最致命的杀手能联手斩获多少进球。

31. 巴塞罗那

26岁并不算大。过去在刚过去的转角，而未来尚远。现在即做总结为时过早，展望未来又略有困难，不过总可以试试。莱奥·梅西对此表示认同。

坐在诺坎普一间文件室的书桌前的梅西就像一个准备写作业的学生。放在桌上的手机是他唯一的助手。

我们开始吧。

——经历过的最困难的时刻。

——从阿根廷移居西班牙的时候。我离开了我的故乡、我的朋友，离开了家人。刚开始的一段时间很艰难。那时候我和父亲在巴塞罗那，家里其他人都在罗萨里奥。这让我们备受折磨。我想念马蒂亚斯、罗德里格，想念我的妹妹和妈妈。那时我常常一个人在自己房间里哭，以免被我爸爸看到。

——最快乐的时刻。

——与巴塞罗那、阿根廷国家队一起捧起冠军。

——金球奖呢？

——个人荣誉让爱我的人高兴，也回报了我的家庭为我做出的牺牲。但是球队的荣誉能让一座城市、一个民族欢欣鼓舞，这样的快乐更重要，简直是无与伦比，令人难以置信。

——但您现在已经是世界球王……

——不，我不是。我永远是这个我，能效力一支伟大的球队是我的幸运。

——以前您想过会拥有像这几年这样的辉煌？

——我从未想过。就算在最美的梦里我也从没想过一切能变得如此美妙。

——让我们回到过去：关于足球，您第一个美好的记忆是什么？

——那是刚开始踢球的时候，我代表格兰多利队在阿根廷儿童足球协会组织的联赛中同黎明队交手。赛前人们说他们更加强大，会捧得冠军，然而比赛中我进了 4 个球，其中有一个非常漂亮，当时我的全家人都坐在看台上，简直美妙极了。

——为什么您如此喜欢踢球？

——我也不知道。从很小的时候我就喜欢它，像其他孩子一样，直到现在，我依旧非常享受足球。

——这种与皮球之间的信赖您是如何获得的？那些高难度技巧又是怎么学会的？

——我每时每刻都和球在一起。小时候我时常独自待在角落里不停地玩球。不过我从不刻意创造某种踢法，也不会发明什么动作。我只是顺其自然地踢球，并不思前想后。

——谁对您爱上足球起到了决定性的作用？

——第一次带我去球场的是我的外婆。她对我们全家所有人而言都十分重要，非常特别。她人特别好，我还记得那时候周日在她家就简直是一场大派对。此外，哥哥罗德里格和我的表兄都是我的榜样，还有，我的父亲也给我很多支持。

——能够成为现在的样子，一路走来艰难吗？

——所有的孩子都想当球员，但是要想真的做到需要付出很多努力和牺牲。你必须面对十分困难的时期，比如我当初决定留在巴塞罗那的时候……那是我自己的决定，没有人强迫我。我父母问过我很多遍是走是留。我想留在拉玛西亚因为我知道那是我能成为足球运动员的机会。我从小就是一个对自己负责的人。

——生长方面的问题和矮小的个子对您的职业生涯发展产生了怎样的影响？

——那时候我还小，除了每天晚上都要给腿打针之外，并没有真正意识到在自己身上发生了什么。但是长大以后我开始学会更好地把球控制在脚下，要想在场上拿住球我得比那些大个子更灵巧、更迅捷。

——职业生涯中哪场比赛印象最深？

——2006 年对阵切尔西的欧冠八分之一决赛，我对皇马上演帽子戏法的那次国家德比，当然还有 20 岁以下世界杯决赛，以及北京奥运会的半决赛，那次我们战胜了巴西。

——最漂亮的进球？

——如果现在要我选一个，那我会选在罗马奥林匹克球场和温布利大球场的两次欧冠决赛上进的球，还有世俱杯对阵大学生队时的那个球。

——对赫塔菲打入的那个球呢？

——当然，那也是个很精彩的进球。

——对赫塔菲的进球是您职业生涯中进过的最漂亮的球吗？

——是的，可以这么说。不过我 10 岁还是 11 岁在纽维尔老男孩队踢球的时候有几个进球和它很相似。我家里有当时的录像。

——差不多就是那个时候，有人问您最喜欢的球员时您回答说："我的哥哥罗德里格和表兄马克西。"您从来没有过一位足球偶像吗？

——没有，我从来没有像崇拜偶像那样喜爱的球员。在慢慢长大的过程中我开始喜欢艾马尔，欣赏他踢球的风格。后来在巴伦西亚与他交战之后我去找他交换了球衣。

那马拉多纳呢？

——他是最伟大的。

——您看过他在罗萨里奥时期代表纽维尔老男孩队踢的比赛吗？

——我那时很小，才 6 岁。马拉多纳为纽维尔老男孩首次登场的那天我的确去看了某场比赛，但已经不记得了。

——您父亲真的给您买了一盘记录马拉多纳最精彩瞬间的录像带？

——迭戈的进球我看过很多遍，但我不记得是谁送的录像带。

——所有人把您同马拉多纳相比较，并认为您是他的接班人，您怎么想？

——这让我很高兴，但我还什么都没有做，需要继续成长，继续学习。为了成为一名更优秀的球员，我努力让自己每天都取得一点进步。不过迭戈是独一无二的。

——马拉多纳给了您什么建议？

——他让我继续这么踢下去，要永远享受足球，同时好好保护自己。足球生涯短暂，一个人要想获得成长并尽可能地延长它，就需要一直保持良好的状态。

——从马拉多纳到佩夫莫，所有人都在谈论您的球风。您自己是怎么定义的？虽然这是个难回答的问题，请试试看。

——谈论自己总是很复杂，最好让其他人来说。一定要我讲的话，只能说我喜欢在前锋身后，喜欢创造机会并尽我所能斩获进球。

——您最突出的特点？

——大概是节奏变化和掌控吧。

——又一个老生常谈的问题：压力。很奇怪您好像感觉不到压力。

——我登场时并不关心对手是谁，或是和哪名球员对抗。我尽力做好我的事，享受比赛并为我的球队做出贡献。

——说说巴塞罗那俱乐部吧。

——我在11年前来到这里，一直都觉得很快乐。13岁时俱乐部就看好我、支持我，那时我渴望进入一线队并且做到了。如今，我希望能和这支队伍一同经历更多荣耀的瞬间。但我从没忘记自己只是球队里普通的一员，没有队友的支持和帮助我什么都做不成。

——再谈谈阿根廷国家队吧。

——披上国家队战袍是件大事。尽管我生活的地方与阿根廷万里之隔，我仍希望每一次都能得到国家队的召唤，渴望能用自己的表现为阿根廷人带来快乐。很遗憾在南非我没能做到。

——有待解决的问题：想回阿根廷踢球吗？

——我很乐意有朝一日回到阿根廷的俱乐部享受足球，不过现在说这些还太早……

这时电话响了，我们的采访暂告一段落。

外面天气好极了，天空澄澈明净，尽管日历显示现在仍是冬天，室外气温却近乎夏日。绿色的草皮闪着光。来参观球场的游客们在场地一侧停下脚步，和他们心中偶像的真人大小纸制模型合影。走过来一对日本夫妇，他们选择了梅西的模型。妻子看上去很高兴，因为她和梅西身高相当，正好可以用手臂搂住他的脖子。紧接着出现了一群学生，疯狂地跑来围住自己最喜欢球员的模型。忙得不亦乐乎的女摄影师们表示，梅西是其中最受欢迎的。

房间里，梅西的电话已经打完，我们的谈话可以继续了。

——顺便问一句，作为名人，您感受如何？

——和常人一样。我从来没想过这个问题。我只想着继续踢球，这是我最喜欢的事。我始终过着同样的生活。唯一不同的是在罗萨里奥我没法和家人一起出门。

——当人们在街上拦住您，向您索要签名、合影乃至亲吻时，您会觉得被打扰吗？

——不会。有球迷为了和我照一张合影等上好几个小时，我应该满足他们。

——一些熟识您的人说，您完全没有被名气冲昏头脑，是这样吗？

——是的。我一直脚踏实地，不会忘记这一路自己从何而来、如何走到。

——那金钱没有改变您的生活吗？

——我觉得自己仍是一直以来的样子。我们不是那种把钱花在奢侈品上的人。

——您喜欢拍广告吗？

——拍广告的过程很是消遣，我挺喜欢的。

——让我们换个话题，来谈谈您最早的几位老师。

——我从吉列尔莫·奥约斯（梅西在青年B队时的教练），这对我很重要。他为我能够上升一个台阶付出了一切。

——生活中的老师呢？

——我的家人，父亲和哥哥罗德里格总能给我建议并尽可能帮助我。

——您和父亲的关系如何？

——非常好。在这里我们一同度过了很多时光。我们是伙伴，是朋友，尽管也会有小矛盾。有时他因为一些小事神经紧张，就会被惹恼并冲我发脾气。

——你们之间谈论合同和投资的问题吗？

——他会征询我的意见，不过所有这些都由他负责处理的，我只踢球。

——那在足球方面，您父亲会说点什么评价吗？

——从小我的每场比赛后他都会跟我说“你踢得好”或者“不好”，而其他的他就不多插手了……

——您的母亲希望您除了拥有一个辉煌的职业生涯之外，还能早日成家。

——她总和我说这个，她最在意的就是我的幸福。不过我还太年轻，现在考虑成家对我而言还是太早了。

——您现在已经有女朋友了。

——是的。

说到这里，梅西的脸红成了一只番茄。

——还内向害羞吗？

——好些了，我已经开始改变……

——这种害羞的性格从何而来？

——这点上马蒂亚斯和我一样，爸爸以前也是这样……我的母亲和罗德里格则不同……

——除了足球您在生活中最喜欢什么？

——同我的家人和朋友们在一起。

——试想一下 15 年或 20 年后的生活，会是什么样呢？

——和家人一起住在罗萨里奥……我永远都会在家人身边。

——家庭对您来说就是全部。

——我欠父母和兄妹很多。只要他们过得好，我就也会幸福。

——我们来做个测试。这是您 13 岁那年接受《首都报》专访时回答过的问题[①]，我们来看看答案有没有变化。一本书。

——马拉多纳的那本（《我是迭戈》），我开始读了但一直没读完。我不怎么读书……

——8 年前您说的是《圣经》。您信教吗？

——我不是那种修行式的教徒，但是我信上帝。

——您迷信吗？

——不。

——一张唱片。

——阿根廷风格的昆比安巴舞曲，不过我说不出是哪个组合的。

——一部电影。

——《女友的儿子》和《九位女王》。里卡多·达林是我最喜欢的演员。我的外婆很像《女友的儿子》中的女主角，做的事差不多，而且也患有阿尔兹海默症。

① 有兴趣的读者可以参考本书第 4 部分中收录的当年的采访内容。

——一个目标。

——赢得更多冠军。

——您很喜欢胜利。

——当你获胜的时候会很满足，而失利的时候就总是感觉很糟糕，而且会花很多时间去想哪里失败了，怎么会失败。

——一个梦想。

——和阿根廷队一起成为世界冠军。

电话又响了，是他的父亲豪尔赫。

梅西的母亲塞莉娅、妹妹玛利亚·索尔，以及他的叔叔阿姨克劳迪奥和玛尔塞拉都从罗萨里奥来巴塞罗那了，全家人在等莱奥回家吃饭。

运动裤、带帽运动衫和运动鞋，一身运动装的莱奥·梅西从球场的通道走向通往停车场的电梯。他最后和我们打了个招呼，然后就回家去和家人们共进晚餐了。

今天，塞莉娅和玛尔塞拉阿姨会为他准备了什么美味佳肴呢?

32. 一个动荡不安的赛季
2014 年 5 月 17 日

梅西来到加瓦的法院大楼，这是巴塞罗那 20 千米开外的小城。几十个忠实粉丝正用欢呼和掌声欢迎他。甚至有人大喊："梅西竞选总统！"偶尔冒出一句指责，也完全被淹没了。巴萨球星竖起大拇指回应。他身着一袭黑色西装，内搭白色开领衬衫，面带微笑，神情放松。

2013 年 9 月 27 日上午近 11 点，里奥内尔出现在这里，即将为 2007 年到 2009 年间 3 次税务欺诈的指控进行辩护。电视台摄像机将镜头推进，记录下这一刻。梅西及其父亲双双被指控蓄意伪造一份详尽的财务计划，以欺诈税务检察员。相关当局断言，两人将梅西的肖像权转让给位于伯利兹和乌拉圭等避税天堂的空壳公司。据称，他们起草"空壳公司和其他公司之间的许可或服务合同，这些公司通常在比较便捷的司法管辖区域注册"，比如英国和瑞士。检察官指明，通过该行为，他们能够避免支付因该球员和阿迪达斯、萨瓦德尔银行以及巴塞罗那俱乐部等公司所达成的各种广告宣传交易收益所产生的各项税费。据说，他们的收入超过 1000 万欧元，而其中 410 万欧元未纳税。

辩护方的策略是为莱奥脱罪，让其父承担责任。豪尔赫・梅西也是今天出庭受审。他比儿子先到一步，脸上挂着一种不同寻常的表情：严肃又冷漠，低着头，眼睛遮蔽在太阳镜之后。不出所料，他坚持里奥内尔完全不参与其肖像权和税务问题的管理。他力求以最快的速度解决所有问题。"显然没有欺骗意图，非常希望与国税局解决好一切。"梅西的律师克里斯托瓦尔・马特尔解释道。

次日，巴萨 10 号在客场对阵阿尔梅里亚的比赛中受伤。里奥内尔在第 21 分钟精彩破门，但 5 分钟后因右腿肌肉拉伤被替补下场。最终红蓝军团 2 比 0 完胜，在该西甲赛季仍保持着好的开始，不过这对梅西来说是坏消息：他将会有 3 个星期无法上场。这一赛季，他已经是第二次受伤了。8 月 22 日，他在西班牙超级杯对阵马德里竞技的第一回合中受伤，以至于错失了接下来的一场西甲比赛。这次也是肌肉拉伤，只不过是左腿——4 月对阵巴黎圣日耳曼的欧冠比赛中，也是左腿受伤。他在 8 月及时归队，参加超级杯回访赛，帮助巴萨赢得 2013 到 2014 赛季第一个——也将会是唯一的——冠军。当然，此时此刻，没有人能够预料到巴萨以及这位阿根廷球星，将会经历几年来最糟糕的一个赛季。

赛季初，一切看起来都充满希望。巴萨是联赛领头羊，而莱奥虽然状态并不是很好，但仍在进球。此外，媒体声称他曾在选择赫拉多·塔塔·马蒂诺时得到贿赂，尽管梅西否认有任何类似行为。马蒂诺接任蒂托·比拉诺瓦之前，其背景鲜有人知。他来自梅西的家乡，曾效力并执教于纽维尔老男孩队。对这件事火上浇油的是，莱奥的哥哥马蒂亚斯在俱乐部尚未发布任何官方消息之前，就按捺不住在推特中透露了这一消息。“欢迎塔塔！希望一切都好，我们会继续在正确的轨道上前进。谢谢蒂托！上帝保佑您！”

马蒂诺从踏进加泰罗尼亚语城市的那一刻起，就遭遇相当一部分巴萨球迷和媒体的不信任。并非因为他没有成就——他刚带领纽维尔老男孩队拿到阿根廷全国联赛冠军，并作为教练率领巴拉圭打入 2010 年世界杯，还进入 2011 年美洲杯决赛——虽然最后败给乌拉圭。但他不是当地人，其任职被看作对梅西的小贿赂：给一个场上场外都极其出色的人一个安静又随和的上司。梅西是足球奇才，但非常喜欢意味深长的沉默，他身边的人需要知道如何读懂他的想法，从而使他发挥出最好的水平。有些权威性的评论者说，塔塔的上任肯定了莱奥是“巴萨背后的真正力量”。他的到来也被理解为是一种补充，因为他带来巴西下一个球星内马尔·达席尔瓦，而俱乐部主席桑德罗·罗塞尔不遗余力地想签下他。

在阿尔梅里亚受伤3个星期之后，里奥内尔是时候回到球场上了。马蒂诺将他的名字放在了在埃尔萨达尔球场对阵奥萨苏纳的比赛名单上，虽然是替补队员。他在第69分钟替补哈维，但是和队友们一样未能将球射入球门。巴萨无法改变0比0平局的状态，打破了八连胜后继续连胜的战绩。不过，11月6日欧冠联赛巴萨对阵AC米兰的比赛中，莱奥梅开二度，终场哨声吹响时，巴萨3比1获胜，顺利进入16强。官方宣布他已痊愈，尽管比赛时，他多次按摩腿部肌肉。4天后，他最担心的情况还是出现了，在对阵皇家贝蒂斯的比赛中再次受伤。刚上场20分钟，他就要求退场。左腿又有麻烦了，这一次非常严重——不只是拉伤，而是骨折。圣诞节之前，他都无缘比赛了。

巴萨透露的消息极少，因此流言肆意飞起。有人回想起，在瓜迪奥拉到来之前，这位球星曾因不良的日常饮食——据传闻，有汽水、巧克力和太多次的阿根廷烧烤——还有在比赛之前并没有完全热身的习惯而多次受伤。有人推测，身体上的受伤肯定也有心理因素的影响。还有人提到梅西和胡安霍·布劳（到现在为止一直是他的主要理疗师，也是俱乐部最了解他的人之一）之间关系可能瓦解了。巴萨的进球机器现在出现故障，每个人都想找个解释，然而都是牵强附会。

莱奥与往常一样惜字如金，在回应阿根廷《奥莱报》时说："这次受伤发生了就是发生了。没什么奇怪的解释，也没理由非要找一个解释。一次重击或者不合适的动作，就受伤了。"他认为媒体对于这"一大堆猜测"难脱其咎，还强调自己的饮食"和往常一样"，并宣称"只要身体好了"，就马上归队。这次病假也就意味着他在身穿红蓝球衣首秀的10周年纪念日那天，没有机会进球了。不过让数百万球迷安心的是，11月20日，他作为欧洲联赛进球最多球员领取金靴奖时，称"几乎没有痛感了”。这次的着装依然有点古怪——毋庸置疑出自他的赞助商杜嘉班纳——绣满繁花的黑色天鹅绒西装。这当然不是他以前会穿的衣服。

月末，巴萨10号回到祖国休养，由阿根廷国家队的两位医护人员照料，不过俱乐部也派遣了一名训练员过来。甚至连体育总监安东尼·苏比亚雷塔也乘飞机去看望他。只要能够确保莱奥尽快重新站起来，带领球队进攻，做再多的努力都不为过，这也是为什么他被允许回到家乡。尽管他生命中有一半的时间是在西班牙度过，但他始终依恋着自己长大的地方。对他来说，被所爱的人所围绕是一件非常重要的事情。

本以为远离了巴塞罗那，媒体的狂轰滥炸就会停下来。可没那么幸运。实际上，巴萨的财政副主席因为反对重新谈判梅西的合约而掀起了关于梅西缺席的又一波讨论热潮。“我不明白为什么要重新谈判。没理由每6个月就加薪。”他告诉加泰罗尼亚语广播电台RAC1。莱奥丝毫没有掩饰自己的愤怒：“他一点也不懂足球。他想把巴塞罗那当作公司一样来管理，可它并不是。巴塞罗那是世界上最好的球队之一，值得拥有更好的主管。”他坚持，无论是他还是他身边的人从来没有要求过“提薪或补充”。就这样，一场争议平息了……至少暂时如此。

不过，还有另一场争议就近在眼前。12月16日，西班牙《世界报》发布了一则头条新闻，巨大的标题显示：“梅西父亲涉嫌毒资洗钱”。国民警卫队怀疑“梅西和他的朋友们”等慈善赛是大毒枭的一种洗钱方式。梅西的家人对此极力否认，检察员肯定他们的调查并没有针对豪尔赫。

对于在巴塞罗那的人而言，这是旨在扰乱俱乐部稳定的又一次挑拨。主席认为，有黑暗组织在背后操纵着关于他的明星球员的这些丑闻——更别提最近刚刚到来的内马尔了，他被控告转会过程中偷税910

万欧元，遭严密调查。“巴萨高层几年来都得忍受这件事。当然这让你停下来去思考，但是我仍想要这样做。这只是一个巧合，没别的什么。”桑德罗·罗塞尔声明。但没过多久，1月21日，他因内马尔的事件辞去职务。这位巴萨历史上得票最多，更是巴萨毕生球迷的主席就此结束职务。在阿古斯蒂·蒙塔尔任期期间，他父亲是俱乐部的经理，而他在9岁时来到诺坎普观看了第一场球赛。作为霍安·拉波尔塔（2003年至2010年）任期期间的副主席，他成功引进了罗纳尔迪尼奥，在这个顶级职位上，他享受了几年最光辉的年岁，虽然也时不时会有争议出现。

关于最近的这场波澜，莱奥可能倒向任何一边。罗塞尔不像前任主席那样对梅西百般照顾，甚至还有谣言说他想要卖掉这位球星。不过莱奥始终能够指望他获得支持，至少在官方场合如此。这在合同重签谣言传播期间表现得很明显。当时内马尔比阿根廷人挣得更多的事情公之于世，罗塞尔坚持“梅西必须是世界上薪酬最高的球员，因为他是世界上最好的”。或许因为想要平息巴萨阵营内部的不和，新提拔的主席乔赛普·玛利亚·巴托梅乌向世界担保，梅西对于罗塞尔的离开很“伤心”。“这对他影响很大。他们已经认识13年了”。他在一次采访中告诉北美广播网贝因体育网。

梅西当时处在可能是最糟糕的时期，这种状况对他来说更为不幸。错过8场比赛后，他才刚刚归队，首先出场的是西班牙国王杯第一赛程对阵赫塔菲的比赛。他先是在替补席，比赛进行到第73分钟时才出场，而这时巴萨已经2比0领先。诺坎普观众站起来长时间鼓掌，而他通过打入两球来回报球迷们的喜爱。“他带着报仇的心归来了。”塔塔在比赛前发出警告。赛后，他又补充道：“梅西的职业生涯就像电影剧本一样。今晚这里发生的一切只是他巴萨职业生涯的又一个片段。”

数据极其骄人：30分钟内，他36次触地，19次精妙传球，4次射正，2次破门。因癌症治疗身体明显虚弱的蒂托·比拉诺瓦正在迎宾室观看梅西的表现。而这是这位前教练最后一次出现在公众面前，这样的心痛回忆多少让比赛的结果显得并不是那么重要了。

2 月 12 日，巴萨击败皇家社会，顺利杀入西班牙国王杯。不过，因为莱奥再次出现呕吐，所以也没有进行庆祝。虽然呕吐好几次，但他没有一次离场。他只是弯腰，呕吐，然后继续比赛，就像什么也没有发生过一样。他还是将球踢进了皇家社会的球门。尽管如此，但是很显然他的身体并不是很健康，媒体和粉丝都很想知道到底是怎么回事。“我也不知道是怎么了。已经检查过无数次了，”他强调，“有时候赛前也会呕吐。干呕，几乎要吐出来了，然后感觉就会好点。”

塔塔最初将阿诺埃塔发生的呕吐事件解释为梅西正患有类似流感的症状。他“鼻塞，鼻子不透气”。但几天后，他承认这件事情很奇怪。“我不是专家，也不太懂，”他说，“医科专家也找不到症结，不过我们也不用总担忧这件事。因为并没有妨碍他踢球。”不过并不是所有人都表示信服，大家又小声讨论起阿根廷人的健康状况了。有人认为呕吐可能是因为莱奥小时候一直到十几岁都在注射生长激素，虽然实施治疗的内分泌学家否认有类似后遗症。有人说是比赛时神经紧张造成的压力，还有人说他是用力过猛了。谜底仍未解开，虽然这当然无法使阴谋论停下来。

10 天后，还是在同一片球场，巴萨失去西甲领头羊的地位，3 比 1 被皇家社会痛击。唯一的安慰球是阿根廷人打入，但即便如此他这次也未能逃脱批评。塔塔的球队里有什么出了问题。他们的比赛不令人信服，梅西–内马尔这对搭档也没有发挥什么作用。两人很少一起比赛，因为都受伤了，而真的同时上场，又缺乏默契。阿根廷人只得到巴西人 3 次助攻，还都是在 9 月了。而内马尔没有得到梅西的任何助攻。我们几乎已经认不出这是那个在最近几个赛季里表现精湛、像冠军收割机般的巴萨了。梅西看起来也仿佛变了一个人。

质疑又一次浮出水面……他是在节省精力，备战世界杯吗？他会将自己的国家队放在给了他一切、包括数不尽的奖杯的俱乐部之前吗？即便他在接下来一周上演了帽子戏法7比0大胜奥萨苏纳，对阵皇家马德里时又一次上演帽子戏法4比3获胜，好像也没那么重要了。对于球迷和媒体来说，他不再是那个神童了。他的承诺正在接受仔细审视，而所有巴萨的活动都是如此。就连拉玛西亚（俱乐部世界闻名的学院，培育了一代又一代才子）也仿佛处在显微镜之下。国际足联控告俱乐部违反了条款19——关于青年招聘的一条，并禁止他在12个月内签约新的球员。巴塞罗那通过上诉成功延迟了这项禁令，但俱乐部仍然受到各方追逼。

在球场上，球队经历了两次巨大的重击：在四分之一决赛中，他们被马德里竞技淘汰出欧冠（总比分2比1），在梅斯塔利亚他们又2比1输掉了对阵皇家马德里的西班牙国王杯。他们赢得冠军奖杯的最后希望就是该赛季最后一次西甲决赛，对阵马德里竞技。马蒂诺的球员们需要一次胜利，但是他们拼尽全力也只是1比1平局。梅西表现非常普通，巴塞罗那很久以来最糟糕的赛季也结束了。

这一赛季结束时，莱奥5年来第一次没有拿到金球奖（克里斯蒂亚诺这次赢得了奖杯，虽然阿根廷人因为红色西装三件套再次登上头条），在西甲也没有获得最佳射手的荣誉（又一次被皇马球星打败了），粉丝对他的狂热骤减。这是他来到巴萨以后最艰难的赛季。他打破了特尔莫·萨拉的纪录，成为所有全国比赛进球数最多的球员，也一直是俱乐部进球最多的球员，但是对于一个习惯于赢得一切的足球天才来说，这些都不算什么。

5月19日，他动身去阿根廷，但并没有签署新的合约，这是他来到俱乐部的第7份合同。净工资将从1300万加至2000万。虽然加薪了，他还是发出警告："如果他们不想续约，或者有什么疑虑的话，我也很乐意离开。”

与此同时，各种各样的法律程序就像他的情绪一样动荡不安。关于他和他父亲的税务欺诈案件仍在进行，虽然他们已经主动向税务局捐了500万欧元，即使被判有罪，这些钱也足以抵扣罚款了。此外，“梅西和他的朋友们”慈善赛又一次受到审查。6月，西班牙《国家报》揭露，公民警卫队正在调查里奥内尔·梅西基金会的财务记录，认为慈善赛所产生的部分收入最终落入了没这位球员的离岸账户。除此之外，还有新的指控显示，这些慈善赛可能被一些贩毒分子用来洗钱——虽然没有任何迹象显示这位巴塞罗那球员或参赛队友知晓此事。这似乎还不够，各种各样的非政府组织声称他们并未收到允诺的慈善捐款。

33. 历史的复仇

2014年7月13日

“我不在乎金球奖，我想举起世界杯。”

莱奥·梅西没有费心在媒体前掩饰自己的失望。有将近120分钟的时间，在阿根廷国家队获得世界冠军的梦想触手可及。然而正当整个世界相信巴西2014年决赛注定要进行一场点球大战时，马里奥·格策出乎意料地进了绝杀一球，这让梅西猛然面对惨烈的事实。德国又一次夺得世界杯。

德国队是阿根廷队一直以来的竞争对手，他们必然知道如何摧毁他们的梦想。在2010年南非四分之一决赛时，他们采用了一种羞辱性的方式，在2006年，他们在德国的土地上用点球达成了目的。两支球队最后一次在决赛对阵是1990年在意大利。在那场比赛中，德国队一直等到最后可能的时刻——安德烈亚斯·布雷默在86分钟时用一个备受争议的点球将冠军奖杯收入囊中。这像是一次雪耻。4年之前，在莫斯科，是阿根廷人拿下了他们的第二个世界杯——当时对阵的恰恰就是德国。那是迭戈·阿曼多·马拉多纳的世界杯，就像2014年被吹捧为里奥内尔·梅西的世界杯一样。

这位巴塞罗那球员一直背负着一个急切的国家的希望和梦想，他们希望能够重蹈1978年和1986年的成功。他背负着一个任务：带领国家队取得胜利，就像“茸毛”当年一样。他们是阿根廷足球历史上最棒的两位球员。但两人相差时段有30年，在运气方面有着极大的不平衡。巴西并没有像莱奥所希望的那样离开。对于一直获胜的人来说，位居第二就充满了苦涩的失败味道，这也是为什么锦标赛的奖项对他们来说毫无意义。当他接过这样的奖杯时，脸上没有丝毫笑容。

裁判员尼古拉·里佐利吹响终场口哨刚刚过去几分钟。梅西低着头，试图想明白刚刚在里约热内卢的马拉卡纳体育场到底发生了什么。在摆好姿势，拍摄必要的照片之前，梅西和“金手套奖”（最佳门将）获得者曼努埃尔·诺伊尔握手时，几乎不敢直视对方的眼睛。于是就有了非常有趣的一幕：梅西眼睛盯着地板，站在德国守门员身边的他显得越发矮小。

“自从阿根廷人打入四分之一决赛已经很久了。终于，我们来到了决赛，”离开更衣室的时候，他解释道，现在已然接受失败的事实，“未能达成那个愿望，我们将会一直含着失望。我们离成功曾如此接近。在加时赛的最后几分钟落败真的让人心里很堵，但是我觉得我们仍然可以昂着头离开。”

这是梅西在世界杯留下的最后的话，不过世界上其他人的争论才刚刚开始。特别是有很多关于这位阿根廷人是否应该得到金球奖的推测。有些人感觉国际足联被赋予决定权的 13 个精明的人是根据名声而不是才能选择的，其中一个人就是马拉多纳本人：“我会给莱奥这个月亮，但是当行销大师们想要让他赢得什么而他没有做到的话，就不太公平了。对我来说，他看起来就像根本不想上场拿到它一样。”他在他的世界杯电视节目“De Zurda”（《左边》——源于马拉多纳著名的左脚还有左派的意识形态倾向）中说道。同时，球迷们开始走向社交媒体，控告阿迪达斯对国际足联施加压力，以将该奖项给予他最重要的形象大使。甚至国际足联主席塞普·布拉特看起来也对这些前球员和教练组成的专家委员会做出的决定感到惊讶。

不过在公平性方面，这个特别的荣誉在每届世界杯都会陷入争论之中。迭戈·弗兰在南非赢得了这个荣誉，尽管乌拉圭队在半决赛被淘汰，而齐内丁·齐达内也在 2006 年获得该荣誉，尽管他用头撞击了马尔科·马特拉齐。选择世界杯金球奖并不是一门精确的科学。它不仅仅基于嘉实多指数——通过一套严格的参数衡量个人表现，并没有对球场上发生的事情进行精确的描述。如果仅仅依靠这个指数的话，里奥甚至在国际足联世界杯十一强都无法挤进，然而他还是获得了世界杯最高的个人奖项。

前利物浦教练热拉尔·霍利尔也是选择了莱奥的讨论会成员之一。对于这个决定，他向法国《世界报》解释道："我知道这让人很诧异，因为人们只记得梅西决赛的下半场。我们观看了每一场比赛，判定他是他的球队具有决定性的球员。他们直接冲入了决赛，这也是赢得奖项的其中一个条件。"另一个对他有利的事实是，他"率领了一个团结的球队，这是阿根廷人很久未有的"。霍利尔补充道。即便如此，莱奥和德国的托马斯·穆勒之间依然势均力敌，尽管穆勒看起来对于错失这个个人奖项毫无烦扰。他带着祖国胜利的兴奋心情，在回应一个关于金球奖的问题时让新闻记者一时无言以对："我一点都不在乎。"

我们再回到梅西：国际足联委员会指出他在这场角逐的前 4 场比赛中确实起着决定性的作用。教练亚历杭德罗·萨维利亚显然在将他的球队围绕 10 号而建。从理论上来说，他有不少最好的前锋可以安排——阿坤·阿圭罗、冈萨洛·伊瓜因还有"小跳蚤"——而他的球队在任何对阵厄瓜多尔、波斯尼亚-黑塞哥维那、罗马尼亚、特立尼达和多巴哥的联赛前友谊赛中都未曾让过 1 粒球。似乎这还不够，萨维利亚只记下 2014 巴西世界杯之前将近 3 年的正式赛中的两次胜利。莱奥到达阿根廷队的世界杯总部大楼，意识到他的球队是最有期望赢得奖杯的前 4 强之一。

位于贝洛奥里藏特的体育城"公鸡城"是米内罗竞技的主场，直到最近成为梅西的好朋友罗纳尔迪尼奥的俱乐部。抵达时，欢迎莱奥的是阿根廷国家队和教皇方济各的巨幅照片——教皇也是他们最忠诚的粉丝。这张照片是2013年在对阵意大利的友谊赛之前访问梵蒂冈时拍摄的。阿根廷人信仰一个更强大的力量来帮助他们赢得世界杯，而这不是唯一能够反映这件事的细节。在公鸡城，没有13号或16号房间，因为这两个数字被认为是不吉利的。

既然人在巴西，梅西可以暂时抛开他在巴萨的那个糟糕赛季，还有2010年世界杯的记忆——他曾作为阿根廷最大的希望到来。结果颗粒无收。在西班牙时，他不在最佳状态，但现在回到了祖国的土地，他希望能扭转局面。如今不再和前些年一样，没有人再质疑他的“阿根廷属性”以及他对于国家队的忠诚。他现在是备受崇敬的队长，所有的一切都是在围绕着他搭建。他知道自己背负的期望，但看起来非常沉着自信，不再会重复过去的错误。“我希望能够改变在阿根廷队总是表现得很糟糕而在巴塞罗那就比较好的状况。”他指出。

他在巴西的首秀是在6月15日的马拉卡纳体育场，1个月后的决赛也是在同一片球场。阿根廷对阵波斯尼亚-黑塞哥维那，这是他们最惊险的小组赛F组决赛，尽管第3分钟的1粒乌龙球使得他们暂时领先，他们还是感觉想要获得第一次胜利是非常艰苦焦灼的。萨维利亚出乎意料地采取了比往常更多的防守战术，然而这丝毫没有削弱波斯尼亚对进球的渴望。阿根廷队看起来很不安，不过他们是最受喜爱的球队之一这样的事实似乎会让他们的对手感到担心。

阿根廷队教练在后半场换了行动策略，回到4-3-3阵形，这对于“小跳蚤”来说再熟悉不过了。然而，波斯尼亚正进一步利用他们对球的控制，直到梅西觉得够了。10号球员抢断了球，和伊瓜因一起将比赛向前推进，闪身躲过两个后卫，在第65分钟时将比分拉至2比0，彻底将南非的所有想法都一扫而空。他毫不腼腆地进行了庆祝，高兴地大喊，朝着角球旗奔跑，将球献给球迷们。就在比赛结束的哨声响起的之前，维达德·伊比舍维奇为波斯尼亚进了一球，但这并不足以威慑阿根廷进了 3 球的地位。

任务完成。尽管阿根廷队球员对此有些怀疑。“在第一场比赛中，焦虑和神经紧张是意料之中的。不过最主要的是将胜利收入囊中，”队长确信，“下半场，我们会有更多的机会，当然还有很多事情需要我们去努力，但我们现在已经进了 3 粒球，这才是重要的。这对我来说是很重要的一球，更多是因为它保证了我们赢得比赛。球迷们对我们的欢迎简直不可思议，没想到这里有这么多的阿根廷人。”

他承认上半场的策略或许不是最佳的：“上半场，我们让他们得到了对球的控制权，将球送到了他们那里就很难再抢回来了。”萨维利亚没有一丝生气，他接受了批评，并承认前半场的这些事情都是因为他的过失——这样的认错显示出莱奥在更衣室的巨大影响力。以防仍有质疑，马斯切拉诺向媒体传达了他们的队长感觉良好对整个球队的巨大作用：“他为进球而生，那是他的武器，这就是为什么他进球、他高兴是非常重要的。”

接着，是伊朗。6 月 21 日，卡洛斯·奎罗斯的球队来到了贝洛奥里藏特的米内罗球场，局势对他们非常不利。5 万个阿根廷球迷还有世界上最好的球员率领的球队正在等待着他们。没有人能够预料接下来的事情：对阿根廷队来说这是一场曲折的比赛，而伊朗人上了关于勇气的一课。阿根廷队从一开始就控球，但无法冲破对手的防御线。伊朗人多次尝试射中塞尔希奥·罗梅罗的球门。然而梅西似乎无动于衷，球赛变得非常无聊，甚至在看台观望的马拉多纳还没等到终场哨声就起身离开。莱奥终于重新活跃起来，进了一个好球，1 比 0 收尾。提及迭戈的离开，与“茸毛”关系不太好的已故足协主席胡里奥·格隆多纳曾在推特上发布道：“我们的扫把星离开了，我们赢了！”奎罗斯认为，有重要影响的是“裁判员和梅西”。他认为他的球队应该得到一次点球机会，或许能够改变整个结果。

6月24日，梅西和安东内拉还有蒂亚戈一起庆祝了自己的27岁生日。24小时后，他们在阿根廷对阵尼日利亚的比赛中杀入16强。阿根廷队这次展露出比前两场比赛更好的状态，移动速度更快，传球更顺利。他的球队踢得很好，梅西非常激动。他似乎备受鼓舞，梅开二度——第一球是在开场第3分钟时，第二球是在就要中场休息时。3比2，已经胜券在握，萨维利亚决定让10号下场休息，为淘汰赛做好准备。镜头向前推进，捕捉莱奥的反应，不过他毫无怨言地就离场了，甚至还面带笑容。比赛后，他对于他的球队目前为止的最佳表现感到非常满意，“每个人的应变能力都非常惊人。我们在追逐一个梦想，这个梦想大家都非常非常想要实现。”他说。尼日利亚的教练史蒂芬·凯西对于他们球队在米内罗失败的原因直言不讳：“我们输掉了比赛，是因为在前半场中太尊重对手。下半场我们才进入比赛状态，更具攻击性，控球更多，也表现得更好。不过阿根廷队是个很棒的球队。梅西也是个很棒的球员，梅西是蒙受祝福的，你无法从他身边顺利经过。梅西是朱庇特之神。”

6月29日，莱奥又有了一个值得庆祝的重要日子：这是他在阿根廷队10周年的纪念日。世界杯的奖杯对于过去10年来说可谓是锦上添花。但是最后的16强中，他首先要面对的是7月1日在圣保罗竞技场对阵瑞士。球迷们期待着他们确信的事情将会成为足球运动卓越历史上精湛一课，但是他们将会有点悻悻失望。阿根廷队赢了，但这是一次挣扎般的胜利。萨维利亚的队员看起来极其缺乏活力，也没什么主意。第90分钟，比分仍是0比0，只能进入加时赛。梅西看起来已经精疲力竭，在休息时赶紧利用机会把双脚悬空。第118分钟，梅西开始行动，他看见安赫尔·迪玛利亚在右侧，准备好助攻迪玛利亚绝杀。“起初我想我会带球跑，然后我就看到了‘面条’（迪玛利亚的昵称），决定把球传给他，”赛后他说，“这就是足球，运气今天站在我们这边；你就要抓住它奋勇向前。”

这是阿根廷在世界杯比赛中获胜最迟的一次，不过足以将他们送入四分之一决赛——也就是“被诅咒的”的那场，这是继1990年意大利世界杯最后一场决赛之后的大溃败。7月5日，星期六，在巴西利亚的“马内·加林沙”国家体育场，对阵比利时——一个组织良好的强队，拥有很强的球员。不过这次，他们足以应付这样的挑战。10分钟甚至还不到，伊瓜因就进了一球，而这将是他在锦标赛中的唯一进球。接下来的第二场比赛，梅西将会粒球未进地回到更衣室，尽管他对进球有助攻。这一天接下来还有一个坏消息——迪玛利亚将因伤而缺席其他锦标赛。对于萨维利亚来说，这是阿根廷队到目前为止在巴西“最和谐的”比赛。他感觉球员们表现出“想要为彼此牺牲”的精神。不过比利时教练马克·威尔莫茨的观点更和公众一致：“我们并没有觉得多么印象深刻。他们看起来就是一支相当普通的球队。”

显然相对于所有批评来说，莱奥仅仅关心的是他的球队是24年来第一次参加半决赛。阿根廷队面对着荷兰，就在阿尔弗雷多·迪·斯蒂法诺去世两天之后——这位阿根廷足球传奇人物像梅西一样移民到了西班牙。他们都非常明白将要经历怎样历史性的时刻。梅西在5场比赛中参与了453分钟。他进了4粒球——比哥伦比亚的詹姆斯·罗德里格斯少了2粒进球——9次射正。所有人都对他抱着更多期待，但7月9日在圣保罗的比赛在结束时既无痛苦也无光荣。两支球队都未面临特别危险的局势，只有定位球引起了不安。似乎没有人准备冒险进行任何反扑，以将对方从锦标赛中驱逐出去。莱奥看起来几乎不像是10号，虽然说句公道话，荷兰球员也没有给他留太多使用策略的空间。

比赛到了点球阶段。罗恩·弗拉尔首先为荷兰队出场……罗梅罗将球扑出。接着是梅西，他将球急速踢进贾斯珀·西莱森的球门。“小跳蚤”迈出了朝向决赛的第一步，其他人紧随其后。胜利之后，他们不得不经受反兴奋剂检查，再回到公鸡城，准备与德国的终极对阵。梅西在网上分享他的激动心情，称之为他人生中最重要的比赛——这是一次历史性的决战。“我必须要通过兴奋剂鉴定，所以并不是从在更衣室的时候就开始高兴，”他发帖，“作为这个球队的一员，我感到非常自豪！我们的球队无与伦比！他们表现非常精彩。太棒啦！我们进入决赛了！我们要享受这个时刻。我们距离冠军如此之近……”

不过，如我们所知，7 月 31 日的结果并不像这位队长所预期的那样，虽然他射门多次，但最后是伊瓜因进了 1 球。莱奥的表现让我们回忆起上一个赛季他在巴萨时的情景——几次灵光闪现，却未出现真正的魔法。而他又呕吐了。

通往 2014 年世界杯有一个如此有希望的开始，最后梅西却两手空空地离开了巴西。他在领取金球奖奖杯的时候，脸上的表情就说明了一切。

34. 从阿诺埃塔到柏林

2015 年 6 月 6 日

莱奥·梅西，替补。世界上最好的球员沦落到成为替补队员的地步。真是奇怪的现象。阿根廷人没有从任何伤痛之中恢复过来，也没有在比这更重要的比赛中休息过。他保持着战斗态势，恨不得马上上场……但是巴塞罗那的新教练路易斯·恩里克并不决定起用他。他坐在休息区，身旁是内马尔和达尼·阿尔维斯。传闻说这是惩罚他们在圣诞假期后比其他队员归国较晚——虽然他们这样做得到过俱乐部明确的许可。教练不承认这是以一儆百："做出这样的决定，那些球员就不会处于危险当中了。他们错过了培训课程，又经历了长途旅程。我并不认为他们应该再冒受伤的风险。"

这位球星坐在替补席上，2015 年 2 月 4 日对阵皇家社会的这场比赛简直是一场名副其实的灾难，浪费了在西甲领先皇家马德里的一次机会。在阿诺埃塔球场的第 1 分钟，巴萨就进了一个乌龙球。镜头全部指向内马尔，而内马尔看起来也因为不被允许参加比赛而愤愤不平，并对莱奥说了一些冷嘲热讽的话，关于他最好开始热身之类的。阿根廷人似乎并未听见。几分钟之后，巴西人重复了这样的笑话，这次梅西笑了起来。上半场，教练始终坚持着他的决定。休息之后，他才派 10 号上场，但此时比赛已经陷入一团混乱之中，他已经无能为力。并不是说巴萨罗那输掉了比赛——而是如何输掉的。不激烈，无创意，没热情，也无魔法。次日，莱奥肠胃炎明显发作，未能参加依照传统在西班牙国定假日三王节（主显节）前夕进行的户外训练课程。显然巴塞罗那的更衣室里爆发了战争。

该赛季开始时，自从恩里克到来，替代了塔塔·马蒂诺，这些戏剧性事件就多多少少愈演愈烈。马蒂诺非常欣赏他的大明星，而且致力于他的事情，而新的经理更加专制，坚持所有的球员，无一例外，必须都有一席之地。梅西的地位不再稳固，虽然他很难接受这个事实，而他用反叛来回应。10月20日对阵埃巴尔的比赛，他拒绝被替补，而恩里克别无选择，只好放弃，然后劝说内马尔。他们在2015年第一个训练季当着其他队员的面对峙时，这种紧张关系就已经显而易见了。梅西感到很恼火，因为在训练赛时，虽然遇到他认为明显犯规的行为，教练也没有吹哨。“梅西在被犯规时错失一球，而没有被指出。”杰里米·马蒂厄在蒙特卡洛电台声称：“关系变得非常紧张，莱奥和教练发生了争吵。”

显然，新的负责人并没有意图去听取拜仁慕尼黑教练佩普·瓜迪奥拉的建议，瓜迪奥拉在2008年到2012年间曾在巴塞罗那执教：“训练巴萨，得先到训练场上，叫梅西过来，问问他怎么样，然后才能进行其他步骤。”他曾说道。再加上恩里克还做出了其他失礼的行为，比如想将莱奥最好的密友佩普·科斯塔从俱乐部除名。或者通过心理辅导医生杰奎因·巴尔德斯与球员交流，而“小跳蚤”与他看法并不相同。但也并不是所有人都认为是教练的问题。那些对莱奥非常了解的人表明了阿根廷人为何无法感受到俱乐部经理对他的爱。首先，因为有“内马尔事件”。据说，所谓违规行为背后的原因之一是，巴西在签约时，隐藏了俱乐部实际上支付给他的工资，以至于让莱奥继续认为他是巴萨收入最高的球员。再者，梅西的家人认为俱乐部在他们与税务检查员的事件里对他们并没有足够的支持。然后阿坤·阿奎罗和胡安·吉列尔莫·夸德拉多之间也出现了问题，俱乐部显然向莱奥保证他们也会签约，结果却没有实现。最后，主席甚至于竟然告诉这个队员，很多管理人都想要他出局——这恰恰是为什么他们想玷污阿根廷队的形象，好使他看起来好像只关心钱，而并不那么关心俱乐部。这样的话，他的售卖行为就会得到欢迎而不是遭到批判。

直到最近也不敢想象，有人竟然会建议摆脱一个破了如此多纪录的球员。因为尽管巴萨发生了如此多的事情，梅西依然继续在自我超越，甚至在2014至2015赛季的时也是如此。他的第一个重大时刻在11月22日该赛季第十二个联赛到来。这是一个值得铭记的夜晚，诺坎普球场见证了10号球员在西甲打入253粒球、成为最佳射手的历史时刻。莱奥超过了特尔莫·萨拉在60年前创下的251球的纪录。“他或许是成为进球总数最多的球员了，但是我觉得并不可以说他破了纪录。在267场比赛中超过251粒进球才算打破纪录，而梅西比赛了280场。”传奇的毕尔巴鄂竞技队前锋的女儿这样对媒体说道。

不管怎样，梅西在5比1战胜塞维利亚的比赛中上演了让人无比惊叹的帽子戏法，从而占据榜首。进第2球时——3粒球当中最不起眼的1球——人群爆发出震耳欲聋般的掌声，记分牌显示出金色的字母，宣告这一历史性的时刻。队友都跑过来庆祝他。他吮着自己的大拇指，向镜头飞了一个吻，将这一球献给蒂亚戈：“我爱你我亲爱的宝贝。”比赛结束后，球迷们继续留下来观看大银幕上播放的“小跳蚤”在巴萨的精彩回放视频。最终离场时，队友为他摆了仪仗队的队形。

几小时后，他在脸书上向所有支持者表示感谢。他贴上2005年5月1日第一次进球的剪报，主角是他的好友罗纳尔迪尼奥。罗纳尔迪尼奥从他刚来时就支持着他，对他的足球事业有着巨大的影响，而且还给了他第一次助攻。“我进这一球的时候，没有想过会破什么纪录，更不用说是伟大的特尔莫·萨拉之前一直保持着的纪录了，”他在他的主页上写道，“我之所以能够收获这一切，是因为我在这里的职业生涯里，有那么那么多的人在支持我，我要把这个成就献给你们所有人。感谢你们一直陪伴在我身边。我也想献给那些不再支持我们的人。我从未忘记过你们。感谢所有人依然站在我这里！”

3 天后，他又一次做到了。欧冠联赛中，尼科西亚对阵希腊人竞技时，他一上场就知道还有一个纪录等待着被他打破。当然，他并没有偏离预想的轨道，进了巴塞罗那 4 个球中的 3 个，超过劳尔·冈萨雷斯成为欧冠最佳射手。他现在是 74 球，比前皇马前锋整个足球生涯比赛的进球还要多 3 个。第一球是他在拉菲尼亚射门之后补充的一球，第二球要感谢达尼·阿尔维斯的助攻。最后一球是团队行动的巅峰之作。“我很高兴能够超过像劳尔这样非凡的球员，打破欧冠最高进球数的纪录，”赛后，他说，“但最重要的是，进球让我们距离柏林更近了一步，我们将有机会拿下冠军奖杯。我们会为了冠军而继续努力。拥抱所有人。”

12 月 7 日主场战西班牙队时，莱奥又一次上演帽子戏法，将巴萨从普普通通的表现中拯救了出来。比赛最终 5 比 1，但是这仍无法掩饰路易斯·恩里克的主力阵容中有些事情进展并不顺利的事实。圣诞节之前的比赛只证实了红蓝军团表现得并不好。即便赢得比赛——比如 5 比 0 战胜科尔多瓦，梅西进了两球——诺坎普的球迷还是发出不满的口号。这对梅西带来了不良的影响。2014 年，他仅次于克里斯蒂亚诺·罗纳尔多成为谷歌搜索次数排名第二的球员。《卫报》也认为这位葡萄牙球员曾度过了更好的一年。“小跳蚤”再次维持在第二名的位置。法国体育报《队报》将他列在曼努埃尔·诺伊尔和 CR7 之后的第三位。

因此，2014 年，皇马球星罗纳尔多以 36.66% 的得票率超过莱奥的 15.75% 成为金球奖得主也就没有那么意外了。1 月 2 日在苏黎世举行的仪式上，莱奥穿着一件比往年更素雅的西装，符合他的配角身份。

尽管今年不是很顺利，尽管没有拿到冠军，而且在前半赛季时遭遇了受伤的问题，但是他在苏黎世的盛会上邂逅了一个忠实粉丝——这个粉丝只有 4 岁大。就在当晚的活动即将开始时，莱奥进来了，这个小男孩心生崇拜。“你好。今晚怎么样，好不好？”“小跳蚤”揉着他的头发问道。小家伙微笑着，但是仍然不知所措，说不出话来。他的爸爸替他问道："他在网上看了所有的视频，一直讲起你。"小男孩是克里斯蒂亚诺·罗纳尔多的儿子。两位球员将彼此在球场上的对抗关系暂时抛到一边，用一种完全自然友好的方式交谈。其中一位将要享受光荣时刻，而另一个人正在经历枯竭期。这个时候还没人知道，局势将会发生扭转。

就在到达苏黎世之前，莱奥正经历着"阿诺埃塔大溃败"的苦恼，这是他事业生涯的最低谷之一。但是这次溃败对他和他的队友来说是非常有价值的一课。"从那时起，一切都发生了变化：我们的态度，我们的驱动力……我们开始带着一种完全不同的心情来到球场上，准备好将一切向前推进，将球紧紧掌握。""小跳蚤"在几周后这样说。巴萨之所以会发生U形大转变，其中一个重要因素似乎是几个球员建立了一个WhatsAPP群，力图激励他们的队友们战斗。在群里发送的第一条信息毫不拐弯抹角，直接切中要害："如果再继续这样下去，我们今年什么也别想赢了。"不过修复梅西和教练之间的关系仍是紧迫之事，因为他们两人几乎不说话了。恩里克仿佛走在某种绷紧的绳索之上。他请求阿根廷人哈维尔·马斯切拉诺出面调解，因为在更衣室里没人比他更了解梅西了。是时候将所有人的士气都握在手中了。

1月11日，一个全新而进步的巴萨正待检验，这次是主场对阵马德里竞技。这是西甲联赛的第十八回合，比赛开始时，集体默哀1分钟，以缅怀《查理周刊》的受害者。全体人员，包括两支球队的主席，都举着"我是查理"的标语。比赛的第12分钟，内马尔第一个进球。梅西摆脱了这个领域的3个后卫，并送出一记地传球，路易斯·苏亚雷斯无法到达那里，不过仿佛出现了魔法一样，球在远门柱来到了那位巴西人的脚下，于是就破门了。路易斯是在从利物浦调动之后在巴萨参加的第一赛季，通过进了第二个球来弥补了当时的局势。10分钟后，客场球队通过点球又得一粒进球——这是梅西在他整个职业生涯中服输的第一个点球。不过，他在最后几分钟内射中一球，使比分成为3比1。

这场比赛留下了一个持久的画面，事实证明这比可能在最初出现的画面更为重要：心情愉快的内马尔，还有梅西和苏亚雷斯，互相搂着肩膀朝着人群奔跑，来庆祝这最后 1 粒进球。这个时刻完美地记录了这 3 位球星之间和谐的关系，以及他们彼此之间如何开始互相理解。“一个阿根廷人，一个乌拉圭人还有一个巴西人很少能够相处如此融洽，但我们做到了。”内马尔承认，“我们之间的关系非常好，如果在球场外能够互相理解，那么在球场上一起踢得好也就更容易了。”梅西加了一句。对于传统南美烤肉的同样热爱也是他们之间友谊的强劲推动力。马斯切拉诺透露，他们经常与家人一起烧烤在家乡很受欢迎的各种肉类。莱奥有一天告诉内马尔不要对他表现出如此的尊敬，他们之间是平等的，而内马尔进球更多。的确如此。

苏亚雷斯和梅西之间的友谊还有一个助推剂就是他们都钟爱马黛茶——一种富含咖啡碱的茶，乌拉圭人和阿根廷人都离不开它。“聚在一起喝马黛茶总能够让大家更亲近。那也是最初让我和莱奥能聚在一起的东西。”他说，“不过我感觉到被整个球队非常欢迎。”这并不猝然，但是在这一年的结束时刻，他们之间的关系会更加巩固。“随着时间的过去，你会感觉更舒服。他是阿根廷人，我是乌拉圭人，这更让我们会有舒服的感觉。总会有竞争，乌拉圭-阿根廷德比总是会激起争论，但是在这里我们都是站在同一边战斗的。我和莱奥关系非常铁。”以至于路易斯在卡斯特利德费尔斯买了一座房子，距离梅西的家只有几米远。

“小跳蚤”和其他前锋之间产生这样的纽带是非常少见的。在内马尔和苏亚雷斯之前还有很多的其他人，比如萨穆埃尔·埃托奥·菲尔斯、兹拉坦·伊布拉希莫维奇和大卫·比利亚，但是他们都选择了离开。当然，这种兄弟情感并没有冲淡梅西在更衣室的影响力。苏亚雷斯也同样在他的账号上提到他和“小跳蚤”谈到转换位置，梅西现在位置在右侧：“有一天，在一场比赛中，我移到了 9 号位置，梅西告诉我就待在那里吧。从那之后，教练看到我们找到了一个比较好的阵势，就开始进行验证。”对这件事，恩里克挖苦地回应：“是的，球员们总是选择谁去哪个位置，谁上场，谁开球，采用什么样的阵势或策略，以及前推多少。球员们决定这些事很正常的——前提是赢了。如果输了，那这些就由我来决定了。”

不过当更衣室的事情都已经平静了下来，巴萨正在努力使该赛季成为俱乐部历史上最好的赛季，而梅西继续突破着边界。2月15日对阵莱万特时，他实现了第106次助攻，超过路易斯·菲戈成为在西甲中助攻次数最多的球员。他在第17分钟传球给内马尔，从而打破这个纪录，使比分成为1比0。到目前为止，他在该赛季正式比赛中，助攻数已有20次，比罗纳尔多还多了7次。他也领先前队友、现任切尔西队球员西斯科·法布雷加斯，法布雷加斯助攻数是15次。仿佛这还不够，他又一次上演帽子戏法，也是为巴萨完成300场西甲比赛的史上最年轻球员。他目前是27岁零236天。这个纪录之前由哈维持有，他是在28岁零352天的时候完成的。

不到1个月后，3月8日对阵巴列卡诺时，他在第12分钟就上演了帽子戏法，这是他职业生涯中最快的一次。这次比赛，巴塞罗那以6比1强势获胜，将榜首位置从皇家马德里手中收回。就像每次上演帽子戏法之后那样，莱奥让队友们在球上签名，将球带回家。“我总会让他们在球上签名，因为我认为这是感谢队友的一种方式。如果没有这个球队，我个人也不会实现这些成绩。帽子戏法尤其需要其他每个队友的帮助才能完成，所以我觉得留下每个人的签名会是一个非常美好的纪念。”他在回应巴萨罗纳俱乐部官方杂志采访的时候解释说。不过他会把这么多足球放在哪儿呢？“我都放在家里的玻璃陈列柜里，跟奖杯放在一起，不过我在想做点别的事情，我希望把这些球放在一个更特别的地方。”

梅西在球场上看起来很高兴。他似乎无忧无虑。“是的，我心情很好。我承认去年发生了那些事情之后，我是以完全不同的状态开始这个赛季。过去一年真的非常艰难，不仅是场外发生的一切，还有我的伤病和表现。但今年我感觉很好。”

媒体先是怀疑路易斯·恩里克的策略，现在又在讨论“三叉戟力量”，这个词语用以来指代3个南美前锋惊人的协同力量。而三位球员在3月22日又迎来了该赛季的第二场德比。皇马和巴萨在晚上9点来到了诺坎普，球场上白色军团立刻就占据了控制地位。不过在第18分钟，主场球队利用一个任意球取得了领先的地位：梅西将球传至马蒂厄，马蒂厄又用头球进球，比分1比0。克里斯蒂亚诺·罗纳尔多进了扳平的一球，不过中场休息10分钟之后，苏亚雷斯进了一球，比赛以2比1取得胜利。这场比赛中，莱奥并没有进球，不过他现在是德比历史上助攻数最多的。有一段时间，他已经成为进球最多的球员。“我们真的竭力想要得到它，我们设法赢得我们能够赢得的一切。”他说，“有时候能使上力，有时候又不行。不过我们并不想重复去年的状态，我只想能够发挥出自己最大的价值，帮助球队取得好的结果。”整个春天，希望和努力成为巴萨阵营的口号。莱奥对于他们的获胜机会非常乐观：“从我们现在的立场来看，我们能够做到。”

4月，球队获得一大批意想不到的胜利，还有一次和塞维利亚2比2持平。有一场比赛对于罗萨里奥人来说非常特别，那就是4月18日在诺坎普对阵巴伦西亚的那场，他实现了穿着巴塞罗那球衣的第400粒进球（278粒在西甲，75粒在欧冠，32粒在西班牙国王杯，10粒在西班牙超级杯，1粒在欧洲超级杯，1粒在世俱杯）。这一球进得比较晚，是在伤停补时时段才进的，他已经对苏亚雷斯进行了一次助攻。他以一种非常奇怪的方式来庆祝，跟在球后面奔跑，然后躺在地上，而他的队友都冲了过来。达尼·阿尔维斯把他拉了起来。对于任何没有看到进球的人来说，有1分钟他看起来好像是昏倒了一样。他满面笑容，虽然几天前还在声称所有的进球都是平等的。“对我来说都是一样的。就像我总说，进球简直太棒了。有些是非常特别的，但感觉都是一样的。此时此刻，每一个进球都和其他进球没什么两样，但是我很高兴知道我可以一直拥有进球的时刻，对这个非凡的俱乐部的历史做出贡献。”

接下来的 1 个月，他们的艰苦努力最终迎来了回报。他们确保了在欧冠决赛的位置。5 月 6 日，他们在巴塞罗那以 3 比 0 打败了佩普·瓜迪奥拉的拜仁慕尼黑，虽然在 5 月 12 日的回访赛以 3 比 2 失败，他们还是以 5 比 3 的总分进入决赛。5 天之后，在比森特·卡尔德隆球场对阵马德里竞技的比赛中，他们得到了该赛季的第一个冠军奖杯，这是第 23 次赢得西甲冠军了，多亏梅西进了唯一的一球。他在禁区和佩德罗精妙二过一，低射近角破门。两个星期之后，5 月 30 日，他们在诺坎普球场西班牙国王杯决赛中击败毕尔巴鄂竞技队，赢得本赛季第二冠。比赛在两队奏唱国歌开始，然后巴萨就占了上风，从开始到结束都处于支配地位。莱奥在第 20 分钟进了他在该赛季最好的球之一，他从右路拿球，在射门之前避开了四个后卫。内马尔在半小时提示刚刚过去之后，就进了第 2 个球，下半场，莱奥从阿尔维斯接过传球再度破门，1 比 3。

只剩下柏林决战了。6 月 6 日星期六，晚上 8 点 45 分，巴萨和尤文图斯走上奥林匹克体育场，每个球队都希望能够冠以欧洲最好的俱乐部之名。当晚“小跳蚤”没有进球，不过无疑他在其中起着推进的作用，在 3 个进球中都有助攻。第 1 个球，是伊万·拉基蒂奇在开场刚刚 4 分钟时射中，这在欧冠决赛中是第三快。之后莱奥有一会儿退居二线，就在中场休息之前突击射门，显然并没有顺利进门。每次他一碰到球，一群尤文的球员就朝他拥过来阻拦。

意大利人在中场休息之后开始出成绩，在第 55 分钟的时候将比分扳平。之后的 10 分钟里，他们已经完全能够控制局面，随着比赛越来越激烈，也在施加压力。第 65 分钟，保罗·博格巴来到了巴萨的罚球区，有几分钟尤文更关注于要求对达尼·阿尔维斯违规进行罚球，而不是在于球……不过裁判没有理会，比赛继续进行。接着梅西在球场半中间拿到了球，开始带球，然后射门，球穿过球门。布冯奋力将球扑出，传给苏亚雷斯。乌拉圭人从右路补射，仅仅轻轻一踢，第 2 球就进了网。在比赛的最后几分钟里，莱奥又创造了另一个机会，内马尔推射得分，1 比 3 锁定胜利。

莱奥和巴萨创造了历史。这是 5 年来他们的第二次三冠王——这是其他任何球队都没有实现过的成绩。强大的梅西–苏亚雷斯–内马尔前锋力量——人称“MSN”——在该赛季共进了 122 粒球。苏亚雷斯和“小跳蚤”在球场上互相拥抱，享受着这完美的结尾，这是 1 月在阿诺埃塔灾难性的比赛之后的彻底回转。“梅西真的非常引人注目，他是我们的明星球员。”教练路易斯·恩里克在赛后新闻发布会上兴奋地发言。这是莱奥获得的第四个欧冠冠军，鲜有球员曾获得这样的成绩。他，哈维·埃尔南德兹和安德烈斯·伊涅斯塔是球队里唯有的曾在 2006 年曾在巴黎夺冠过的球员。

次日，他在网上贴出一张照片——他在吃早餐时和奖杯的合影。在诺坎普和粉丝庆祝时，他大喊：“我们会继续保持——我们极其渴望，想要一直夺冠！”

这对于莱奥来说，是一个硕果累累的赛季。这和前一年截然不同。但是转变还不止如此。还有其他一些改变，从一个时髦的发型到现在已经完全覆盖右臂和半个左腿的文身，以及瘦下来的形体。他一直在一个有名的意大利营养学家监督下进食，告别了比萨，增加了水果和蔬菜的摄取量，还尝试了巴赫花精疗法、情绪疗法和运动疗法。他在社交媒体上也出现得很频繁。

但是最大的变化还是内心，而他把这一切归因于他的儿子蒂亚戈。

“儿子改变了我。改变了我的心态。首先是这个，然后一切都随之变化了。这改变了我看待比赛的方式。以前，如果我们输了，或者我表现糟糕的话，有三四天我都不跟别人说话，需要独自度过低落期。现在如果输了，回到家里看到儿子，我就能把一切抛之脑后。我心里也许仍然感到愤怒，但是看到他就改变了一切。成为父亲，让我成长。这让我对足球不再痴心若狂，让我意识到足球并非生命的全部，还有其他很多重要的东西。”

35. 十号的诅咒
2015年7月4日

无论说它是运气不佳、诅咒、扫把星、噩梦、命还是因果报应……结果都无法更改。世界上最好的球员又一次无缘为他的国家队赢得奖杯。他在巴萨的各种比赛中享受着成功，但在阿根廷国家队的战绩却令人担忧：在不到一年的时间里，两次决赛都以溃败告终。2014年7月13日，他告别世界杯，2015年7月4日，他低着头离开了美洲杯决赛。这是2007年6月15日上一次美洲杯决赛在马拉开波3比0溃败的历史重演。穿着蓝白战衣的梅西还经历着其他失望：2006年德国的世界杯，2010年南美的世界杯，还有2011年在他祖国的美洲杯。他唯一在阿根廷队赢得奖杯是在2005年的国际足联20岁以下世界杯和2008年北京奥林匹克运动会。不过这位四次金球奖得主还有待带回一个成人组的冠军，从而使阿根廷的球迷们欢呼雀跃，让批评者们无话可说。不少马拉多纳的追随者时刻都准备着抨击梅西，喊他"冷血人"——"窒息物"——争辩说他更像是西班牙人而不是阿根廷人。

2015年他到达智利参加美洲杯时，曾有着很大的希望，因为他带着一大连串新的奖杯：西甲、西班牙国王杯、欧冠……他比前一年在世界杯的时候无疑更能胜任。塔塔·马蒂诺的球队是最强大的之一，队里有阿圭罗、拉维奇、迪玛利亚、伊瓜因、特维斯……球迷们已经能够预见到他们拿下奖杯的那一刻，想象着那天，在远离拉普拉塔河的地方长大的10号球员最终彻底地赢得了阿根廷球迷的心。毕竟，他和阿根廷紧紧联系在一起，尽管他可以合法地为西班牙战斗。

阿根廷人将永远无法像认同马拉多纳一样认同"小跳蚤"，但这更多的是性格的问题。马拉多纳是一个随和而挑衅的人，而梅西害羞又寡言，一点也不具有阿根廷人话痨的特点。不过足球征服了一切，如果罗萨里奥人可以捧回阿根廷国家队追求 22 年的奖杯，他就能在家乡的球迷面前赎罪。在 2014 年世界杯上战败的伤口还未愈合，以至于巴塞罗那—尤文图斯 2015 年欧冠决赛的时候，阿根廷大多数的人支持尤文图斯“阿帕切族”特维斯，这个人民的球员，而不是去为他们国家队的队长喝彩。

尽管如此，在智利还是有很多比赛的理由。对于梅西来说，这是战胜之前心痛的一个最佳时期。首场比赛于 6 月 13 日在拉塞雷纳的拉波尔塔达球场展开角逐，对阵巴拉圭。阿根廷开场领先，第 26 分钟，萨穆迪奥回传守门员时犯下重大失误，阿坤 · 阿圭罗断球成功后获得单刀机会，低射空门入网，1 比 0。几分钟后，迪玛利亚接梅西直传突入禁区被萨穆迪奥拉倒，主裁指向 12 码，梅西主罚点球低射打败守门员入门，2 比 0！这是他在锦标赛的四场比赛中唯一进球。

这看起来似乎是一个比较轻松的开场，当巴拉圭在中场休息后开始铤而走险，而阿根廷差一点将第 3 个球打入网，球在阿奎罗和梅西来来回回，最终被守门员席尔瓦阻挡。但内尔森 · 巴尔德斯禁区弧顶将球爆射入网，比赛开始胜负难料。在阿根廷浪费几次机会之后，卢卡斯 · 巴里奥斯点球点偏左低射近角入网，在 90 分钟时将比分追平，比赛 2 比 2 结束。

第二场比赛，他们与历史性的对手乌拉圭对阵。2011 年在圣塔菲，他们主场时，一场点球大战后，卫冕冠军将阿根廷人在半决赛淘汰出局。阿根廷强烈渴望能够挽回颜面，而这次无需点球。阿根廷第 56 分钟打破僵局，阿坤闪开西门尼斯，接过萨巴莱塔传球，顶球攻门得手。乌拉圭人一直施压，但罗兰空门不进。这是一场精彩的比赛，过程非常激烈紧张，以至于塔塔 · 马蒂诺因与裁判员争辩被驱逐离场。同时，梅西看起来也不是很舒服。

B组赛的最后障碍是牙买加队。他们轻而易举就能获胜，伊瓜因打入1球，使阿根廷进入四分之一决赛。不过这场比赛首先让人想起的是，赛后牙买加中锋德绍恩·布朗带着手机直奔梅西，请他一起在球场上自拍合影，这让梅西很惊讶。

惊心动魄的阿根廷—哥伦比亚半决赛结束时，梅西和特维斯拥抱的画面永远无法磨灭。特维斯在点球大战第七轮命中点球，把阿根廷队带入了半决赛。当日，他宣布重返博卡青年队的消息，这个前尤文图斯中锋为2011年锦标赛罚丢点球的失误赎了罪，使球队免遭淘汰，让队长松了一口气。梅西个人表现极为出色，第20分钟射门几乎势在必得（一个精彩的头球，结果门将奥斯皮纳跳起将球神奇扑出），他不肯相信比赛就这样结束了，在漫长的点球大战中看起来一直很不安，与其他队员站开，而队员们都在中场拥在一起。当比格利亚在第五轮点球打偏时，梅西几乎无法控制自己的情绪了。不过幸运的是，特维斯出场射中致胜一球。他本来并不在点球手名单里，或许塔塔意识到他因4年前那次失败感受到的压力。不过当6个球员都已经点球的时候，他也没什么选择了。特维斯得分，然后庆祝并拥抱梅西，梅西见证了他的成败。

“错失这么多次进球机会，到了点球大战，你真的无法不做最坏的打算。这真的是一场艰难的比赛，好在最后一切顺利。”莱奥说。为了把球踢进球门，他已经拼尽全力，他在接受一家电视台采访时承认：“我发现在国家队进球真是非常艰难，真是太糟糕了。今天，我本来有两次很好的机会，可都没能成功。不过重要的是，整个球队表现非常好，我们值得赢得比赛。”尽管困难重重，但是他们又要迎战巴拉圭。而巴拉圭在四分之一决赛战胜了强劲的巴西。内马尔不在场，因为在对阵哥伦比亚时，内马尔因用头撞击穆里洛，还侮辱裁判员，而被驱逐出场并禁赛四场，“金丝雀”在1比1平局之后在点球大战被淘汰出锦标赛。所以这并不像是每个人都在期待的南美德比，而更像是 B 小组赛的重演。这次有点不同，因为巴拉圭被阿根廷队以 6 比 1 击溃，进球的有罗霍、帕斯托雷、迪玛利亚（两球）、伊瓜因和阿圭罗。每个人都进了球，除了梅西。不过这并不能撼动他是球场上最关键球员的地位。他无可阻挡，具有爆发力，技艺精湛，在国家队职业生涯中对 28 号、29 号和 30 号进行助攻。“3 次助攻对我来说不是问题。”塔塔在赛前的新闻发布会上对于 10 号进球荒的问题轻描淡写，“他看起来似乎并不担心，而是很开心。他不是必须成为进球最多的才开心。”“我希望那只是为决赛节省进球机会，”“小跳蚤”说，“但是谁进球并不是那么重要。我们在世界杯之后的又一次决赛进了一球，而我们非常希望赢。”

美洲杯决赛于 2015 年 7 月 4 日在圣地亚哥国家体育场进行。该体育场曾在 1973 年关押过参与皮诺切特政变的 40000 名政治犯。阿根廷队现在面临着智利队的挑战，智利队有着比达尔、阿莱克希斯、瓦加斯、巴尔迪维亚这样大名鼎鼎的阵容。一旦巴西被淘汰，这就成为最有希望的决赛。主场球队很久以来就无比期待能够赢得冠军，打破他们的诅咒：在锦标赛 99 年 22 场历史里，从未战败阿根廷。对阿根廷人来说，他们非常希望能够带回家一座奖杯，自从 1993 年在厄瓜多尔的比赛之后，他们就再也与奖杯无缘。如果能拿回奖杯，也是对于世界杯惨败的一种补救。在欧洲和亚洲的胜利之后，梅西也希望能荣膺美洲杯。

国家体育场几乎陷入一片红色之中，只有 7 个露天阶梯看台还是蓝白色，其中一个看台还展示着班菲尔德粉丝带来的巨大旗帜，上面绘着马拉多纳、教皇弗朗西斯一世和莱奥。“上帝和教皇与你同在。”旗帜的上方这样写着。这一次，整个国家的人都站在 10 号球员背后，而 50000 名红色的足球流氓不停喊出“怂包梅西！”“废物梅西！”这样的口号试图来干扰他。

和往常一样，梅西在热身时非常寡言。与阿坤·阿圭罗快速传了几个球——他俩自从20岁以下世界杯时就是室友——接着两次射门，然后他就预备中线开球。比赛立刻进入非常有希望的开始。不到10分钟，他就从贝奥塞霍尔那里将球抢断，然后找到阿圭罗和迪玛利亚，打破了桑保利的5人防守。第20分钟，这对室友差一点就射中了，莱奥踢任意球，阿坤尝试头球。但是第25分钟，灾难降临，迪玛利亚因为受伤被迫离场，与此同时，莱奥陷入劣势，比达尔和梅德尔设法从他那里抢球。梅德尔就像一条狗一样紧紧地咬着他的脚后跟不放，他甚至因为踢到阿根廷人的前胸而被警告。他并不是唯一吃了黄牌的人——迪亚斯也难逃对梅西严重犯规。

其间，因为受到智利球迷不断辱骂，梅西的家人也不得不从看台离场。罗德里格因为抱怨对他哥哥的犯规而遭攻击，不过阿根廷大使介入调停，以防止事情变得失控。这个事件的消息不太可能传到球场上去。但是在整个下半场和加时赛，莱奥闪亮的星光似乎已经消失得只有一点点微光。除了他的任意球和第89分钟伊瓜因未能完成的一次反攻，10号似乎一直是可有可无的角色。阿根廷队解说员简直难以置信，大声喊道：“他在走路，老兄。走路！”

到了点球阶段，梅西首先迎战克劳迪奥·布拉，他很了解梅西。不过，巴塞罗那的智利门将虽然猜测到莱奥射门的正确方向，也没有想要去阻拦这个球。进球。接下来是伊瓜因，他自从巴西世界杯以来就忍受着决赛紧张的情绪，结果射失。巴内加又给阿根廷失了一球，点球结束。梅西未能打破那个诅咒。“不用了，谢谢。”当比赛组织者从智利庆功会中找到他，想要给他联赛最佳球员奖杯时，他回答道。如果不能够得到想要的那个奖杯，那么其他的奖杯又有什么意思？

36. 第五
2016年1月11日

一股寒意在诺坎普球场蔓延。这是2015年9月26日下午4点3分，对阵拉斯帕尔马斯的比赛刚刚中线开球。梅西本来已经有了一个明显进球机会，但是却瘫倒在地板上，被队友们包围了起来。巴萨的队医里卡多·普鲁纳急忙跑过来看看到底发生了什么。这对于粉丝来说这段时间无比漫长，但是他躺在地上几分钟之后就站了起来。好在只是虚惊一场。

比赛重新开始，但立马就有什么事情明显不对劲了。左膝烦扰着他，他发现根本无法比赛，路易斯·恩里克没有办法，只能派穆迪尔·哈达迪替补。巴萨阵营的每个人都在祈祷，最好不要是什么严重问题。但莱奥感觉到自己得好几个星期都不能出战了。“这不是小事故，我知道其实非常严重。和以往的撞击感觉完全不同。”稍后接受雅虎采访的时候，他说。他在对手的区域无意间与防守队员佩德罗·比加斯产生冲撞，造成肌肉撕裂。“一开始总是很担心。我知道我必须得耐心点，等待扫描检查和诊断。我并不觉得这对我有很大影响。只是必须得接受。”他继续说道。谢天谢地，并不需要手术，只是需要时间休养。“首先，需要休息，然后需要采用运动疗法。”阿根廷国家队的多内托·维拉尼声明，他还说：“莱奥是那种不能参加比赛就要疯掉的家伙，这也是为什么我知道他会专注于尽快恢复身体，因为他是一名技艺高超的职业球员。”

关于最近这次受伤，有两个大大的问号：他能够胜任11月21日对阵皇马的首次德比吗？在此期间，没有了这位球星，巴萨还能够存活下来吗？“我们会做必须做的事，”巴萨教练在新闻发布会上强调，“像莱奥·梅西这样的球员是无可替代的，但是如果你们回想一下，在季前赛的时候，我们在他和内马尔都没有参赛的情况下也进行了比赛。我们仍旧像以往一样比赛，只是另外的优秀球员参与了进来。没有了顶级球员，还能够维持名列前茅将会是个巨大的挑战，但也是个极具诱惑的挑战，我们相信能够胜任。我们依然会坚持尽力做到最好，只是用不同的球员带头。”

如路易斯·恩里克所说，莱奥是美洲杯一次赛间休息的时候参与季前赛训练制度的最后一批球员。他其实在 8 月 3 日就回来了，这时距离 2015 至 2016 西甲赛季首场比赛——在圣马梅斯体育场对阵毕尔巴鄂还有 20 天，虽然那场比赛看起来才是他的第一次复出。巴萨 0 比 1 胜出，但是这对他来说是一个心酸的结果，因为在比赛中他未能得分，还错失点球。并不是多么美好的一天。

但是他只用一个星期就恢复过来。8 月 27 日，他在欧冠联半决赛对阵拜仁慕尼黑中的挑射进球　晃倒中场队员杰罗姆·博阿滕，越过曼努埃尔·诺伊尔飞入球门——在参与欧足联（UEFA）网上投票的 20 万名选民中，有 40% 的人认为该进球为年度最佳。克里斯蒂亚诺·罗纳尔多凭借在安菲尔德球场战利物浦比赛中的进球获得 24% 的票数，位居第二。阿森纳的威尔士人阿隆·拉姆塞凭借 9% 的得票位居第三。同一天，莱奥出席欧洲最佳球员的颁奖，这是欧足联 54 个成员国的新闻记者现场投票得出的结果。就在 2015 至 2016 赛季欧冠小组赛平局之后，主席米歇尔·普拉蒂尼在摩纳哥为其颁奖。“我非常高兴，”梅西兴高采烈地声称，仿佛这是他第一次得奖似的，“我想要感谢我所有的队员，因为他们对于这份荣誉也起到了非常重要的作用——如果没有他们，我今天也无法站在这里。这是不可思议的一年。我不知道什么秘诀，但我们就是为了获胜而战，我们是一个团结的队伍，大家互相都非常信任。”

2005年，虽然球场上有很多快乐，但在球场外经历的喜悦比任何奖杯、荣誉、进球和胜利来得更大一些。9月11日，安东内拉生下了他们的二儿子，马特奥。“小跳蚤”仍然没有推特账号，所以他的哥哥马蒂亚斯很荣幸地发布这个新闻。“嗨！大家好，马特奥出生啦！真是个帅小子。稍后再跟大家分享具体细节，现在我们正欣赏这个小婴儿呢！！！非常感谢大家！！！”安东内拉在社交媒体“Instagram”上晒出小家伙的首张照片，这张黑白照片中，小婴儿的小手抓住妈妈的手指，温馨十足，她配文道：“欢迎你，小宝宝！有你在我们身边非常幸福！我们爱你！爸爸，蒂亚戈和妈妈#4口之家。”儿子出生时，梅西因陪伴在安东内拉身边，从而缺席训练。但是第二天，他就回归工作在卡尔德隆球场迎战马德里竞技。自从在阿诺埃塔大溃败后，他第一次坐在替补队员的位置，但至少这次不是因为与教练之间的误解。他在最后半个小时才上场，这时两队1比1持平，比赛突然就活跃起来。马竞因为他的上场而受到了威胁，16分钟后，他进了胜利的一球，吮着自己的大拇指来庆祝，作为对于他的新生儿的礼物。

接下来的几场比赛，就没有那么激动人心了。在欧冠小组赛对阵罗马时，他们似乎只能维持在1比1僵持的状态了。这与莱奥2009年在同一片球场上的情境相差甚远。那时，他表现极佳，最后以一个精彩的进球战胜范德萨，将欧洲杯奖杯从克里斯蒂亚诺·罗纳尔多的曼联手中夺走。这一球至今依然是他最受观众称赞的一球。而同时西甲联赛却跌宕起伏。9月20日，他们以4比1击溃莱万特，梅西梅开二度，虽然也错失一个点球。点球成了他的软肋：65个点球，射失15个，失败率高达23%。这个情况未能逃脱媒体的追问，但俱乐部通常都极力维护这名前锋。“莱奥·梅西是世界最佳球员，”巴萨主席乔赛普·玛利亚·巴托梅乌表明，“他像往常一样打了一场非常精彩的比赛，带球，传球，进球……踢飞点球并不算什么事。”教练路易斯·恩里克也表示赞同：“并不能说射失点球就让他更像‘人’了——还进了2球，还有1次助攻。这就是神啊。”不过这位教练对于莱奥的夸赞还没有到此为止，当问到10号是不是他带过的最好的球员时，他毫不犹豫：“我带过的最好的球员？这还用问。不仅是世界上最好的，还是历史上最好的。”

6天之后，梅西不幸受伤。接下来的几个星期里，他的名字仍然一直出现在媒体报道之中，但缘由都不是足球。任何关于他以及他的家庭的消息都能成为新闻。10月6日，马蒂亚斯·梅西因被指控涉嫌非法持有1把22口径的手枪而一直占据各大媒体的头条报道。阿根廷媒体声称，起初他在他的奥迪A5进行例行检查的时候拒绝出示证件。他和一名警察还扭打起来，双方都有刮伤和瘀青。这一幕仿佛似曾相识，他在2008年曾未经允许携带一把装了子弹的手枪而在罗萨里奥遭逮捕。2011年，他在老家萨拉迪奥区幸免于一次所谓的飞车枪击。这次新的案件又将他推上了头版新闻。10月12日，他与周众所知的阿根廷贩毒分子，同时也是纽维尔极端球迷组织的负责人的合影被贴了出来。他身旁就是通缉犯和凶杀嫌疑犯。马蒂亚斯一直被认为是梅西家族的“害群之马”。他是豪尔赫和塞莉娅的大儿子，掌管着罗萨里奥著名的卡萨阿马里利亚健身房，并经营着他父亲的酒吧“VIP”。尽管过着奢华的生活，他似乎一直出入在不那么令人满意的圈子当中。

不过他并不是家里唯一有过违法记录的人。莱奥和豪尔赫与西班牙税务机构关于税务欺诈的案件仍在进行中。虽然检察官辩称这位球星对他父亲的行为一无所知，10月，州检察官干涉进来，要求莱奥上庭受审，如果查定有罪，他可能面临着22个月的监禁——尽管莱奥承认了代扣的所得税并立即偿还相关费用可使得刑量减轻。6月2日，他和父亲将一起出席受审，就在美国特设的比赛美洲杯百年纪念赛之后2天。

在所有这些法律方面的事情当中，俱乐部一直都力挺梅西，巴萨阵营的每一个人都认为这个状况是外部因素干预的顶峰，而这是无法接受的，很久以前就开始了。现在对梅西来说，只有一个好消息，就是他们洗脱了 2012 至 2013 年间利用慈善友谊赛进行洗钱的控告后，该案件最后被搁置了。

回到足球上来，就在 10 天之后，人们热切期待的巴萨对阵皇马打响，“小跳蚤”被推上了队员名单。他不想冒险，但也不想错过该赛季至关重要的比赛之一。阿根廷人坐在替补席时，整个队伍在西甲联赛中经历 4 次胜利和一次失败，在欧冠联赛中获得 3 次胜利，没有失败记录；在西班牙国王杯中 0 比 0 握手言和。总的来说，事情看起来都非常乐观，但无疑他们都很想念他，虽然路易斯·恩里克不想让一切都围绕着他。“梅西在的时候我们更强，但没有梅西，我们也一样强。我们的球队很优秀，而且还有后备队员。他们都很努力。”

所有比赛中，他们进了 21 粒球，其中 18 粒来自内马尔和路易斯·苏亚雷斯。但每个人都非常渴望看到 MSN 三叉戟团结起来——那种牢不可破的得分机器无论在球场上还是在球场下都非常完美和谐。“我不知道我们是不是最棒的，但是我们确实做得非常好。我们之间的关系非常好，这肯定是有帮助的。我希望我们能够持续很多年都有这样好的状态。”内马尔告诉巴西电视频道拜因体育。“和苏亚雷斯以及内马尔一起踢球是非常特别的，因为他们都是很高水准的球员，还因为我们之间非常情投意合——这是一件非常美好的事情。”莱奥在纪录片《不止三人》中说道。这个纪录片也是当月发布，其中包含“小跳蚤”和他的队友对具有历史意义的 2014 至 2015 赛季进行讨论的无剪切对话内容。

11 月 21 日，梅西又穿上了巴萨战衣。坚持得到了回报。他准备好在皇马的主场圣地亚哥·伯纳乌球场接受检验。但他非常从容，下半场才出场。这两个队伍中，他是唯一在国家德比中曾上演帽子戏法的球员——实际上，他上演了两次：2007 年在诺坎普，2014 年在马德里。他这次虽然没进球，但巴萨 0 比 4 大胜仍然值得祝贺。与此同时，莱奥获得了另一项个人奖项：2014 至 2015 赛季西甲联赛最佳球员和最佳前锋。“将此献给我的儿子蒂亚戈，我每次离开家的时候，他都很生气，问我是不是又‘去射门’了！”他拿着奖杯说道。

梅西的魔法到达的地方远远不止足球世界。就连 NBA 篮球运动员斯蒂芬・库里也被他的魔法征服。“我们两个的球风都很有创造力。我试着用手来完成一些漂亮的事情，就像梅西一样富有创造力。我喜欢看他比赛。”11 月，他给了他的偶像一件签名球衣，以庆祝梅西“Instagram”粉丝达到 3000 万人。因为他在金州勇士队穿的队服是 30 号。莱奥同样通过网络回应表示感谢：“当你的粉丝到达 1000 万的时候，我送你一件我的签名球衣！”他承诺。言出必行。4 个月后，他上传了一个献给库里的录像，里面这样说道：“嗨，大师 @stephencurry30，我来履行之前的承诺了，这就是送你的 10 号球衣。能够向你赠送球衣，我感到非常荣幸，很高兴看你打球。未来的很多年，我都希望看到你继续打球，希望你取得更大的成功。一个大大的拥抱！”

这一年接近尾声时，巴塞罗那在难忘的 2015 年仍然有一个巨大的挑战：即将在日本举行的世俱杯。“这是一场非常精彩的比赛，也是我最喜欢的比赛之一，不仅因为比赛本身的意义，更因为参加这项比赛意味着赢得了欧冠，而且有机会在年底时取得圆满的结局。”莱奥在接受国际足联官网专访时说道，“我们的目标是能够获得奖杯，然后与家人一起享受圣诞节假期，而西甲冠军也牢牢地在我们手中。今年很神奇，简直无法想象瓜迪奥拉带领我们赢得了一切。虽然我们不太确定是否能够复制那样的传奇，但是我们一直在。”巴萨和以前比有什么变化吗？“我们有一些改变，踢得更直接了，少用了一些 tiki-taka[①] 战术。但也没

---

① 在西班牙语中“Tiki-Taka”的发音近似于“DiGi-DaGa（汉语拼音）”，蒙特斯形容西班牙队在对突尼斯的比赛中的战术时说：“Estamos tocando tiki-taka tiki-taka.（我们在使用 Tiki-Taka，Tiki-Taka）”这个词汇实际上是象声词，用来形容球员们在场上快速的短传。

有失去控球的理念，这是我们的标志，也是优先要考虑的事情：控制住比赛局势，尽可能多控球。但现在也会通过一些简单的传递，推进到对手门前，而非总使用复杂的方式。”那么莱奥呢——他变了吗？“随着时间的流逝，你要学会成长，去适应不同的环境，无论是在球场上还是在球场下。虽然我基本理念是一样的。但近几年来，我在踢球的时候也会增加新的元素。”

12 月 17 日，巴萨在世俱杯的首场比赛打响——半决赛战对阵中国球队广州恒大。苏亚雷斯上演了帽子戏法，巴萨 3 比 0 获胜。梅西因肾绞痛卧床，错过了他朋友的进球盛宴，但是幸运的是，他的身体及时恢复，赶上了 3 天后对阵河床的决赛。这是梅西职业生涯里，第二次对阵阿根廷的俱乐部——第一次是 2009 年世界杯决赛对阵拉普拉塔大学生。“河床是世界级的优秀俱乐部，我觉得这将会是一场非常棒的比赛。”不负众望，他带领巴萨走向胜利。第 36 分钟，梅西首开纪录，接到内马尔传球，左脚挑射入网。下半场的时候，苏亚雷斯梅开二度，终场哨声吹响时，3 比 0 结束。巴萨从此被称为历史上最成功的俱乐部。不过河床的球迷在日本东京成田国际机场厉声谩骂莱奥，使得这次比赛在不快中结束。他当面对质，不过他的教练和队友很快就介入进来疏散球迷。看来他在进球后举手道歉并不足以平息阿根廷同胞的心情。

世俱杯后，就到了圣诞节假期，再接着就是 2016 年 1 月 11 日在苏黎世举办的国际足联金球奖颁奖典礼。梅西在两次输给自己永远的对手克里斯蒂亚诺·罗纳尔多之后，现在很希望能赢得自己的第五座奖杯。“我来到这里毫不意外，但莱奥略胜一筹，因为他的球队把所有的冠军都拿走了，”颁奖典礼前的发布会上，葡萄牙人承认。自从他们在去年的盛会上遇见之后，彼此直接有了更多的了解。当 CR7 被问及，如果他能够选择，最希望拿走阿根廷人的哪一项技能，他俏皮地说道：“左脚不错。我觉得比我的好点。”两人都笑了起来。巴萨球星下面说的话打消了所有的疑虑："我们两个之间的关系一直很好。我们是同行，只是因为在不同的俱乐部，所以日常的联系比较少。但都很尊敬和欣赏彼此。"

典礼进行期间，他们相邻而坐。没有意外，结果揭晓莱奥获胜，但是也没有任何负面反应。阿根廷人获得了 41% 的比分，克里斯蒂亚诺 27%，内马尔 7%。梅西上台从 2007 年的冠军卡卡手里接过奖杯。比起之前，他这次穿了一套更严肃的西装。他换掉了那套引人注目的杜嘉班纳套装，穿上了阿玛尼经典系列——看起来更成熟，就像在球场上一样。"我发现当着这么多人面前讲话真的不容易，因为很紧张，也很激动。坐在台下见证克里斯蒂亚 2 次夺奖之后，我的双手能够再一次触摸到这个奖杯，真是一件非常特别的事。"他握着奖杯说，"这是我的第五座奖杯，真的很难以置信。这超过了我儿时所有的梦想。"接下来是致谢："我要感谢为我投票的每一个人，感谢我的队友，因为我总是说，如果没有他们，这一切都是不可能实现的。最后，我还要感谢足球，带给我所有的体验——无论是好还是坏，都帮助我成长。"

他在 2009 年、2010 年、2011 年、2012 年和 2015 年都赢得了这个奖杯……这是前所未有的，也是难以想象会有球员实现的辉煌。不过莱奥承认他还有一个遗憾："我本来可以横扫 5 个金球奖然后再赢得世界杯。当然，团体冠军更重要，赢得世界杯对于任何球员来说都是好中之好。"

37. 11年，赢得8次西甲

2016年5月14日

现在是2016年5月14日，星期六，晚上6点48分。裁判员在格拉纳达的主场卡梅内斯球场吹响口哨，宣告该赛季决赛结束。巴塞罗那的球员奔跑拥抱在一起，接着发生了集体狂热事件。数以千计的观众冲到球场上，将球员们包围起来。这样的混乱场面让主席台的人们脸上挂着紧张的笑容。保安人员试图保护球员们，最后，他们用力推挤，打着各种手势，才将观众们赶出球场。莱奥在走道与格拉纳达的前锋艾尔阿拉比互换了球衣。

这位罗萨里奥球星刚刚赢得了第八次西甲，他已经在巴塞罗那足球俱乐部效力18年。这是巴萨在路易斯·恩里克执教下第二次连赢西甲。但是这次却没有荣誉绕场一周。这种奢侈的享受留给了格拉纳达的球迷们，他们现在完全冲到了球场上，庆祝他们的球队保持冠军位置。他们似乎并不关心巴萨是凭借路易斯·苏亚雷斯上演“帽子戏法”光明正大地赢得比赛。有一段时间，西甲最谦逊的俱乐部试图从历史上最优秀的巴萨——莱奥的巴萨那里将观众的注意力吸引过来。

阿根廷人和他的队员今年经历了一次异常艰难的旅程，皇马正紧紧盯着他们。正因为如此，梅西才总是不厌其烦地说西甲的胜败从来都无法预料。“赢得西甲非常艰难，必须不断努力，加以重视。”他在回答娱乐体育节目电视网采访时说道。他的激动之情在他的脸书留言板上表现得极其明显：“西甲冠军！！！我们做到了，非常感谢大家所付出的巨大努力。我们要将这个头衔献给我们的粉丝，是他们自始至终在我们背后支持着我们。”他在他的个人账号上写道，还贴了2张照片，一张是他亮出胜利的标志，另一张是整个球队的照片。

1周之后，巴塞罗那2比0战胜塞维利亚折桂西班牙国王杯，莱奥助攻了约尔迪·阿尔巴和内马尔。他们赢得双冠王，但真相是，这还并不够。近年来，他们已经习惯于获得压倒性胜利，虽然10号球员坚持称“我们不能每年都把所有奖杯收入囊中”，他之前曾承认他非常希望能够再次3连赢。“我们跟去年有着一样的梦想，一样的目标，想再次赢得一切。”他说，“我们知道连赢两次欧冠是非常困难的，想赢得越多，就越难，但是我们下定决心，想要去完成。我们拥有一支非常棒的队伍，无论在球场上还是在球场下我们都相处得很好。我们正在努力。”他在1月第五次赢得“金球奖”几天之后声称。

在2016伊始，一切皆有可能。整个球队非常团结，而对教练路易斯·恩里克的不理解已经成为过去式。“刚开始我们要花点时间，不过一旦开始去做教练想要我们做的，我们就开始进步，在每场比赛中也表现得越来越好。幸运的是，2015年依然以美好的一年收尾。”莱奥表示。1月末，他们看起来仿佛对于联赛夺冠相当有把握。他们在主场对阵马德里竞技，比赛开始客队似乎占据上风，但是最后他们将局势逆转。马德里竞技在第9分钟就破门，前半场大部分时间都处于领先地位。莱奥受够了这种局势。他的好友哈维尔·马斯切拉诺将球抢断，传给内马尔，内马尔将球踢给了约尔迪·阿尔巴，最后球到了梅西这里，梅西将球踢向球门，球撞柱入网。仅仅8分钟之后，路易斯·苏亚雷斯将比分拉至2比1，从那之后，就一直是巴萨占上风——尤其是在菲利佩·路易斯对梅西铲球，立刻吃了红牌，禁赛一场之后。“并不是铲球过迟，我已经触到了球。我承认这是吃了红牌，裁判没有判错。这确确实实是违规，但是我不该被禁赛。”马竞的左翼球员抗议道，“大家都知道，我并不是故意要伤他，因为是我先触到球的。这种事情每场比赛都会发生，但是就因为他是媒体还有西甲所谓的‘金童’，没有人想看到一个世界上最优秀的球员受伤，然后再也无法参加比赛。”他补充道，因为这种他认为是对阿根廷的偏袒行为，他感到非常受挫。

这次胜利使巴塞罗那成为他们离得最势均力敌的对手——皇马和马德里竞技更望尘莫及的球队。西班牙国王杯还有更好的消息。2月3日，他们在半决赛第一回合以7比0大胜瓦伦西亚，成为历史上最让人印象深刻的大比分取胜之一。所有人都一致认为这是10号球员的一次最佳表现——从头到尾表现都非常优异，并且还上演了帽子戏法。1周之后的次回合两队战成1比1平局，这是巴塞罗那在最后6次比赛中第五次晋级决赛。然而这次比赛莱奥并未上场，因为他在去年11月被诊断出患有肾结石，接受了排石手术，也因此缺席了世界杯第一场比赛。手术操作比较简单，他如期恢复，准备在2月14日在诺坎普对阵维戈塞尔塔时复出。他当时并不知道，这次比赛成为该赛季讨论度最强的比赛——并不仅仅因为再次取得了惊人的比分（6比1）。开场不到半小时，他就通过死球击球让巴萨摆脱防守。他后来又助攻路易斯·苏亚雷斯获得2比1领先，然后又在第3球中助攻。

如果这也许还不够让群众欢呼雀跃，他还在80分钟内进了第4球。在面对点球时，他把球放在地上，然后开始助跑，但将球踢到了侧面推向了右前方，使得苏亚雷斯跑过来高速插上进了一球。这让人回忆起约翰·克鲁伊夫和杰斯佩·奥尔森1982年在阿贾克斯所使用的战术。有人叫好，也有人批评。这个行动看起来对于对手来说有失尊重有点不尊重对手。“越看这个点球，我越觉得梅西的点球太不尊重对手了，你如果真想充当一个好队友，直接让苏亚雷斯罚点球就行了。我越看梅西的点球，越觉得看起来很无礼。如果这是关乎成为一个好的队友的话，那就让苏亚雷斯来点球好了。”英国电信体育频道解说员在推特上发表观点。这个推特被无数人转发，甚至包括迭戈·阿曼多·马拉多纳：“像梅西和苏亚雷斯这种点球就是对对手的一顿痛打。在阿根廷，哪怕就是和我家邻居踢着玩，或者是其他任何联赛，都肯定会发生斗殴事件。”他表示。与此同时，社交媒体用户和电视访谈节目都不遗余力地花费大量时间从各个角度来分析这个比赛。这合乎道德吗？规则应该做出改变吗？如果是对方做出这样的行为的话，巴萨会作何反应？当然，有人为罗萨里奥人的战术策略辩护，称之为“技艺精湛”“有历史意义”“友情合作，说明球场内外关系都很铁”……有各种各样的形容词来描述这次事件，狂热和愤慨势力均分。

就连克里斯蒂亚诺·罗纳尔多也插话进来。“我懂莱奥为什么会那样做。关于这件事情我想说的就这么多。”当媒体对其施加压力，问询其看法时，罗纳尔多的回答让人捉摸不透。他是不是意味着，梅西试图帮助他的队友提高进球数，好领先于皇马球员，乌拉圭人和葡萄牙人是不是要在西甲上争夺进球最多球员？内马尔很快就否认了这个观点，他透露自己本该是莱奥点球的合作队员。“那本来是为我设计的，我们还一起练习过，不过路易斯·苏亚雷斯当时离得更近。这都无所谓，他进球了，这个战术完成得很好。”他说。这或许可以解释在庆功会的时候有人看见巴西人和苏亚雷斯开玩笑，假装朝着他的脖子来一巴掌。莱奥和内马尔在前一天曾设计了这个招数，但是他们并没有想要在球场上这样做。苏亚雷斯自发地加入，所有人都瞠目结舌——尤其是他们两个。前巴萨球员和教练约翰·克鲁伊夫毫无疑问也是最震惊的。对于这件事情，他有自己的看法：“塞尔塔即便被打败了也仍然表现得极其精彩，”荷兰人承认看到莱奥的这个点球而激动不已。“梅西罚点球的方式让我震惊，如果说谁能踢好这种点球，也只有梅西了。”他说，回想道，“我当年这么踢点球时，没有任何人这么想过，现在就说不通了？足球就是为了娱乐大众，只是一场比赛，一场游戏。我突然意识到这是对我那次点球的一次重现。这么多年来还被以这样的方式记得，是很棒的一件事。非常美妙。正是这些事情成就了这项游戏。”这位有史以来最伟大的足球运动员最后总结。

3月24日，距离这些评论仅仅过去一个半月，克鲁伊夫因肺癌逝世了。这对于整个球队来说是一个沉重的打击，因为整个队伍都希望在4月2日该赛季第二场德比大胜皇家马德里时在诺坎普球场向他致谢。这场比赛以一段向这位前球员致敬的录像开始，而主看台上的粉丝拼出了克鲁伊夫的14号球衣，旁边是“谢谢你，约翰”。很遗憾，最后的结果没能让他们有机会庆祝，因为巴萨1比2输掉了比赛。里奥内尔没有射正，也没有1粒球成功冲过门将基罗拿·华斯破门。皇马终结了巴萨连续39场不败的纪录。在这一刻之前，红蓝军团看起来还是无法阻挡的。

比赛是这样结束的：自从在塞尔塔比赛时那次具有争议性的罚球之后，他们仅仅在3月20日和维拉里尔打过一场2比2持平的比赛。除此之外，全部都是获胜，而且比分悬殊：对阵巴列卡诺进了5球，战埃瓦尔进了4球，战赫塔菲进了6球……梅西打破了一个新的纪录，在西甲联赛时曾进球得分300分。就连路易斯·恩里克也向媒体声称：“我朝着三叉戟说‘阿布拉卡达布拉[①]’，他们就释放出魔力了。”自从在该赛季开始的低潮之后重新走上正轨，这位阿根廷人的状态飙升。“莱奥能够赢得‘金靴奖’和‘最佳射手奖’，在比赛之前进10粒球，但是他非常专注于为球队而战，因为他们是队员。”教练肯定地说，并又加了一句：“梅西只要愿意，就会成为世界上最好的球员。”

有意思的是，他似乎和皇马最受争议的前教练若泽·穆里尼奥有着类似的看法，这位教练多年以前在“白衣军团”和切尔西的教练席时就不得不忍受着这位阿根廷人的天赋，抱怨莱奥在有些比赛里面有点过分做作了。现在，穆里尼奥在强调团队对于个人的重要性时，就引用他的

① 是一种魔法咒语，通常用作护身符，据说拥有驱除疾病和灾厄诅咒的能力。

话："没错，有些个人球员对成功至关重要。比如说，梅西跟随3个不同的教练夺得了欧冠冠军。我认为与梅西做队友比与他做对手更容易赢球。我知道有时人们会认为个人球员比团队更重要，我仍然认为团队更加重要。虽然有些球员确实能凭借个人能力更改战局。"

然而另一位前皇马教练也参与到讨论中来。卡洛·安切洛蒂在面对他的比赛里曾阻止莱奥在5场比赛里的第4场得分，他在给中国网站新浪体育写专栏的时候写道："最好的办法是通过其他的方式来限制梅西，这需要团队的努力，阻止他拿球，缩小防区之间的空隙。有一点非常重要，那就是必须在中场安排大量兵力来干扰巴萨的中场球员，不要让他们随心所欲地踢自己的足球，这样一来，拿球机会减少的梅西，就得后撤到中场，也就远离了他最危险的位置。"尽管提出这样的建议，这位意大利人也承认，"如果梅西身体状况处于100%健康，那么想阻止他就是不可能的，不管教练是谁，也无所谓防守战术是什么。梅西满身的才华让对手无法提前做出判断，由此带来的结果就是：无法控制。"

对于梅西是不是世界最佳球员，他自己是怎么认为的呢？"我并不这样想。非常感谢大家。我也很高兴能够听到人们对我有这样好的评价。但是我只是很喜欢我在做的事情，我很喜欢踢足球，每天都有进步，从不自满于我现有的荣誉，而是努力去争取得到更多。"莱奥在一次公开露面的时候告诉媒体，他再次强调，团队的冠军对于他来说才是最重要的，"不要跟我说个人纪录，我不感兴趣。我喜欢得冠军，这才是最重要的。如果得了冠军的同时还有个人纪录，那就更好了。但是如果团队没有赢得任何荣誉，那个人的纪录就没有什么意义了。"

他还强调说，巴萨也并不是完全依赖"MSN三叉戟"，他提醒大家"这是一个大队伍，不只是有3个队员。我们尽力在进攻和防守方面都发挥作用，但是我不认为整个球队都依靠我们。我们之间的关系非常好——不仅是'三叉戟'，整个队伍都是如此。保持一定程度的谦逊，必须日复一日的努力，无论是比赛还是训练。巴萨有一种心态就是，我们总想要成为最好的，想要赢。有一种人，他们赢得了一切，但是还是保持斗志。这让团队更加强大，我是说整个球队。这是最积极的事情。那也是我那么渴望一直赢的原因”。

当谈论到教练……在他的职业生涯中哪个教练影响最大？一家埃及电视频道采访他的时候问了他这个问题。而他毫不犹豫地回答道：“在一线队所有曾共事过的教练都教会我很多事情。但是我觉得在我职业生涯里最重要的教练是弗兰克·里杰卡尔德。如果他当初没有信任我，没有决定把我选入一线队——刚开始是训练，后来真的上场踢球，也许我根本进不了一线队。我总是说，对我来说，他是个非常重要的人，因为他对我有信心，在正确的时候选择了我，让我为一线队踢球，这对我来说很重要。”

对里杰卡尔德做出这样的评论时，无论球场上还是球场下，他都正处于一个非常艰难的时刻。在溃败皇马之后几天，又遭遇世界上最大的数据泄露事件，也就是后来所谓的“巴拿马文件”。梅西出现在最先一批被披露的名单之中。根据泄露信息，他和他父亲在巴拿马成立了一个空壳公司，据称是为其形象代言费用避税。这个公司叫作“巨星企业”，成立的时间非常可疑，正好是在莱奥和他父亲分别被指控逃税达 410 万欧元的税务欺诈事件的次日。梅西的家人很快发布声明，否认曾有任何该等行为。“报告里提及的这家巴拿马公司，是梅西家族之前的理财顾问开设的一家已经不再有活动的公司，且该公司从未在巴拿马有关公司开设过任何账户。在早先出庭前后，梅西已经将肖像权收入向西班牙财政部门如实报告，并无任何的隐瞒。”目前，财政部正在调查“巴拿马文件”所披露的罪名。尽管如此，该球星的肖像又一次被卷入到不确定的财务问题中。

回到足球的事情上来，4 月将会是艰难的一月，还带来了另一个意料之外的失望：在欧冠四分之一决赛对阵马德里竞技时被淘汰。巴萨在诺坎普第一赛程2比1胜出，这让所有人都认为他们进入半决赛已经势在必得——尽管事实上他们的表现并非十分精彩。马竞先行得分，并主导了比赛，直到费兰度·托利斯被罚下场时他们只剩下10个人。得益于多了1个人，巴萨在下半场比赛东山再起，苏亚雷斯进了两球。梅西只勉强进行了一个倒钩球，但并未进球。但1周之后，他们的希望和梦想被打破了，4月13日，他们浪费了领先优势，2比0遭淘汰。莱奥在整场比赛当中几乎没有发挥作用。巴萨从欧冠出局。“在前半场比赛的时候，我想着我们目前是比较领先的一队，能够确保四分之一决赛的胜利。但是客场比赛面对像马竞这样的球队是十分艰难的，他们会做他们应该做的事情，而且做得很好。”莱奥说。

在欧冠两场比赛之间，他们在西甲当中又遭遇一次失败，在阿诺埃塔被皇家苏斯达1比0打败。对于巴塞罗那而言，似乎这个球场遭到了诅咒。1周之后，他们又1比2输给瓦伦西亚。在这个赛季，没有人想到在西甲这个阶段会遭遇这样的爆冷。早在几天前，另一个队伍挑战巴萨获得冠军的想法似乎还没有可能性，但是现在皇家马德里和马竞都有获胜的希望。在该赛季里，巴萨阵营第一次私下开始使用“危机时刻”这个词语。他们的恐惧不仅仅被最近的结果所加剧，也被阿根廷人最近的受伤牢骚影响。是媒体将“小跳蚤”的身体问题再次拖到众目睽睽之下，而俱乐部更希望大家不要进行评论。里奥内尔试图让粉丝安心：“我们已经领先了积分，但也栽了跟头。在国际比赛休息日之后，现在到了一个完全意料之外的紧要关头。先是皇马，然后又被马竞击败，再是在西甲比赛中失掉好几分……幸运的是，比赛依然在我们手中。”换句话说，皇马和马竞不一定非要赢得比赛，他们只是希望巴塞罗那失败。红蓝军团现在的目标是：不再射失一球。“我们专注于自身，因为比赛胜败取决于我们。”罗萨里奥说道，“剩下的比赛已经越来越少了，我们曾距离冠军如此之近，但还是与奖杯无缘。而我们一场又一场比赛地去争取它。”

接下来，对于10号球员来说还有5个赛程和一个新的个人纪录：他的第500个进球，而其中81%的球是用左脚得分，25粒是通过任意球得分，64粒是点球得分，411粒是进攻得分。其中，450粒在巴萨进球，其余的是在阿根廷。4月20日在里亚索尔球场对阵拉科鲁尼亚时，他进了第500个球。而在这场比赛中，巴萨进了大量的球：0比8。而这只是个开始，因为他们直到这个赛季结束就再也没有进一个球。而皇家马德里也越过层层关卡，足以将这个赛季的最后决赛成为决定性的一赛：任何事情都有可能发生，就像87年前西班牙联赛的最初版一样，但是巴萨在格兰纳达顶住压力，以0比3赢得了比赛。游戏，队形和比赛。奖杯在加泰罗尼亚语之都又维持了一年。赛季末的紧张被城市里和城市周围喜气洋洋的气氛所替代，而“小跳蚤”到社交媒体上分享他的兴奋。“与我们在巴塞罗那街道上的粉丝们一起庆祝这次冠军！”他在脸谱网上写道，下面还贴上一张他坐在环城敞篷巴士上拍摄的照片。

虽然在2015至2016赛季开始，他因为受伤有6个星期没有参赛，但在这个赛季，他穿着巴塞罗那的球衣踢了49场比赛，射中41球，平均每场比赛进球0.84个。还有一则有趣的琐事：据一个体育营销公司发布的调查，他的球衣是世界上被购买的最多的前十之一。当然，这个排名里也包含克里斯蒂亚诺·罗纳尔多的7号球衣。该赛季仅仅有一件事情使得这个阿根廷人的表现有了污点：被欧冠淘汰太快。结果，是巴塞罗那的两个西甲对手，皇马和马竞，在欧洲杯决赛中碰头，莱奥·梅西对于更希望谁赢——或者说更希望谁输这个问题，毫不犹豫。“巴萨的每个人都希望皇马最后两手空空，但是在那天晚上，决赛又是这两个球队，而我们得拿到我们能够得到的东西。”

他不想看到“白衣军团”赢得欧冠奖杯的希望破灭。生命中总有一些事情不会按照预料发展。“我总是梦想着在我最爱的事情上取得胜利，而这件事情就是足球，我能够将足球当作自己的事业。而事实是在这条路上我遇到过很多困难和挑战，但我从未放弃梦想，幸运的是，我实现了那些梦想。我喜欢自己在做的事情，每一天都在尝试着去提高自己。其他任何事情都是次要的。我做我热爱的事情，也很享受这样的过程，我还有很多目标想要去实现，”在接受《城市星球》杂志深度访谈的时候，他说。最后但也是最重要的是，他对阿根廷队赢得荣耀时刻的渴望。“我的目标永远是赢得一切，无论是在巴萨还是在阿根廷。美洲杯是个新的机会，我们在此前两项决赛中都很接近于夺冠，现在我们要利用好新机会，并为此竭尽全力。这是全队的梦想，我们从世界杯开始就为夺冠而战。”

但是这个梦想又一次消失了。阿根廷队和梅西的诅咒仍在继续。2016 年 6 月 26 日，在新泽西州东卢瑟福大都会人寿体育场举行的美洲杯百年纪念赛的决赛中，经历了长达 120 分钟 0 比 0 的简单比赛后，智利凭点球以 4 比 2 赢得比赛。这是两年来他们拿到第二次美洲杯奖杯，而阿根廷队又一次无缘他们自从 1993 年起就试图要收回的冠军头衔。莱奥，曾打了一场伟大的比赛，在点球时射失，结果忍不住大哭起来。这是第 4 次决赛——而且是第 3 次连续的决赛——这位巴萨的球星失去了国家队的荣耀，情不自已。这一刻仿佛似曾相识，他在阿根廷队陷入了恶性循环，这实在是难以承受。

赛后，他在记者采访区宣布退出国家队。“这真的让人很难受，现在也没法分析。在更衣室里我一直在想，是时候结束我的国家队生涯了。这就是我现在的感受。我射失了一个至关重要的点球。我做了所有我能做的，战斗过很多次，努力过很多次，想和阿根廷队一起获得冠军。已经 4 场决赛失利了。这真是巨大的悲哀。这让我非常受伤，我注定赢不了。我那么想要为阿根廷赢的一个冠军，但这从来没有实现过，我做不到。就是这样，这对任何人来说都是更好的选择。”

穿着天蓝色拼白色球衣踢了 113 场比赛、进了 55 粒球之后，“小跳蚤”认输了。“请不要离开。”次日，布宜诺斯艾利斯体育日报《奥莱报》的头条这样写道。在各种各样的社交网络上，这样的句子将会无止境地重复下去。他是脑子一激动的时候下了这个决定，还是真的就是最后的决定了？他是会接受粉丝的恳求还是会坚持沉浸在自己的悲伤之中呢？

职业生涯数据荣誉一览

个 人 信 息

姓名：里奥内尔·安德烈斯·梅西

昵称：莱奥、“小跳蚤”

出生日期：1987年6月24日

出生地：阿根廷圣塔菲省罗萨里奥市

国籍：阿根廷、西班牙

父母：豪尔赫、塞莉娅

哥哥：罗德里格、马蒂亚斯

妹妹：玛利亚·索尔

妻子：安东内拉·罗库佐

儿子：蒂亚戈、马特奥

场上位置：前锋

号码：10号

身高：169厘米

体重：67千克

效 力 球 队

格兰多里（1992年至1994年）

纽维尔老男孩竞技队（1994年至2000年）

巴塞罗那足球俱乐部（2001年至2021年）

巴塞罗那足球俱乐部

一队首秀：2003 年 11 月 16 日对阵波尔图（客场）

西甲首秀：2004 年 10 月 16 日对阵西班牙人（客场）

一队首球：2005 年 5 月 1 日对阵阿尔巴塞特（主场）

出场次数及进球数（截止到 2021 年 8 月 8 日）

联赛：520 场（474 球）

国王杯：80 场（56 球）

欧洲冠军杯：149 场（120 球）

西班牙超级杯：20 场（14 球）

欧洲超级杯：4 场（3 球）

世俱杯：5 场（5 球）

总计 778 场（672 球）

阿根廷国家队

成年队首秀：2005 年 8 月 17 日对阵匈牙利（客场）

成年队首球：2006 年 3 月 1 日对阵克罗地亚（客场）

出场次数及进球数（截止到 2021 年 11 月 17 日）：158 场（80 球）

代表国家队出场大赛

20 岁以下世界杯：2005 年

世界杯：2006 年、2010 年、2014 年、2018 年

美洲杯：2007 年、2011 年、2015 年、2016 年、2019 年、2021 年

北京奥运会：2008 年

冠军荣誉

巴塞罗那足球俱乐部

西甲冠军

2004至2005赛季，2005至2006赛季，2008至2009赛季，2009至2010赛季，2010至2011赛季，2012至2013赛季，2014至2015赛季，2015至2016赛季，2017至2018赛季，2018至2019赛季

西班牙超级杯

2005年，2006年，2009年，2010年，2011年，2013年，2016年，2018年

欧洲冠军联赛

2005至2006赛季，2008至2009赛季，2010至2011赛季，2014至2015赛季

欧洲超级杯

2009年，2011年，2015年

世俱杯

2009年，2011年，2015年

阿根廷国家队

2005年20岁以下世界杯冠军

2008年北京奥运会金牌

2021年美洲杯

个人荣誉

2021 年《法国足球》金球奖

2019 至 2020 赛季欧洲金靴奖

2019 年《法国足球》金球奖

2018 至 2019 赛季欧洲金靴奖

2017 至 2018 赛季欧洲金靴奖

2016 至 2017 赛季欧洲金靴奖

2015 年国际足联金球奖

2014 年世界杯金球奖（最佳球员）

2012 年国际足联金球奖

2012 至 2013 赛季欧洲金靴奖

2011 年国际足联金球奖

2010 年国际足联金球奖

2019 至 2010 赛季欧洲金靴奖

2009 年《法国足球》金球奖（欧洲足球先生）

2009 年国际足联世界足球先生

2009 年法国《11 人》杂志足球先生

2008 至 2009 赛季西甲最佳球员奖（迪斯蒂法诺奖）

2008 至 2009 赛季欧洲冠军联赛最佳射手

2008 至 2009 赛季欧洲足联年度最佳前锋

2008 至 2009 赛季欧洲足联年度最佳球员

2008 至 2009 赛季西班牙职业足球联盟评选西甲最佳球员

2008 年《法国足球》银球奖

2008 年国际足联世界足球先生评选第二名

2007 年 21 岁以下欧洲足球先生

2007 年《法国足球》铜球奖

2007 年国际足联世界足球先生评选第二名

2005 年 20 岁以下世界杯最佳射手

2005 年 20 岁以下世界杯最佳球员

2007 年美洲杯最佳新秀

2005 年、2007 年阿根廷足球先生

国际职业球员协会最佳年轻球员：2005 至 2006 赛季，2006 至 2007 赛季，2007 至 2008 赛季

《世界足球》年度最佳年轻球员：2005 至 2006 赛季，2006 至 2007 赛季，2007 至 2008 赛季

《足球先生》（西甲最佳外籍球员）：2006 至 2007 赛季，2008 至 2009 赛季，2009 至 2010 赛季

埃菲社奖（西甲伊比利亚美洲最佳球员）：2006 至 2007 赛季，2008 至 2009 赛季，2009 至 2010 赛季，2010 至 2011 赛季，2011 至 2012 赛季

国际职业球员协会最佳阵容：2006 至 2007 赛季，2007 至 2008 赛季，2008 至 2009 赛季，2009 至 2010 赛季，2010 至 2011 赛季，2011 至 2012 赛季，2012 至 2013 赛季，2013 至 2014 赛季，2014 至 2015 赛季，2015 至 2016 赛季，2016 至 2017 赛季，2017 至 2018 赛季，2018 至 2019 赛季，2019 至 2020 赛季，2020 至 2021 赛季

作者致谢

感谢梅西和他的家人：豪尔赫、塞莉娅、罗德里格、玛尔塞拉。

根据在本书中出现的顺序，感谢：劳雷·梅尔勒·多比涅、贝纳特·普伊格托贝利亚、马塞拉·马丁内斯、克劳迪奥·马丁内斯、胡里奥·拉各斯、迭戈·托雷斯、费尔南多·索拉纳斯、阿瑟尔·德尔·奥尔诺、巴勃罗·扎巴莱塔、乌戈·托卡利、潘乔·费拉罗、卡洛斯·加拉伊科切亚、卡洛斯·比拉尔多、曼努埃尔·希梅内斯、多洛雷斯·加西亚、费尔南多·聂布罗、克劳迪奥·科迪纳、马里亚诺·贝雷兹尼基、迭戈·施瓦茨施泰因、辛迪亚·阿雷利亚诺、萨尔瓦多·阿帕里西奥、恩内斯特·维奇奥、阿德里安·科里亚、贺拉斯·德尔·普拉多、罗伯托·贝尔夫莫、阿尔菲奥·巴西莱、圣地亚哥·塞古罗拉、克里斯蒂娜·库贝罗、何塞·米格尔·特莱斯、吉安卢卡·赞布罗塔、阿莱士·加西亚、查理·雷克萨奇、佩普·马里亚·明格利亚、贺拉斯·加吉奥利、弗兰克·里杰卡尔德、豪尔赫·巴尔达诺、托恩·比拉尔塔城·塞科，艾伯特·托雷斯卡萨纳，伊格纳西奥·伊劳拉，安娜莉亚·罗曼诺，奥利弗·皮尤，西蒙·弗林，尼克·西德维尔，萨拉·希金斯，那吉玛·芬利，舍利·罗德尼。

献给爱尔薇拉、洛伦佐、奥尔莫、阿尔达和图伊奥。

译 者 致 谢

读本科时，我曾经为“体坛传媒”旗下的《体坛周报》《足球周刊》和“体坛网”做过三年的西甲特约记者。如今继续求学的我不再从事与体育新闻相关的工作，仅能借译此书感谢那段记者岁月带给我的成长，感谢最早领我“入行”的潘建迪老师，感谢骆明老师、曹亚旗老师、安然老师以及曾经共事过的各位编辑老师一直以来对我的鼓励和关照。从你们身上，无论是职业精神还是为人处世，我都获益匪浅。

感谢资深西甲记者田超老师百忙之中为我在翻译过程中碰到的疑问解惑。

感谢我的好友、供职于西班牙《马卡报》的杜立言和我的大学同学、北大足球协会前任会长王纯麟为这本书的翻译工作提供的支持。